# 澜沧江—湄公河农业合作发展报告2021

农业农村部对外经济合作中心 编著

REPORT ON THE DEVELOPMENT OF LANCANG-MEKONG AGRICULTURAL COOPERATION 2021

商务印书馆
创于1897 The Commercial Press

## 编辑委员会

# 前言

2020年8月，澜沧江—湄公河合作（以下简称“澜湄合作”）第三次领导人会议召开，李克强总理提出要深化可持续发展合作，实施好“丰收澜湄”项目集群。对于“丰收澜湄”项目集群的落实，产业发展提升是其中的重要抓手。数年来，六国围绕水稻、天然橡胶、饲料、特色果蔬、渔业、畜牧业等重点产业不断深化合作，实施产业发展提升相关项目百余个，有力提升了澜湄次区域农业产业的全球竞争力。

为综合分析产业发展对澜湄农业合作的支持促进作用，本报告围绕澜湄国家的水稻、天然橡胶和饲料三大重点产业进行梳理，并在此基础上归纳分析澜湄国家产业发展的主要模式、取得的成效以及面临的挑战，旨在把握未来澜湄农业产业合作的整体方向，提升澜湄国家农业产业化水平，促进澜湄农业合作提质增效。

在报告编写过程中，我们得到了农业农村部国际合作司、中国热带农业科学院、农业农村部农业贸易促进中心、中国农垦经济发展中心、中国水稻研究所、中国农业大学、广西农业科学院等部门的指导与支持，同时也得到了湄公河五国农业部门的支持与帮助，在此致以诚挚感谢。疏漏和不足之处，恳请各位读者提出宝贵意见。

编委会

2022年3月

# 目录

## 第一篇　澜湄国家水稻产业发展报告

## 第二篇　澜湄国家天然橡胶产业发展报告

## 第三篇　澜湄国家饲料产业发展报告

# 第一篇

# 澜湄国家水稻产业发展报告

水稻是世界上最重要的粮食作物之一，是世界50%以上人口的主要口粮。水稻生产分布很广，有110多个国家和地区种植水稻，多集中在温带季风、热带季风和热带雨林地区，主要生产国家以亚洲的东亚、东南亚和南亚地区最为集中。水稻也是澜湄国家最重要的粮食作物之一，种植面积常年稳定在6000万公顷、产量3.3亿吨左右，是世界主要大米出口区域。澜湄国家水稻产业合作基础好、潜力大，对于推动澜湄国家农业可持续发展具有重要意义。

# 第一章　澜湄国家水稻产业发展综述

## 第一节　世界水稻生产概况

2019 年，世界水稻种植面积 1.6 亿公顷，总产 7.6 亿吨。其中，亚洲、非洲、美洲、欧洲和大洋洲水稻种植面积分别占世界的 85.53%、10.56%、3.52%、0.38% 和 0.01%（见表 1.1.1）。

**表 1.1.1　2019 年世界与各大洲水稻生产情况**

| | 种植面积（万公顷） | 单产（千克 / 公顷） | 总产（万吨） |
|---|---|---|---|
| 世界 | 16205.6 | 4661.8 | 75547.4 |
| 亚洲 | 13860.5 | 4886.4 | 67727.7 |
| 非洲 | 1711.1 | 2265.9 | 3877.1 |
| 美洲 | 570.5 | 6192.4 | 3532.6 |
| 欧洲 | 62.3 | 6454.0 | 402.4 |
| 大洋洲 | 1.2 | 6440.3 | 7.6 |

数据来源：联合国粮农组织

世界水稻种植面积最大的 10 个国家，除尼日利亚外，均分布在亚洲，包括印度、中国、孟加拉国、印度尼西亚、泰国、越南、缅甸、菲律宾和巴基斯坦（见表 1.1.2）；水稻单产较高的国家包括埃及、美国、中国、日本、巴西、韩国、越南、哥伦比亚、印度尼西亚等，亚洲水稻单产最高的是中国和日本。

中国是世界上水稻产量第一、面积第二大的国家，2019 年水稻产量占世界水稻总产量的 27.7%；印度是世界水稻种植面积最大的国家，2019 年水稻种植面积占世界水稻种植面积的 27.0%，近年来印度是世界上大米出口量最多的国家，出口量占世界大米出口量的 25% 左右。

**表 1.1.2　2019 年世界水稻种植面积排名前 10 的国家**

| | 种植面积（万公顷） | 单产（千克 / 公顷） | 总产（万吨） |
|---|---|---|---|
| 印度 | 4378.0 | 4057.7 | 17764.5 |
| 中国 | 2969.0 | 7060.1 | 20961.4 |
| 孟加拉国 | 1151.7 | 4739.8 | 5458.6 |
| 印度尼西亚 | 1067.8 | 5113.7 | 5460.4 |
| 泰国 | 971.5 | 2918.8 | 2835.7 |
| 越南 | 747.0 | 5816.5 | 4344.9 |
| 缅甸 | 692.1 | 3795.7 | 2627.0 |
| 尼日利亚 | 528.1 | 1597.1 | 843.5 |
| 菲律宾 | 465.1 | 4044.9 | 1881.5 |
| 巴基斯坦 | 303.4 | 3663.7 | 1111.5 |

数据来源：联合国粮农组织

## 第二节　澜湄国家水稻产业概况

水稻是澜湄国家最重要的粮食作物之一，世界水稻种植面积最大的 10 个国家中，澜湄国家有 4 个，依次是中国、泰国、越南和缅甸；世界水稻总产量最高的 10 个国家中，澜湄国家有 5 个，依次是中国、越南、泰国、缅甸和柬埔寨；世界大米出口量最高的 10 个国家中，澜湄国家有 4 个，依次是泰国、越南、中国和缅甸。

### 一、水稻种植面积

澜湄国家水稻种植面积常年稳定在 6000 万公顷左右，2018 年水稻种植面积达到 6057 万公顷。2019 年，澜湄国家水稻种植面积 5990.9 万公顷，占世界水稻种植面积的 37.0%。其中，中国、泰国、越南、缅甸、柬埔寨和老挝水稻种植面积分别为 2969.4 万公顷、1155.0 万公顷、747.0 万公顷、723.0 万公顷、300.1 万公顷和 96.5 万公顷，分别占澜湄国家水稻总面积的 49.6%、

19.3%、12.5%、12.1%、5.0% 和 1.6%（见表 1.1.3）。

**表 1.1.3　2015—2019 年世界与澜湄国家水稻种植面积**

单位：万公顷

| | 2015 年 | 2016 年 | 2017 年 | 2018 年 | 2019 年 |
|---|---|---|---|---|---|
| 世界 | 16020.7 | 16251.6 | 16494.8 | 16552.2 | 16205.6 |
| 柬埔寨 | 279.9 | 294.1 | 303.6 | 307.2 | 300.1 |
| 中国 | 3078.4 | 3074.6 | 3074.7 | 3018.9 | 2969.4 |
| 老挝 | 97.5 | 97.6 | 99.5 | 94.8 | 96.5 |
| 缅甸 | 717.0 | 721.0 | 716.0 | 726.0 | 723.0 |
| 泰国 | 1064.0 | 1021.0 | 1115.0 | 1153.0 | 1155.0 |
| 越南 | 782.8 | 773.7 | 770.5 | 757.1 | 747.0 |
| 澜湄国家合计 | 6019.6 | 5982.0 | 6079.3 | 6057.0 | 5991.0 |

数据来源：中国国家统计局，联合国粮农组织，老挝农业统计年鉴，缅甸农业畜牧灌溉部，泰国农业经济办公室，越南统计局

近年来，澜湄国家水稻种植面积先增后减，年度间略有调整，但是幅度有限（如图 1.1.1）。其中，中国推进种植结构调整，适度调减了部分非优势产区水稻种植面积；越南中部沿海和南部九龙江平原地区受干旱和海水倒灌影响，许多土地也不再适合水稻耕种，部分稻田用于水产养殖或改种其他作物；泰国受洪涝灾害影响，水稻种植面积年度间不太稳定；老挝水稻种植面积基本稳定，柬埔寨和缅甸水稻种植面积小幅增长。

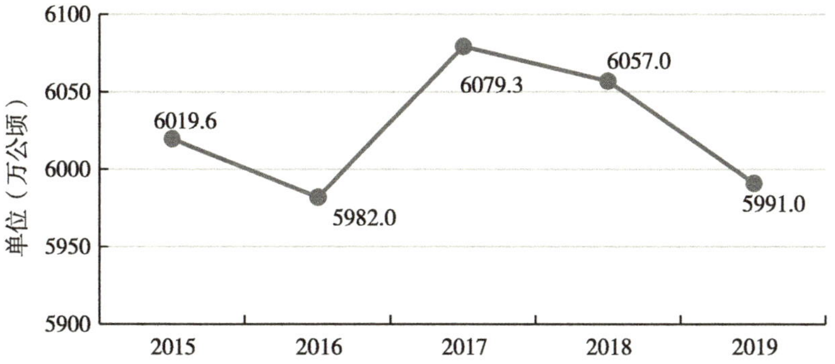


**图 1.1.1　2015—2019 年澜湄国家水稻种植面积**

数据来源：中国国家统计局，联合国粮农组织，老挝农业统计年鉴，缅甸农业畜牧灌溉部，泰国农业经济办公室，越南统计局

## 二、水稻单产

由于品种、技术以及生产目标等存在差异，澜湄国家之间水稻单产水平存在较大差距，同时受气象灾害等因素影响，老挝、越南等国家水稻单产年际间波动较大。2019 年，澜湄国家水稻平均单产 5.50 吨 / 公顷，比世界平均单产高出 0.84 吨 / 公顷。其中，中国水稻品种和栽培技术水平较高，水稻单产也最高，达到 7.16 吨 / 公顷；泰国水稻生产主要追求品质，水稻单产最低、仅为 2.70 吨 / 公顷；柬埔寨、老挝、缅甸、越南水稻单产分别为 3.63 吨 / 公顷、3.56 吨 / 公顷、3.88 吨 / 公顷和 5.82 吨 / 公顷（见表 1.1.4）。

**表 1.1.4　2015—2019 年世界与澜湄国家水稻单产**

单位：吨 / 公顷

| | 2015 年 | 2016 年 | 2017 年 | 2018 年 | 2019 年 |
|---|---|---|---|---|---|
| 世界 | 4.57 | 4.55 | 4.56 | 4.61 | 4.66 |
| 柬埔寨 | 3.34 | 3.38 | 3.46 | 3.55 | 3.63 |
| 中国 | 6.84 | 6.92 | 6.88 | 7.10 | 7.16 |
| 老挝 | — | 4.25 | 4.07 | 3.46 | 3.56 |
| 缅甸 | 3.93 | 3.91 | 3.87 | 3.87 | 3.88 |
| 泰国 | 2.79 | 2.78 | 2.83 | 2.87 | 2.70 |
| 越南 | 5.76 | 5.58 | 5.55 | 5.82 | 5.82 |
| 澜湄国家平均 | 5.43 | 5.46 | 5.39 | 5.51 | 5.50 |

数据来源：中国国家统计局，联合国粮农组织，老挝农业统计年鉴，缅甸农业畜牧灌溉部，泰国农业经济办公室，越南统计局

## 三、水稻产量

澜湄国家水稻产量常年稳定在 3.3 亿吨左右。2019 年，澜湄国家水稻产量 32976.0 万吨，占世界水稻总产量的 43.6%。其中，中国、越南、泰国、缅甸、柬埔寨和老挝水稻产量分别为 21269.0 万吨、4349.5 万吨、3123.0 万吨、2802.0 万吨、1088.6 万吨和 343.8 万吨，分别占澜湄国家水稻总产量的 64.5%、13.2%、9.5%、8.5%、1.0% 和 3.3%（见表 1.1.5）。

**表 1.1.5　2015—2019 年澜湄国家水稻产量**

单位：万吨

| | 2015 年 | 2016 年 | 2017 年 | 2018 年 | 2019 年 |
|---|---|---|---|---|---|
| 柬埔寨 | 933.5 | 995.2 | 1051.8 | 1089.2 | 1088.6 |
| 中国 | 21062.0 | 21264.0 | 21139.0 | 21425.0 | 21269.0 |
| 老挝 | 410.2 | 414.9 | 405.5 | 327.9 | 343.8 |
| 缅甸 | 2819.0 | 2821.0 | 2769.0 | 2809.0 | 2802.0 |
| 泰国 | 2966.0 | 2835.0 | 3156.0 | 3314.0 | 3123.0 |
| 越南 | 4509.1 | 4316.5 | 4273.9 | 4404.6 | 4349.5 |
| 合计 | 32699.8 | 32646.6 | 32795.2 | 33369.7 | 32976.0 |

数据来源：中国国家统计局，联合国粮农组织，老挝农业统计年鉴，缅甸农业畜牧灌溉部，泰国农业经济办公室，越南统计局

近年来，受种植面积和单产水平波动影响，澜湄国家水稻总产量也呈现先增后减趋势，2018 年水稻产量达到 33369.7 万吨，创历史最高纪录（如图 1.1.2）。

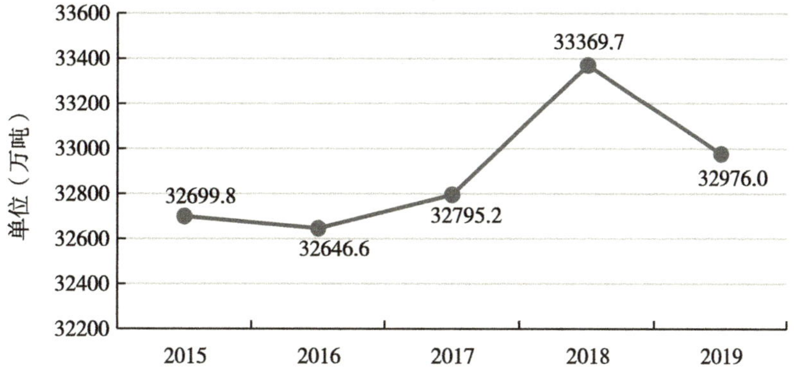


**图 1.1.2　2015—2019 年澜湄国家水稻产量**

数据来源：中国国家统计局，联合国粮农组织，老挝农业统计年鉴，缅甸农业畜牧灌溉部，泰国农业经济办公室，越南统计局

## 四、大米贸易

澜湄国家是世界重要大米出口区域，每个国家均有大米出口贸易，年均大米出口量在 2000 万吨左右。2019 年，澜湄国家合计出口大米 1971.4 万吨，

占世界大米出口总量的46.5%，比2015年提高了6.3个百分点。其中，泰国、越南、中国、缅甸、柬埔寨和老挝大米出口量分别为758.4万吨、637.1万吨、274.8万吨、235.6万吨、62.0万吨和3.6万吨，分别占澜湄国家大米出口总量的38.5%、32.3%、13.9%、12.0%、3.1%和0.2%（见表1.1.6）。

**表1.1.6 2015—2019年世界与澜湄国家稻米出口贸易**

单位：万吨

| | 2015年 | 2016年 | 2017年 | 2018年 | 2019年 |
|---|---|---|---|---|---|
| 世界 | 4317.7 | 4028.6 | 4634.0 | 4567.2 | 4235.6 |
| 柬埔寨 | 53.8 | 54.2 | 63.6 | 62.6 | 62.0 |
| 中国 | 28.7 | 39.5 | 119.7 | 208.9 | 274.8 |
| 老挝 | 3.1 | — | 5.3 | 4.6 | 3.6 |
| 缅甸 | 46.1 | 31.9 | 69.1 | 172.2 | 235.6 |
| 泰国 | 949.6 | 990.8 | 1167.4 | 1123.2 | 758.4 |
| 越南 | 658.2 | 480.9 | 581.9 | 610.7 | 637.1 |
| 澜湄国家合计 | 1739.5 | 1597.3 | 2006.9 | 2182.2 | 1971.4 |

数据来源：柬埔寨农林渔业部，中国海关总署，联合国商品贸易统计数据库，缅甸中央统计组织，泰国信息通信技术中心与泰国海关总署，越南统计局

# 第二章　柬埔寨水稻产业发展概况

农业是柬埔寨第一大支柱产业，总产值占 GDP（国内生产总值）的 25% 左右，全国有 80% 左右的人口从事农业劳动。水稻是柬埔寨最重要的粮食作物，产值占全国农业产值的 70% 以上，洞里萨湖流域是柬埔寨最大的稻米种植区。2020 年，柬埔寨水稻播种面积 340.4 万公顷，单产 3.35 吨 / 公顷，总产 1093.6 万吨。柬埔寨已实现粮食自给自足，产出的稻谷除满足国内需求外还可以部分出口，是出口创汇的重要农产品。柬埔寨政府高度重视大米出口，近年来积极打造国家级香米品牌“吴哥茉莉”（Malys Angkor），具有相对较大的出口竞争优势。2020 年，柬埔寨出口大米 69.08 万吨，主要出口中国、欧盟和东盟等国家和地区，其中中国是最大的市场，占其出口量的 40% 以上。

## 第一节　生产发展现状

### 一、自然资源概况

柬埔寨王国（The Kingdom of Cambodia）位于中南半岛南部，国土面积 18.10 万平方公里，2020 年人口达 1671.89 万。柬埔寨领土为碟状盆地，东、北、西三面被丘陵与山脉环绕，中部为广阔的平原，占国土面积的 75% 以上。柬埔寨资源丰富，具有发展农业的有利条件，以种植业为主，近年来逐步向商业化生产转型。土地资源丰富，可耕地面积约 670 万公顷，2020 年耕地面积 400 万公顷左右，主要分布在平原地区和洞里萨湖流域（占 72%），其中

60%以上的耕地用于种植雨季作物，种植旱季作物的耕地不足10%。柬埔寨境内水资源充沛，境内有湄公河由北至南穿流而过进入越南，还有东南亚最大的淡水湖洞里萨湖，被誉为柬埔寨人民的“生命之湖”。柬埔寨地处北纬10°—15°，属于温暖湿润的热带季风气候，主要降雨集中在5—10月，年均降雨量约1250—1750毫米，日均气温在21℃—35℃，温光水条件总体有利于农业和水稻生产。

## 二、水稻生产现状

柬埔寨政府历来高度重视农业发展，将农业列为优先发展领域。目前，柬埔寨可耕地面积约670万公顷，其中适合种植水稻的350万公顷左右，具有得天独厚的优势条件。水稻是柬埔寨最重要的粮食作物之一，一般在5月下旬至7月播种，12月成熟收获；柬埔寨水稻种植区域主要分布在湄公河流域、洞里萨湖和洞里萨湖沿岸等中南部平原区，其中洞里萨湖流域是最大的水稻种植区。

20世纪七八十年代，柬埔寨水稻种植面积仅为140万—240万公顷，单产0.70—1.60吨/公顷，总产仅为50万—380万吨。为振兴经济、摆脱贫困，柬埔寨在1996—2000年开始实施农业生产的第一个五年计划，制定出一系列有利于农业生产的政策措施，推动水稻单产从1990年的1.35吨/公顷提高至2000年的2.12吨/公顷，总产从250.0万吨增至402.6万吨，增幅分别为57.0%和61.0%。2000年以来，随着水稻生产投入增加、种植面积扩大和单产水平提高，水稻总产也呈快速增加趋势。

2010年，柬埔寨政府印发《促进稻谷生产和大米产业政策》，为大米产业进一步发展指明了方向，并在财政投入、农田水利建设等方面出台了一系列政策措施，柬埔寨也因此实现稻米生产自给自足，且有大量盈余用于出口创汇，进一步提高了柬埔寨大米的国际竞争力。据联合国粮农组织（FAO）数据统计，2010年以来柬埔寨水稻种植面积波动增长，单产稳步提高，总产小幅增加。2019 年，柬埔寨水稻种植面积 300.1 万公顷，比 2010 年增加 22.5 万公顷，增幅 8.1%；单产 3.63 吨 / 公顷，提高 0.66 吨 / 公顷，增幅 22.1%；总产 1088.6 万吨，增产 264.1 万吨，增幅 32.0%（如图 1.2.1、图 1.2.2）。

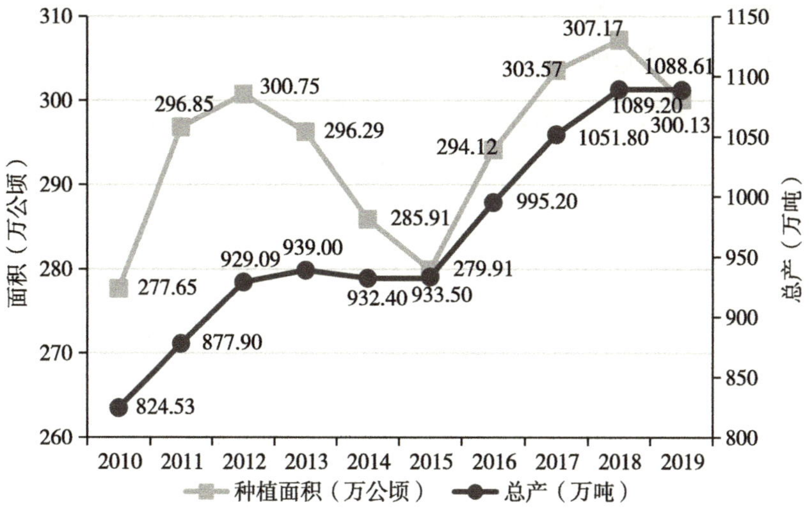


**图 1.2.1　2010—2019 年柬埔寨水稻种植面积与总产**

数据来源：联合国粮农组织

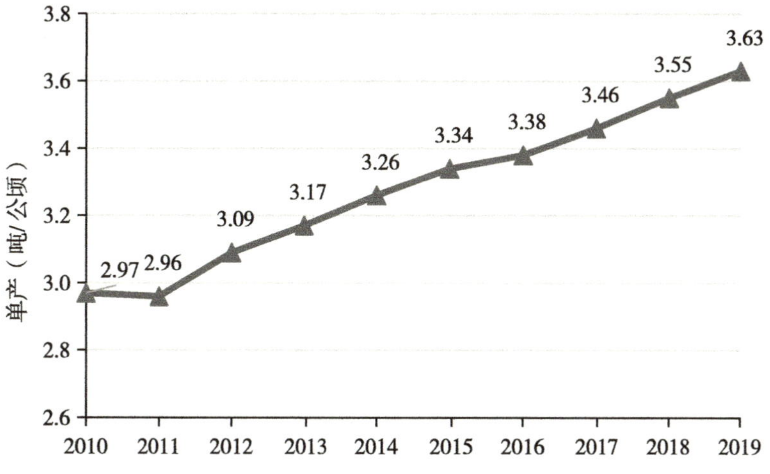


**图 1.2.2　2010—2019 年柬埔寨水稻单产**

数据来源：联合国粮农组织

目前，柬埔寨水稻单产水平（3.63 吨 / 公顷）远低于世界平均水平（4.66 吨 / 公顷），也低于越南（5.82 吨 / 公顷）、印度尼西亚（5.11 吨 / 公顷）、孟加拉国（4.74 吨 / 公顷）、老挝（4.39 吨 / 公顷）等东南亚水稻主产国家。制约柬埔寨水稻产量大幅增长的主要原因是水稻科技发展缓慢、农业基础设施尤其是水利系统基础较差以及资金投入不足。由于柬埔寨政府财力有限，农业科研资金短缺，农业科技发展缓慢，尽管国内已经改良并培育推广了十多个水稻品种，但水稻生产整体科技水平仍然偏低，农民不具备科学施用化肥和农药的意识和能力，不利于水稻单产提高。种植面积方面，目前柬埔寨全国只有大约 350 个水利系统能正常使用，可以灌溉全国 30%—40% 的稻田。根据柬埔寨农业研究和开发专家预测，如果采用新的水利灌溉系统，可以使水稻种植面积扩大 20%—30%，柬埔寨雨季稻谷产量将增加 150 万—250 万吨。

## 三、水稻品种类型

受气候条件和农田基础设施影响，柬埔寨的水稻种植一般分为雨季稻、旱季稻和雨前季稻等三种类型，其中雨季稻占水稻种植面积的 80% 以上；根据水稻播期、生育期和成熟期以及地形条件的不同，雨季稻又可以分为早稻、中稻和晚稻，山地稻和浮稻（深水稻）等品种类型。

一般旱季稻产量高于雨季稻，早稻产量高于中晚稻，中晚稻品种间产量差距较小。柬埔寨一年四季均可种植水稻，但受灌溉条件限制，多数农民只能在雨季种植一季，少数农民加种一季旱季稻。从品种类型看，柬埔寨水稻仍以常规稻品种为主，主要种植非香米（普通水稻）、香米和糯稻等三种类型（见表 1.2.1）。其中种植面积最大的品种为普通水稻，是柬埔寨多数人日常食用的大米品种（白米），普通水稻雨季和旱季均可种植，如姜花米、珍珠米；其次是香米，包括茉莉香米和普通香米，特别是茉莉香米在柬埔寨被誉为“白金”，主要种植在雨季，这类大米外观细长、白洁晶莹、散发着茉莉花香味，且口感细腻、浓香醇厚、煮熟后香味更醇，是柬埔寨最重要的出口贸易品种，优质茉莉香米品种主要有隆多香米（Phka Rumduol）和隆丁香米（Phka Rumdeng）（见表 1.2.2）。

**表 1.2.1 2018 年 7 月—2019 年 6 月柬埔寨不同水稻类型种植情况**

| 类型 | 播种面积（万公顷） | 收获面积（万公顷） | 单产（吨 / 公顷） | 总产量（万吨） | 播种面积较大的省份 |
|---|---|---|---|---|---|
| 普通品种 | 148.00 | 141.00 | 2.50 | 350.00 | 波罗勉省、马德望省、班迭棉吉省、茶胶省、磅同省、暹粒省、柴桢省、磅士卑省、贡布省、磅湛省、磅清扬省、奥多棉吉省、菩萨省、干丹省、柏威夏省、桔井省等 |
| 香米品种 | 44.30 | 42.00 | 2.67 | 110.00 | 马德望省、卜迭棉芷省、暹粒省、波罗勉省、柏威夏省、茶胶省、奥多棉吉省、磅同省、菩萨省、磅清扬省、磅士卑省 |
| 糯稻 | 0.91 | 0.89 | 2.46 | 2.00 | 柴桢省、茶胶省、柏威夏省、贡布省、磅同省、波罗勉省、磅士卑省、磅清扬省 |

数据来源：柬埔寨农业普查报告 2019

**表 1.2.2 柬埔寨不同大米类型与代表性品种**

| 类型 | 级别 | 特征 | 代表性品种 |
|---|---|---|---|
| 香米 | 优质香米（雨季，感光） | 籽粒特长，香味自然浓郁，质地柔软，煮熟后柔软蓬松，香气扑鼻 | Phka 系列（茉莉香）：Phka Rumduol、Phka Romeat、Phka Rumdeng；其他：Somali（地方种）、Neang Malis |
| | 普通香米（旱季） | 长粒，香味温和自然，质地柔软，煮熟后嫩滑，风味浓郁 | 混合香米：Sen Kra Ob、Sen Pidao |
| 白米 | 优质白米（雨季） | 中等长度，胚乳半透明，白色，香味独特，煮熟后质地柔软 | 姜花米：Phka Knhey、Phka Chan Sen Sar；其他：CAR4、CAR6、Riang Chey |
| | 普通白米（全年） | 中等长度和长粒品种，白色胚乳，煮熟后质地较硬 | 珍珠米：Neang Khon、Ponla Pdao、Neang Minh；其他：IR66、Chulsa |

柬埔寨对水稻新品种的选育能力相对薄弱，水稻品种多来自于国际水稻研究所（IRRI）和越南。作为柬埔寨最大的农业研究机构，柬埔寨农业研究

与发展研究所（CARDI）成立于 1999 年，重要工作之一就是研究水稻品种改良。截至 2018 年，该研究所已审定发布水稻改良品种 44 个，对于提高柬埔寨水稻产量和改进稻米品质具有积极作用。

近年来，柬埔寨农业生产面临一些气候变化带来的不利影响。2019 年，雨季降雨不足以及厄尔尼诺现象造成的异常高温和高蒸散发造成的干旱，严重影响了柬埔寨粮食产量，农业产值增速由此前的 1.70% 降至 1.10%。小规模农场由于不具备先进的农业技术和设备，生产力较低且极易受到自然灾害的影响。此外，由于柬埔寨水稻主要在雨季种植，因而扩大旱季水稻种植成为柬埔寨水稻增产新的突破口，发展耐旱水稻种植也是进一步增加农业家庭收入最有效的途径之一。但截至目前，柬埔寨农业研究与发展研究所虽然已经收集和保存了近 3000 份水稻种质材料，选育出一些水稻改良品种，但这些种质材料和品种的抗旱性等仍有待验证。

## 四、水稻栽培技术

提高水稻产量是柬埔寨农业和农村发展计划的主要目标之一。20 世纪八九十年代，柬埔寨政府陆续在改进传统水稻种植技术方面投入大量人力物力，重点工作包括引进高产改良水稻品种、优化施肥管理与病虫害综合治理。柬埔寨水稻生产的最大特点是广种薄收，在栽培管理上习惯密直播（撒播），插“老秧”现象普遍，肥料管理上主要施用有机肥，很少使用化肥与农药，病虫害相对较少，有利于有机稻米生产。

但与不断增长的消费需求相比，柬埔寨水稻产量仍然相对较低，生产成本却不断增加。1997 年，柬埔寨政府专门成立农业研究与发展中心（CEDAC），并于 2000 年首次将水稻强化栽培系统（SRI）引入柬埔寨，2005 年起在全国范围逐步推广应用，并将其列入《国家战略发展规划（2006—2010）》《国家战略发展规划（2009—2013）》，以期提高柬埔寨水稻总体生产能力。水稻强化栽培系统能够在不增加成本的基础上，有效减少水稻植株数量，改善土质条件，并依据根部与植株生长状况来调整灌溉方式，最终实现提高水稻产量的目标，得到柬埔寨政府和多个国际非政府组织的大面积推广使用。

近年来，柬埔寨政府也注重将有机稻米生产与环境保护相结合，积极推动生产过程中不使用农药和化肥。环保部门联合其他组织已在多个省份实施有机稻米栽种与珍稀动物保护相结合的项目，如“赤颈鹤之友”等，以鼓励农民在保护珍稀野生动物的前提下生产有机大米，增加大米产品附加值，提高农民收入，确保柬埔寨水稻产业健康可持续发展。

## 第二节　市场发展现状

### 一、国内大米市场

根据联合国粮农组织数据，20 世纪 90 年代以来，柬埔寨国内稻谷生产价格总体呈现持续增长趋势。2012 年，柬埔寨稻谷生产成本达到 268.3 美元 / 吨，比 1992 年的 86.8 美元 / 吨提高 181.5 美元，增加了 2.1 倍。由于缺乏合适的仓储设施，无论市场价格高低，柬埔寨农民收获水稻后就要被迫立即售出，导致广大农民在市场议价中处于十分不利的位置。

2012 年，柬埔寨政府为了提高农民收入，出台了高价收购大米的政策，导致本国大米出口量低于越南和泰国。柬埔寨将国库储存的大量大米低价向国际市场出售，又进一步拉低了国际大米价格。柬埔寨政府逐步认识到，大米等农作物生产利润较低，对资金的吸引能力弱，难以在短时间内提高生产效率。提高大米收购价格的政策相当于国家对农民进行财政补贴，在短期内确实能够增加农民收入，但从长期看国际市场上大米的供需比较均衡，这种政策无法长期维持，最终导致大米大量囤积，出口量下降。因此，这种政策并不可取，无法长期稳定增加农民收入。近年来，柬埔寨政府的资金扶持政策（水稻收购资金）对维持本国大米价格起到了重要作用。

## 二、国内大米消费

大米是柬埔寨人民日常生活中的主食。目前柬埔寨国内居民大米年均需求量约为320万吨，人均消费量约190千克/年。柬埔寨农民收获稻谷后由小作坊碾磨成白米，然后通过大米零售商就近运送到当地市场售卖，或通过批发商和零售商转运至城市中更大的市场。柬埔寨主要大米市场位于金边市、马德望省和茶胶省三省市，其中马德望省和茶胶省的市场主要销售隆多和索马里香米，而金边市大米市场销售品种较多。柬埔寨大多数家庭主要食用普通白米，他们一般是从大米市场上购买白米，选购大米时主要考虑大米的口感、价格、质地、膨胀率和香味。相比味道和香味，柬埔寨人更看重大米口感，喜食软米型大米。

## 三、企业化市场化运作

柬埔寨稻田地势平坦、田块面积大，特别适合大型机械作业。当前，柬埔寨水稻生产的耕整和收获环节已经基本实现机械化，但播种和插秧环节主要还是依靠人工进行。由于柬埔寨农田基础设施和技术服务落后，生产性投入不足，导致种稻经济效益较低，生产水平落后。随着"一带一路"倡议的提出与践行，越来越多的国外投资者、企业关注到柬埔寨水稻产业的巨大潜力。近年来，多家中国大型企业对柬埔寨水稻种植、加工和贸易进行了全面考察及论证，并有企业已在柬埔寨建成大米加工厂、水稻生产基地，也有种粮大户开始在柬埔寨租地进行规模化种植并取得成功。其中，比较典型的中资企业有国宏（柬埔寨）实业有限公司、福沃得（柬埔寨）农业发展有限公司等。这些企业为当地引入优良水稻品种和现代化农业生产技术，同时培育水稻新品种、生产种子、种植加工与出口大米、建设品牌，初步实现了水稻全产业链企业化运作，提高了当地水稻的生产和加工水平，为当地农民提供就业机会，增加农民收入，推动中柬两国在农业领域继续保持深度交流与合作。《区域全面经济伙伴关系协定》（RCEP）正式生效，为中柬贸易和水稻产业发展带来新机遇，中柬大米贸易渠道将日益畅通，未来将会有更多中国企业在柬埔寨建立水稻生产和加工基地，为未来柬埔寨大米贸易加快发展提供保障。

## 第三节　贸易发展现状

柬埔寨工业基础薄弱，以农业经济为主，主要通过出口大米等农产品参与国际贸易。因此，柬埔寨政府高度重视提升大米出口的国际竞争力，开拓国际大米市场，通过增加大米出口贸易量和贸易利润来促进本国经济贸易发展。目前，柬埔寨较大的大米出口商主要有高玛丽、潘坡、宋布提武、金沙武、宋沙伦、速哈、赖春华、洪尼克林、年威斯那和詹速强。

### 一、大米出口标准

柬埔寨大米出口符合严格的检验和认证要求，其水稻生产符合多个国际标准。柬埔寨稻米联合会（CRF）通过制定计划，鼓励发展可持续水稻生产。目前，柬埔寨正按照可持续水稻平台（SRP）标准快速发展农耕业，严格要求水稻种植条件，其生产不仅符合相关出口产品标准，而且还获得了公平贸易认证（FTC）。柬埔寨大米出口品质比较稳定，水分达到了 14% 以下，碎米含量有 5%、10% 的等级，基本能加工符合各种标准的大米，但其加工能力还有待提高。柬埔寨重视将有机稻米生产与环境保护相结合，按照联合国环境规划署（UNEP）和国际水稻研究所制定的规范，采用绿色环保种植方法生产有机稻米，不使用化学肥料和农药。

## 二、大米出口数量

2000 年左右，柬埔寨逐步从粮食短缺国家转变成农产品出口国家。2009 年开始，柬埔寨逐步出口大米，出口量不断增加，创造了巨大的产业经济价值。2010 年 8 月，柬埔寨政府颁布实施《促进稻谷生产与大米出口政策》，从政策和资金等方面大力支持大米行业，并制定了 2015 年出口百万吨大米计划，显示出政府发展大米产业的强烈决心。这一举措不仅提升了本国农民从事水稻生产的积极性，也让众多国内外投资者更加热衷于投资水稻产业，从而可以利用先进的种植技术改良水稻生产、建立现代化碾米厂，促进大米加工业发展。

据柬埔寨农林渔业部（MAFF）统计，2017 年以来，柬埔寨大米出口总量持续稳定在 60 万吨以上，出口全球 60 多个国家和地区（如图 1.2.3）。2020 年，柬埔寨出口大米 69.08 万吨，比 2009 年增加 67.82 万吨，增加了 53.8 倍，年均增幅达到 4.89%。2021 年，柬埔寨大米出口总量为 61.71 万吨，距离实现百万吨大米出口的市场目标仍有较大差距。

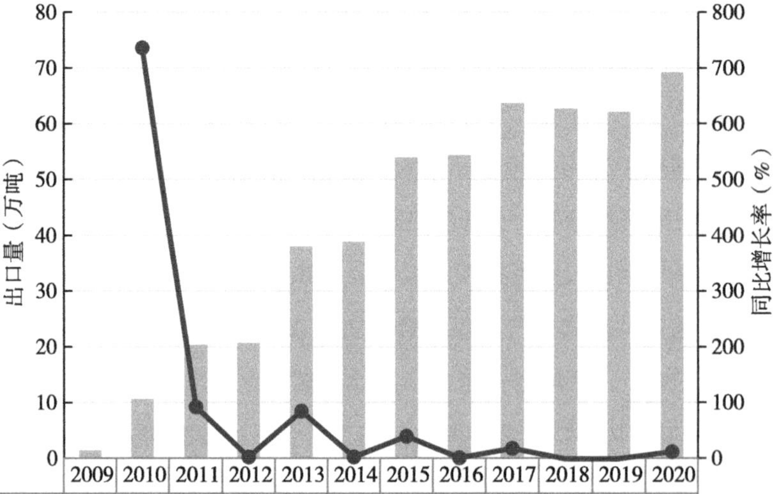


| | 2009 | 2010 | 2011 | 2012 | 2013 | 2014 | 2015 | 2016 | 2017 | 2018 | 2019 | 2020 |
|---|---|---|---|---|---|---|---|---|---|---|---|---|
| 出口量（万吨） | 1.26 | 10.53 | 20.19 | 20.57 | 37.89 | 38.71 | 53.84 | 54.21 | 63.57 | 62.62 | 62.01 | 69.08 |
| 同比增长率（%） | — | 735.70 | 91.73 | 1.88 | 84.20 | 2.16 | 39.08 | 0.69 | 17.26 | –1.49 | –0.97 | 11.40 |

**图 1.2.3　2009—2020 年柬埔寨大米出口量与同比增长率**

数据来源：柬埔寨农林渔业部

## 三、大米出口国家和品种

### （一）出口国家和品种

从出口国家看，柬埔寨大米主要出口中国、欧盟和东盟等 60 多个国家和地区，全国共有 76 家大米出口企业（如图 1.2.4）。据柬埔寨稻米联合会报告，目前柬埔寨大米的最大出口市场是中国（包括香港、澳门特别行政区），占其大米出口总量的 40% 以上；其次是欧盟国家，占 30% 左右；第三是东盟国家，占 10% 左右。出口的大米种类主要为香米，占 69.71%；白米（软米饭），占 27.18%；蒸谷米，占 1.71%；有机大米，占 1.41%。

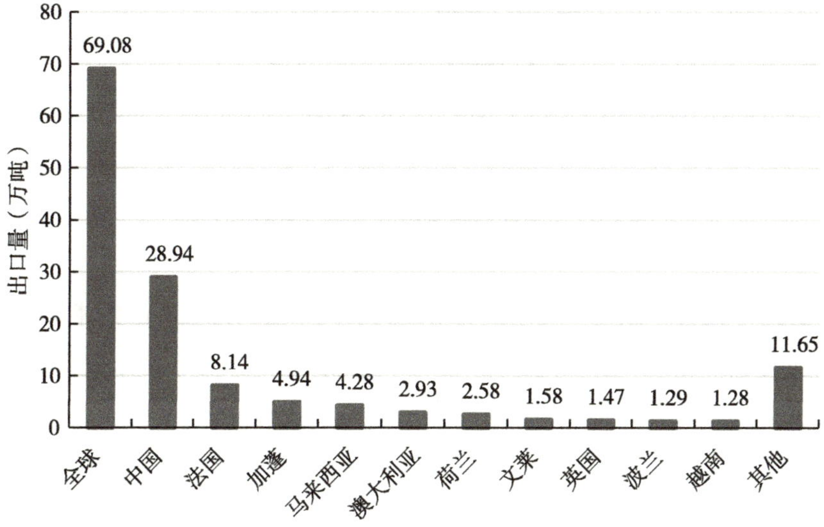


**图 1.2.4　2020 年柬埔寨大米出口国家排名**

数据来源：柬埔寨农林渔业部

柬埔寨出口香米主要指茉莉香米，因其煮熟后会散发出淡淡的茉莉花香气而得此美名，是柬埔寨大米出口的优势品种。在 2012—2014 年世界最好大米评选活动中，茉莉香米连续三年被授予“世界最好大米”称号，2015—2017 年居泰国香米之后获得亚军，2018 年又重夺冠军。2018 年，柬埔寨政府启用国家级香米品牌“吴哥茉莉”，它是 Phka Rumduol、Phka Romeat、Phka

Rumden 和 Somali 等优质香米品种的认证标志（如图 1.2.5）。柬埔寨稻米联合会也在积极将洞里萨湖和湄公河低地等稻米主要生产区申请为地理标志（GI），旨在提高柬埔寨香米在国际市场的知名度，提升柬埔寨稻米附加值和国际市场竞争力。

**图 1.2.5　柬埔寨国家香米品牌“吴哥茉莉”**

2019 年之前，欧盟一直是柬埔寨最大的大米出口地区，占柬埔寨大米出口总量的 50% 以上（如图 1.2.6）。2019 年开始，欧盟为了保护本地农民利益，开始对柬埔寨大米征收进口关税。其中，2019 年欧盟向柬埔寨大米征收每吨 175 欧元（约 199.5 美元）进口关税，2020 年降至 150 欧元（约 171 美元），2021 年降至 125 欧元（约 142.5 美元）。若以 2018 年柬埔寨向欧盟出口近 27 万吨大米测算，2019 年柬埔寨要向欧盟缴纳 5386.5 万美元的进口税。欧盟出台的税收政策导致柬埔寨对欧盟的出口量明显下降，2019 年、2020 年分别降至 20.29 万吨和 20.38 万吨。为有效应对欧盟出台的征收大米关税政策，柬埔寨政府出台了包括降低国内生产和出口成本在内的一系列措施。

（二）中国和柬埔寨大米贸易

2010 年 10 月，柬埔寨与中国签署大米贸易相关协议。2012 年，柬埔寨正式向中国出口大米。2015 年，中国已成为柬埔寨大米最大进口国，其次是

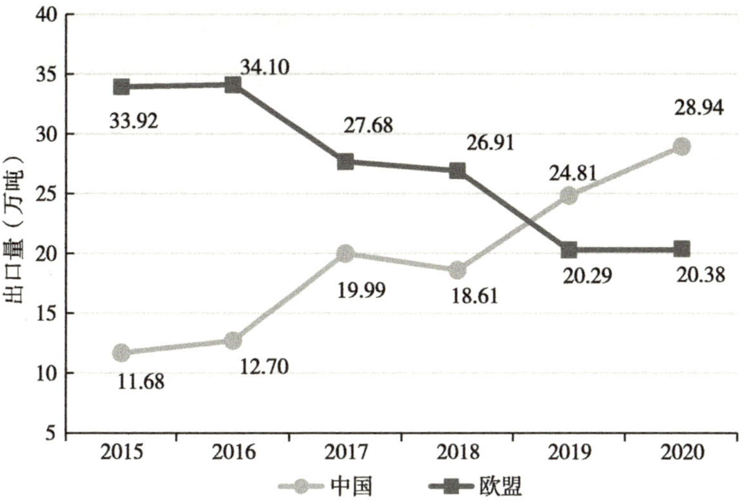


**图 1.2.6　2015—2020 年柬埔寨出口至中国和欧盟的大米数量**

数据来源：柬埔寨农林渔业部和稻米联合会

法国和波兰。2018 年，中国从柬埔寨进口大米 18.61 万吨。2019 年，柬埔寨与中国正式签署谅解备忘录，将对柬埔寨进口大米的配额调至 40 万吨，有效缓解了柬埔寨大米出口欧盟遇阻的难题。2019 年，柬埔寨对中国出口大米 24.81 万吨，比 2018 年增长 33.3%。中国正式超越欧盟成为柬埔寨最大的大米贸易伙伴，确保柬埔寨当年大米出口总量并无明显下滑。这主要得益于中粮集团根据中柬两国政府签署的大米贸易协议加大了采购力度，一些柬埔寨大米加工厂也提高了产能，增加了供货能力。2020 年，柬埔寨对中国出口大米 28.94 万吨，已成为中国第五大大米进口国家，占中国大米进口总量的 8% 左右。至 2021 年，柬埔寨向中国出口大米已达 30.97 万吨，占柬埔寨大米出口总额的 50%，中柬大米贸易进入前所未有的历史新时期。同时，由于柬埔寨水稻产区仍然保持着原生态的生产环境，大米中的重金属含量与农药残留符合安全卫生标准，柬埔寨香米越来越受到中国消费者的喜爱。

（三）柬埔寨大米贸易潜力与存在问题

据柬埔寨农林渔业部统计，2020 年柬埔寨稻谷产量接近 1100 万吨，稻谷过剩量为 590 万吨，相当于 370 万吨精米，而 2020 年柬埔寨仅出口大米

69.08 万吨，大米出口潜力巨大。有研究利用泰国、越南、柬埔寨三国大米出口数据，从大米出口市场、出口类型以及价格等方面，分析柬埔寨大米出口竞争力水平，结果表明柬埔寨大米相对比较优势指数超过泰国、越南，在香米市场具备出口竞争优势。近两年来，受大米出口欧盟受阻及全球新冠肺炎疫情影响，柬埔寨也逐渐将大米出口重心放在中国。其大米从业者也期望中国进一步将进口柬埔寨大米的配额从 40 万吨提高至 50 万吨以上，以促进中柬稻米贸易快速发展。

但是，由于气候变化、全球大米价格下跌以及竞争加剧，加上农业技术水平低下与基础设施不足，柬埔寨水稻产量增长缓慢；与此同时，柬埔寨仓储能力不足，加工能力落后，出口农产品中超过 90% 为未加工产品，能够达到国际标准、可供出口的大米数量有限。大量稻谷被泰国、越南商人收购后在泰国和越南碾磨加工并在当地销售，或制成精米后以泰国、越南香米出口至其他国家，导致柬埔寨大米附加值偏低，在与泰国、越南等国家的竞争中，其大米出口贸易并不占优势。

# 第三章　中国水稻产业发展概况

稻米是中国城乡居民口粮消费的主体，占口粮消费量的60%以上。2011年以来，中国水稻种植面积基本稳定，单产持续提高，品质不断改善，产量连续11年稳定在2亿吨以上。国内稻谷库存充裕，消费平稳略增，库存消费比远高于世界平均水平。国内稻米市场稳定运行，进口量持续增长并维持在高位运行，主要是进口价格较低和调剂部分国内品种余缺。总体而言，水稻生产对保障中国口粮绝对安全发挥了重要作用。

## 第一节　生产发展现状

### 一、自然资源概况

中华人民共和国（The People's Republic of China）位于亚洲东部、太平洋西岸，陆地面积约960万平方公里，东部和南部大陆海岸线1.8万多公里，内海和边海的水域面积约470多万平方公里。海域分布有大小岛屿7600多个，中国地势西高东低，复杂多样，地势自西向东形成三级阶梯，山地、高原和丘陵约占陆地面积的67%，盆地和平原约占陆地面积的33%。山脉多呈东西和东北—西南走向。中国气候复杂多样，有温带季风气候、亚热带季风气候、热带季风气候、温带大陆性气候和高原山地气候等类型。

### 二、水稻生产现状

中国是世界上最大的稻谷生产国和消费国，种植面积仅次于印度，为世界第二，总产量为世界第一。据联合国粮农组织发布的最新报告显示，2019/2020 年度世界稻谷产量为 7.49 亿吨（折合大米 4.99 亿吨），亚洲地区稻谷产量为 6.78 亿吨，其中中国总产量 2 亿吨左右，占世界稻谷总产量的 28.91%（如图 1.3.1、图 1.3.2）。

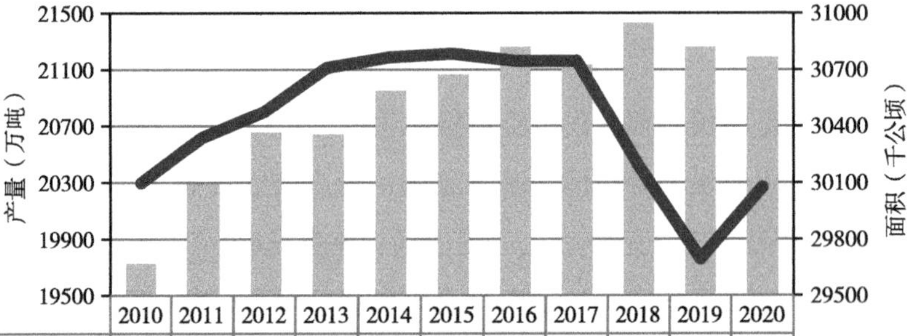


| | 2010 | 2011 | 2012 | 2013 | 2014 | 2015 | 2016 | 2017 | 2018 | 2019 | 2020 |
|---|---|---|---|---|---|---|---|---|---|---|---|
| 产量(万吨) | 19726 | 20290 | 20653 | 20637 | 20959 | 21062 | 21264 | 21139 | 21425 | 21269 | 21186 |
| 种植面积(千公顷) | 30097 | 30338 | 30476 | 30710 | 30765 | 30784 | 30746 | 30747 | 30189 | 29694 | 30076 |

**图 1.3.1　2010—2020 年中国水稻产量与种植面积**

数据来源：中国农业农村部，中国国家统计局

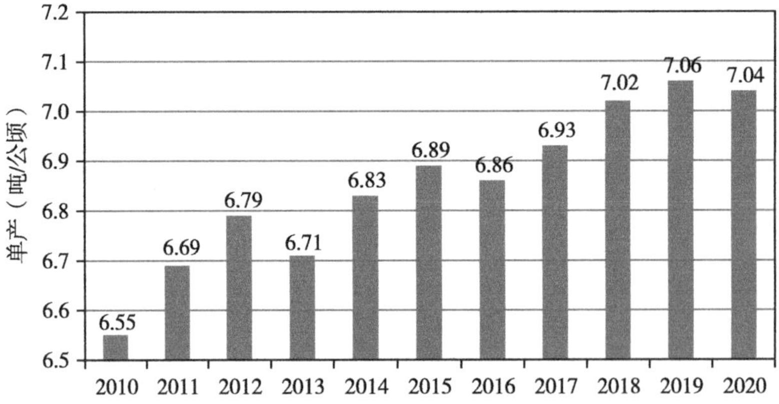


**图 1.3.2　2010—2020 年中国水稻单产**

数据来源：中国农业农村部，中国国家统计局

据中国国家统计局公报显示，2021 年中国水稻种植面积 2992.1 万公顷，比 2020 年减少 15.5 万公顷；单产 7113.0 千克 / 公顷，提高 69.0 千克 / 公顷，创历史新高；总产量 21284.3 万吨，增产 98.3 万吨，创历史新高，并连续 11 年稳定

在2亿吨以上，占世界水稻总产量的30%左右，稳居世界第一。2021年，中国水稻种植面积、总产量分别占中国粮食种植面积和总产量的25.4%和31.2%。

（一）水稻生产区域、季节和品种分布

依据气候生态条件、耕作制度和稻种特性，中国水稻产区主要可以划分为6个稻作区：华南连作双季籼稻区、华中单双季籼粳稻区、西南高原单季籼粳稻区、华北单季籼粳稻区、西北点状分布单季籼粳稻区、东北单季粳稻区。中国水稻生产企业分布格局较为分散，重要的水稻生产企业主要集中在华中、华东、东北等地区（如图1.3.3）。

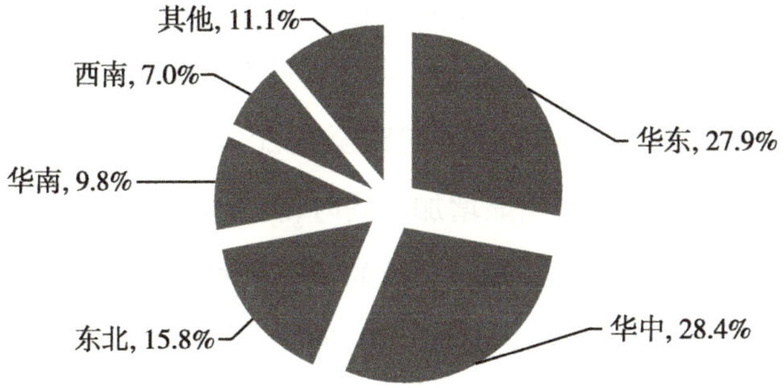


**图1.3.3　2020年中国水稻产量分布区域**

数据来源：中国农业农村部

按照季节结构，中国水稻可以分为早稻、一季中稻和双季晚稻。据国家统计局数据，2020年中国早稻种植面积475.1万公顷、一季中稻种植面积2014.7万公顷、双季晚稻种植面积517.7万公顷，分别占中国水稻面积的15.8%、67.0%和17.2%。按照品种结构，中国水稻可以分为籼稻和粳稻。中国籼稻主要分布于中国南方稻区以及北方稻区的河南、陕西两省，粳稻主要分布在北方稻区、长江中下游地区以及华南、西南的高海拔山区。2020年中国粳稻种植面积1017.6万公顷，籼稻种植面积1990.0万公顷，分别占中国水稻面积的33.8%和66.2%。按照制种方式不同，中国水稻可以分为常规稻和杂交稻，从种植区域看，杂交水稻主要以南方种植为主，北方有少量杂交粳稻种植；常规水稻分布在全国各地，北方以常规粳稻为主，南方常规籼稻和粳稻均有种植。

（二）水稻产量分布区域

从中国稻谷总产量分布来看，其主要分布在黑龙江、湖南、江西、江苏、湖北、安徽、四川、广东、广西和吉林等10省（自治区）。据国家统计局数据，2019年中国稻谷产量20961万吨，其中黑龙江占12.71%、湖南占12.46%、江西占9.77%、江苏占9.35%、湖北占8.95%、安徽占7.78%、四川占7.01%、广东占5.13%、广西占4.73%、吉林占3.14%。

2010—2020年，中国稻谷产量第一大省由湖南变为黑龙江，黑龙江稻谷产量占比从2010年的8.07%提高到2020年的12.71%。江西稻谷产量近10年占比均为9.77%左右；江苏、湖北稻谷产量占比稳步上升，常年位居主产省前5；安徽稻谷产量占比逐年提升；四川、广东、广西产量占比明显下降，主产省排名中四川从2010年的第5名跌至2020年的第7名（如图1.3.4、图1.3.5）。东北产区产量占比明显增加，同时得益于东北地区土壤、气候、地域的自然资源优势，近年来该地区种植的单季粳稻产量和品质均得到快速发展，对于保障中国稻谷产量稳定发挥了重要作用。

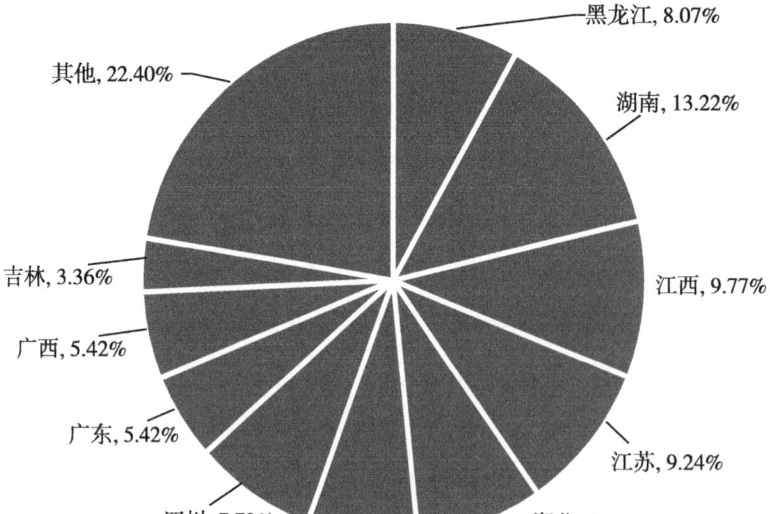


**图1.3.4　2010年中国各地区水稻产量占比**

数据来源：中国农业农村部，中国国家统计局

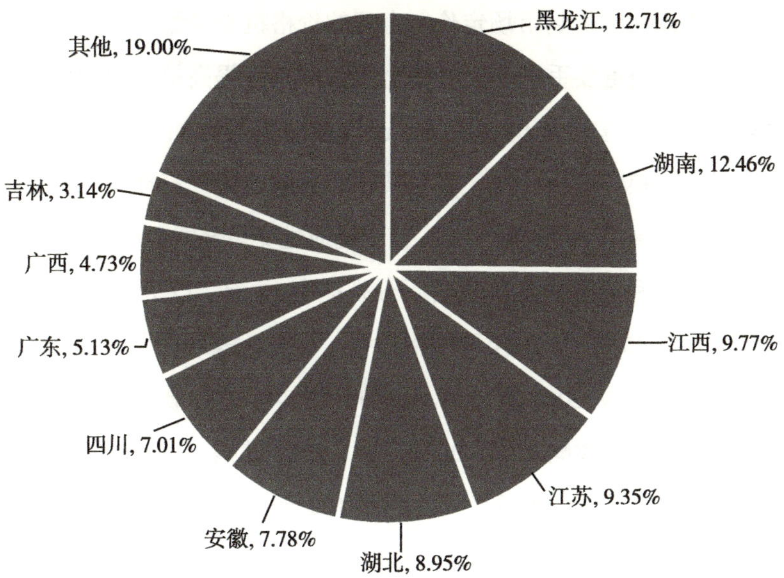


**图 1.3.5　2020 年中国各地区水稻产量占比**

数据来源：中国农业农村部，中国国家统计局

## 第二节　农业政策与水稻产业科技

### 一、水稻产业政策

中华人民共和国成立以来，中国始终将保障粮食安全放在重要战略地位。作为中国主要粮食品种，水稻生产和市场政策基本上与中国粮食政策相一致，仅在个别时期、个别政策方面略有差异。总体上看，改革开放以来，中国水稻生产政策演变是一个行政取向逐渐减弱、经济取向逐渐增强的过程。从政策和经济两种手段看，中国对粮食的调控实现了从“行政高度集中”到“以行政手段为主，经济手段为辅”，再到“以经济手段为主，行政手段为辅”的市场化导向机制的转变。

（一）价格政策

从粮食统购派购价格、大幅度提高定购粮收购价到粮食市场保护价、最低收购价，从计划定价到市场定价，合理的价格机制是稳定农民收入、保障农民种粮积极性的重要手段。1979 年，中国一次性提高粮食统购价 20%，超购加价幅度由原来按统购价加 30%，改为按新统购价加 50%；1987 年中国开始对合同定购粮食实行化肥、农用柴油和预购定金“三挂钩”政策，并于 1989 年大幅度提高了化肥挂钩标准，使农民通过交售合同定购粮增加了收入；1989 年籼稻、粳稻合同定购价每百斤分别提高 10 元、12 元；1994 年粮食定购价一次性提高 40%，1996 年再次将稻谷、小麦、玉米和大豆四种粮食价格平均提高 42.35%。从 2004 年开始，中国开始实行稻谷最低收购价政策，并不断提高标准、优化收购方式。2021 年，中国早籼稻、中晚籼稻和粳稻最低收购价分别为每 50 千克 122 元、128 元和 130 元。

（二）税收政策

长期以来，城乡收入差距拉大，农民负担沉重。1999 年中国出台《关于农村税费改革的意见》，取消“三提留、五统筹”。2004 年以来，中国坚持“工业反哺农业，城市支持农村”和多予少取放活的方针，从 2004 年减免农业税 3 个百分点，到 2006 年全面取消农业税。

（三）补贴政策

2004 年以来，中国开始实施粮食直补、良种补贴、农机具购置补贴和农资综合直补等为主的生产补贴政策，保障农民种粮积极性。2016 年开始，中国全面推行农业“三项补贴”政策改革，将以往的粮食直补、农资综合直补、农作物良种补贴合并为“农业支持保护补贴”，并且将目标调整为支持耕地地力保护和粮食适度规模经营；补贴对象原则上为拥有耕地承包权的种地农民，严禁以任何方式统筹集中使用，必须全部直补到户。

（四）投入政策

2004 年以来，中国持续加大商品粮基地建设、优粮工程、种子工程、植保工程、沃土工程、农业综合开发等建设项目投入，不断改善农业生产条件，促进了水稻生产稳定发展。截至 2020 年底，中国已完成 8 亿亩高标准农田建设任务。通过完善农田基础设施，改善农业生产条件，增强了农田防灾抗灾减灾能力，巩固和提升了粮食综合生产能力。建成后的高标准农田，亩均粮食产能增加 10%—20%，保障了农民种粮积极性，为中国粮食连续多年丰收提供了重要支撑。

党的十八大以来，以习近平同志为核心的党中央把粮食安全作为治国理政的头等大事，提出了“确保谷物基本自给、口粮绝对安全”的新粮食安全观，确立了以我为主、立足国内、确保产能、适度进口、科技支撑的国家粮食安全战略，走出了一条中国特色粮食安全之路。中国坚持立足国内保障粮食基本自给的方针，实行严格的耕地保护制度，实施“藏粮于地、藏粮于技”战略，持续推进农业供给侧结构性改革和体制机制创新，粮食生产能力不断增强，粮食流通现代化水平明显提升，粮食供给结构不断优化，粮食产业经济稳步发展。

## 二、水稻产业科技

### （一）杂交水稻育种

新品种的培育与推广对水稻生产作出了重大贡献。中国现代水稻育种起步于 20 世纪 20 年代，已有百年历程，期间纯系育种、杂交育种、诱变育种和分子育种等技术成为技术主体，取得了矮化育种、杂交稻育种和超级稻育种三次突破，推动中国水稻平均单产从 20 世纪 50 年代的 3000 千克 / 公顷平台跃上了当前的 7050 千克 / 公顷平台。杂交水稻是中国水稻科技中最具标志性的研究成果，1992 年被联合国粮农组织列为粮食短缺国家解决粮食安全问题的重要可选技术，为保障世界粮食安全作出了重要贡献。

**表 1.3.1　2016—2020 年通过国家审定的水稻品种数量与类型**

| 年份 | 按生态稻区 | | 按品种类型 | | 按试验渠道 | | | 总计 |
|---|---|---|---|---|---|---|---|---|
| | 南方 | 北方 | 杂交 | 常规 | 统一试验 | 绿色通道 | 联合体 | |
| 2016 | 59 | 7 | 60 | 6 | 53 | 13 | 0 | 66 |
| 2017 | 165 | 13 | 164 | 14 | 81 | 97 | 0 | 178 |
| 2018 | 253 | 35 | 253 | 35 | 81 | 143 | 64 | 288 |
| 2019 | 362 | 10 | 360 | 12 | 39 | 206 | 127 | 372 |
| 2020 | 544 | 30 | 493 | 81 | 68 | 261 | 245 | 574 |

数据来源：国家水稻数据中心

2005年，农业部制定《超级稻品种确认办法》，首次认定超级稻品种28个。截至2021年，由中国农业农村部冠名的超级稻示范推广品种共计133个。其中，籼型三系杂交稻49个，占36.8%；籼型两系杂交稻42个，占31.6%；粳型常规稻25个，占18.8%；籼型常规稻9个，占6.8%；籼粳杂交稻8个，占6.0%。

（二）水稻高产高效栽培技术

水稻育种技术的突破推动了土壤肥料、植物保护、水利灌溉、耕作栽培等技术不断进步与发展，水稻栽培技术随着生产方式的转变，日益适应中国社会经济的发展要求。水稻种植方式逐步从手插秧，发展到旱育稀植、抛秧、直播、再生稻以及机插秧。水稻生产主要环节从手工、畜力作业为主逐步实现机械化作业，减轻了劳动强度，增加了劳动效益。水稻种植在研究水稻需肥需水生理特性及其与生长和产量关系的基础上，提出平衡施肥、测土配方施肥、氮肥深施，以及利用信息技术监测水稻生长为依据的施肥技术。围绕节水灌溉及高产形成，提出了水稻旱育稀植、覆膜旱作、好气灌溉、浅湿干灌溉等技术，在提高水稻产量的同时，提高了水资源利用效率。围绕全球气候变化影响及水稻生产灾害多发频发的问题，研发了水稻抗旱、高低温、洪涝等灾害的预警和抗灾减灾技术。

目前，中国水稻耕种收综合机械化水平超过80%，水稻机插（播）率达到50%左右，集中育秧比例不断提高，机械化收获水平超过90%，水稻全程机械化加速推进。同时，随着现代物联网技术、大数据、移动通信等现代信息技术在农业领域的广泛应用，水稻智能化育苗、无人农机作业等智能化生产设施和技术也呈现强劲发展势头。

## 第三节　市场发展现状

### 一、水稻消费量

中国稻谷需求以口粮为主，占85%左右，其余为饲料、工业、种子等用途。2011 年以来，中国稻谷需求总量趋于稳定，年际间变化较小。随着居民生活水平不断提高，对肉、蛋、奶的消费需求持续增长，人均口粮消费相对减少；但由于总人口仍在刚性增长，消费总量仍处于稳定增加态势。据国家粮油信息中心数据，2011 年以来中国稻谷需求总量稳定在 1.95 亿—1.98 亿吨。从与中国消费习惯相近的日本、韩国看，稻米消费变化趋势并非不断增加或是长期稳定，而是在达到中等收入阶段之后，人均口粮消费将逐步呈下降趋势。目前日本和韩国人均大米消费量分别为 58.1 千克 / 年和 59.2 千克 / 年，而中国仍为 100 千克 / 年左右。近年来中国消费者对中高档优质大米、婴幼儿食用的富锌营养大米、米制方便食品以及适合糖尿病人、肾脏病人等食用的功能保健大米等需求也在快速增加，未来消费潜力巨大。

从大米消费结构看，中国人均大米口粮需求量持续下降，饲用及工业消费逐年上升，食用消费量一直占较大比例（如图 1.3.6）。中国通过去库存调控，分批次定向投放部分超期储存稻谷用于生产乙醇，同时产生酒糟可用作饲料生产。总体看，中国稻谷消费量仍呈稳步上升趋势，但幅度有限。

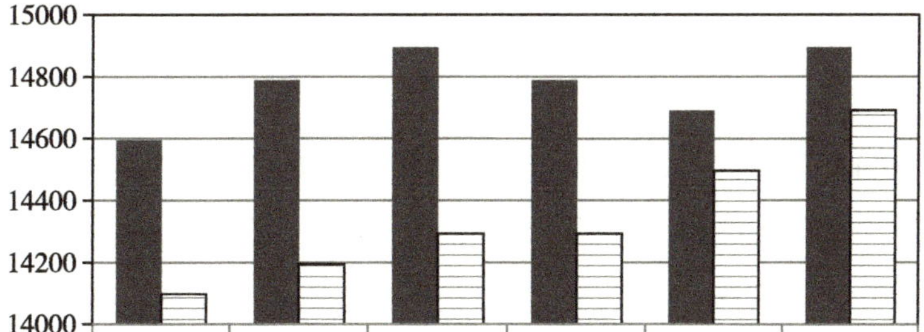


| | 2015 | 2016 | 2017 | 2018 | 2019 | 2020 |
|---|---|---|---|---|---|---|
| ■产量(万吨) | 14593 | 14792 | 14894 | 14793 | 14695 | 14895 |
| □消费量(万吨) | 14096 | 14193 | 14295 | 14296 | 14496 | 14696 |

**图 1.3.6　2015—2020 年中国稻米供需**

数据来源：中国农业农村部，中国国家统计局

## 二、水稻市场需求区域分布

中国水稻的需求市场分布与居民饮食习惯相关，集中在华东、华中和华北地区，分别占中国水稻需求总量的 29.2%、16.0% 和 14.3%，合计占中国水稻需求总规模的 60% 左右（如图 1.3.7）。

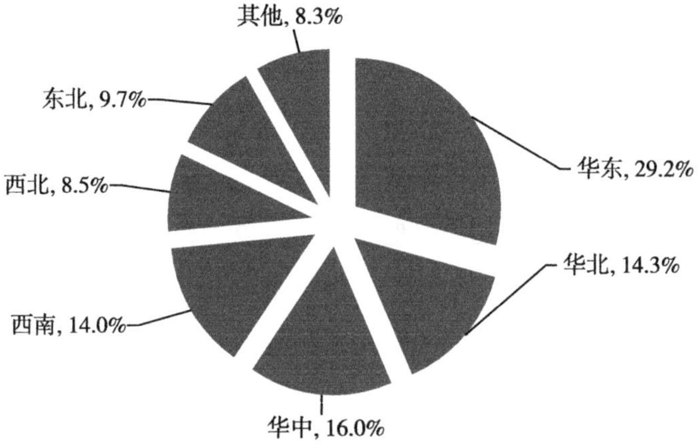


**图 1.3.7　2020 年中国水稻市场需求区域分布**

数据来源：中国农业农村部，中国国家统计局

## 三、市场走势

2011 年以来，中国加速推进稻谷市场化改革，优化稻谷最低收购价格政策。但受低价大米持续进口、稻米市场供过于求、最低收购价格下调等因素综合影响，稻米市场持续低迷。2020 年，中国早籼稻、晚籼稻和粳稻市场价格分别为 2424.2 元 / 吨、2560.9 元 / 吨和 2716.5 元 / 吨，与 2011 年相比，早籼稻、晚籼稻价格分别上涨 4.4%、3.4%，粳稻价格下跌 2.4%。尽管中国普通稻市场持续低迷，但优质稻、专用稻等品种市场走势持续向好，绿色优质、营养健康、功能专用型大米消费需求增加，价格优势明显。特别是 2018 年以来，中国的水稻主产省陆续对本地优质食味稻品种等加价收购。

**表 1.3.2　2005—2020 年中国各类型稻谷最低收购价格**

单位：元 / 吨

| | 2005 | 2006 | 2007 | 2008 | 2009 | 2010 | 2011 | 2012 |
|---|---|---|---|---|---|---|---|---|
| 早籼稻 | 1400 | 1400 | 1400 | 1540 | 1800 | 1860 | 2040 | 2400 |
| 中晚籼稻 | 1440 | 1440 | 1440 | 1580 | 1840 | 1940 | 2140 | 2500 |
| 粳稻 | 1500 | 1500 | 1500 | 1640 | 1900 | 2100 | 2560 | 2800 |
| | 2013 | 2014 | 2015 | 2016 | 2017 | 2018 | 2019 | 2020 |
| 早籼稻 | 2640 | 2700 | 2700 | 2660 | 2600 | 2400 | 2400 | 2420 |
| 中晚籼稻 | 2700 | 2760 | 2760 | 2760 | 2720 | 2520 | 2520 | 2540 |
| 粳稻 | 3000 | 3100 | 3100 | 3100 | 3000 | 2600 | 2600 | 2600 |

数据来源：中国农业农村部，中国国家统计局

## 四、水稻生产与加工企业

中国水稻生产企业分布格局较为分散，规模以上水稻生产企业占比较大；重要的水稻生产企业主要集中在华中、华东及东北等地区，主要分布在黑龙江、湖南、江西、江苏、湖北、安徽、四川、广东、广西和吉林 10 个省（自治区）。中国人多地少，各地农业资源禀赋条件差异很大，小农户家庭经营仍将是中国农业的主要经营方式。但是近年来龙头企业、家庭农场、专业大户等新型农业经营主体快速发展，种植规模化趋势显现。据农业农村部《新型农业经营主体和服务主体高质量发展规划（2020—2022 年）》，当前各类新型农业经营主体和服务主体总量已经超过 300 万家，实现了集中连片规模化种植和集约化经营。

中国稻米加工企业呈现寡头垄断格局，中粮、北大荒、益海嘉里和华润 4 家稻米加工量占中国稻米加工市场的 80% 左右。由于中国政府仅指导调控稻谷的最低收购价，而对加工包装的稻米并不限定最高价，品牌效应使市场终端稻米单价高于成本价数十倍，利润丰厚。

## 第四节　贸易发展现状

2011 年以来，中国稻谷生产成本持续上升，与国外的大米价差持续扩大，国际竞争力不强，大米进口量较多。2012 年以来，受国内外大米高额价差持续存在的影响，中国大米进口数量快速增长，2017 年首次突破 400 万吨，达到 402.6 万吨，2020 年进口量 294.3 万吨。大米进口主要有两种用途：一是用作品种调剂，以价格较高的食用米为主（约占大米进口总量的 30%），主要自泰国、柬埔寨进口；二是作为加工原料或掺兑后销售的低价原料米（约占 70%），多自越南、巴基斯坦、缅甸等国家进口。

### 一、进出口分析

过去 50 年，中国一直是大米出口大国，但自 2011 年开始大米进口量首次超过出口量；2013 年成为全球最大的大米进口国。在国际、国内大米价格调控机制作用下，中国大米进口量逐渐减少，出口量持续增加。2019 年大米出口量为 274.8 万吨，同比增加 72.2 万吨，增幅为 39.8%；进口量为 254.6 万吨，同比减少 62 万吨，减幅 22.6%；净出口大米 20.2 万吨，自 2011 年以来再次成为大米净出口国。2020 年，中国大米进口 304.8 万吨，出口 245.6 万吨，中国大米贸易仍然呈现逆差（如图 1.3.8、图 1.3.9）。

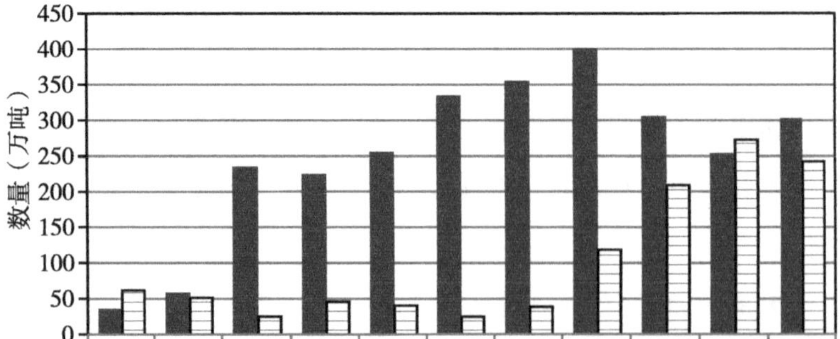


| | 2010 | 2011 | 2012 | 2013 | 2014 | 2015 | 2016 | 2017 | 2018 | 2019 | 2020 |
|---|---|---|---|---|---|---|---|---|---|---|---|
| ■进口量(万吨) | 38.8 | 59.8 | 236.9 | 227.1 | 257.9 | 337.7 | 356.2 | 402.6 | 307.7 | 254.6 | 304.8 |
| □出口量(万吨) | 62.2 | 51.6 | 27.9 | 47.8 | 41.9 | 28.7 | 39.5 | 119.7 | 208.9 | 274.8 | 245.6 |

**图 1.3.8　2010—2020 年中国大米进出口**

数据来源：中国海关总署

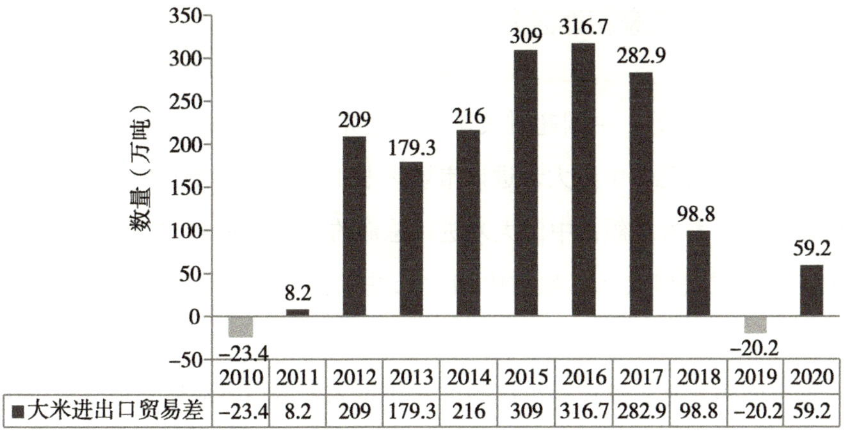


**图 1.3.9　2010—2020 年中国大米进出口贸易差**

数据来源：中国海关总署

## 二、稻米自给率高

中国明确提出了“确保谷物基本自给、口粮绝对安全”的粮食安全战略目标，保障了中国稻谷消费的高保障率与高自给率（当年粮食产量与当年粮食消费量的比率）。2019 年中国三大主粮（稻谷、小麦和玉米）综合自给率达 99.8%，基本实现自给自足。其中稻谷的自给率均超过 100%。中国大米的进口 / 消费比从 1993 年的 0.51% 上升至 2019 年的 1.63%，维持在非常低的水平。从粮食库存水平来看，2019 年中国三大主粮中稻谷库销比（库存量与销售量的比率）达到 86.4%，进口依赖度（进口量与消费量的比率）合计仅为 1.6%，对外依赖水平低（见表 1.3.3）。

**表 1.3.3　2019 年中国稻谷自给率和对外依赖度**

单位：%

| 粮食品种 | 粮食结构中占比 | 自给率 | 库销比 | 进口依赖度 |
| --- | --- | --- | --- | --- |
| 稻谷 | 31.6 | 104.8 | 86.4 | 1.6 |

数据来源：万得信息网

## 三、进出口国家和地区分布

自 2012 年开始，中国超过美国成为世界第一大米进口国，2019 年进口金额为 12.5 亿美元。中国大米进口市场集中在东南亚和南亚国家。2012 年中国自泰国进口大米总额占中国大米进口总额的比重仅为 13.77%，2013—2017 年中国自泰国进口大米总额占中国大米进口总额的比重基本稳定在 20%—30%。

据中国海关总署数据显示，2019 年中国大米进口金额排名前 5 的国家依次是泰国、越南、巴基斯坦、缅甸和柬埔寨，2019 年进口额分别为 3.5 亿、2.4 亿、2.3 亿、2.0 亿和 1.7 亿美元（如图 1.3.10）。从进口量来看，2019 年中国大米进口量排名前 5 的国家分别是缅甸（25.9%）、巴基斯坦（21%）、越南（19.9%）、泰国（16.3%）和柬埔寨（6.6%），印度占比相对较小，仅占 2.8%（如图 1.3.11）。

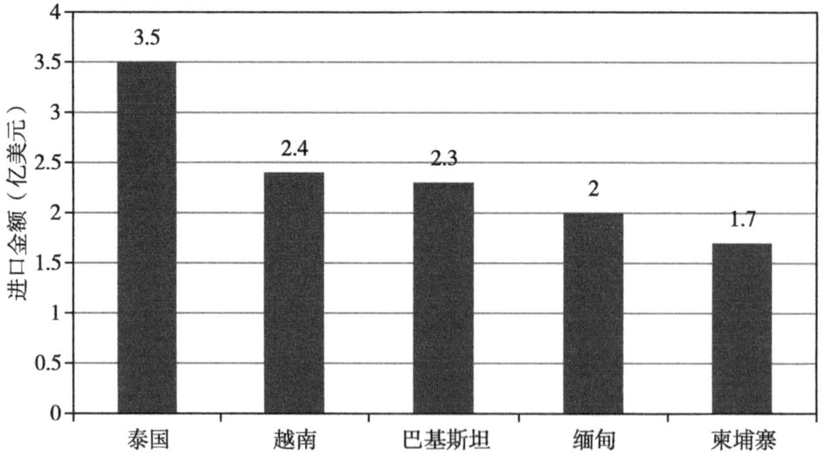


**图 1.3.10　2019 年中国大米进口金额排名前 5 的国家**

数据来源：中国海关总署

近年来，中国一直是越南大米的最大出口市场，越南自 2012 到 2018 年一直远超泰国成为中国最大的进口来源。2018 年中国进口越南大米 130 万吨，进口额占中国大米进口额的45%，但是2019年中国仅进口越南大米47.7万吨，主要是被巴基斯坦和缅甸所取代。2019年，巴基斯坦出口中国大米54.6万吨，超过了泰国的52.7万吨，而缅甸的增长趋势更为明显，与泰国的出口体量已相差不大。

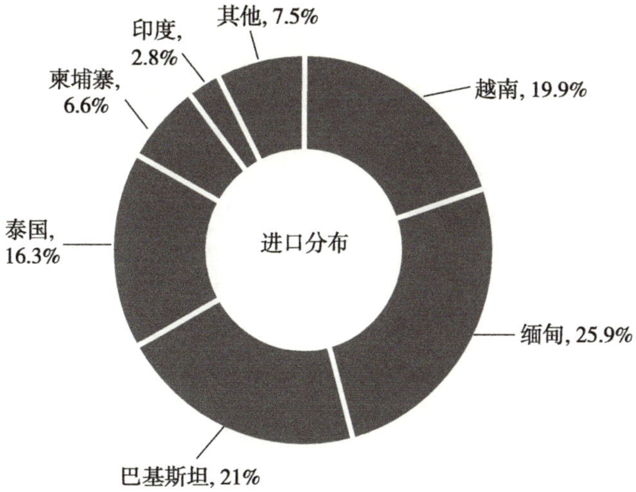


**图 1.3.11　2019 年中国大米进口地区分布**

数据来源：中国海关总署

中国本土粮食市场价格与进口粮食价格相比也存在劣势。中国大米进口价格长期高于世界平均水平（500.8 美元 / 吨），其中自泰国进口大米自 2010 年起就高于世界平均水平，自越南进口自 2019 起也超过世界平均水平，达到 502.5 美元 / 吨。自 2017 年起，中国大米出口金额大幅提升，2018 年大米出口金额为 8.88 亿美元，同比增长 49%。但是出口金额增长幅度较出口量增长幅度相对较小，主要是出口大米的等级和定价发生变化所致。2019 年，中国大米出口金额为 10.59 亿美元。

相比之下，巴基斯坦和缅甸具备较强的价格优势，2019 年进口价格分别为 389.1 美元 / 吨和 373.1 美元 / 吨。进口价格不断上涨导致越南大米不具备价格优势，中国自越南大米进口下降，但越南仍是中国主要大米进口来源国，近 5 年进口占比始终保持在 50% 左右。从泰国进口大米占中国大米进口总量的比重因其进口价格的提升而降低。

从出口国家看，2019年，中国大米主要出口至埃及、科特迪瓦、塞拉利昂、土耳其等国家，分别为16%、14%、11%和8%（如图1.3.12）。中国稻谷出口地区主要为安徽、湖南和江苏，三省稻谷出口额分别为2556万美元、2391万美元和1170万美元（如图1.3.13）。

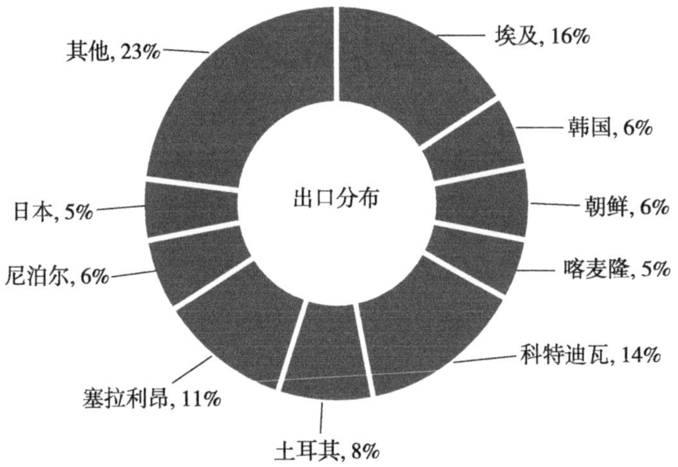


**图1.3.12　2019年中国大米出口地区分布**

数据来源：中国海关总署

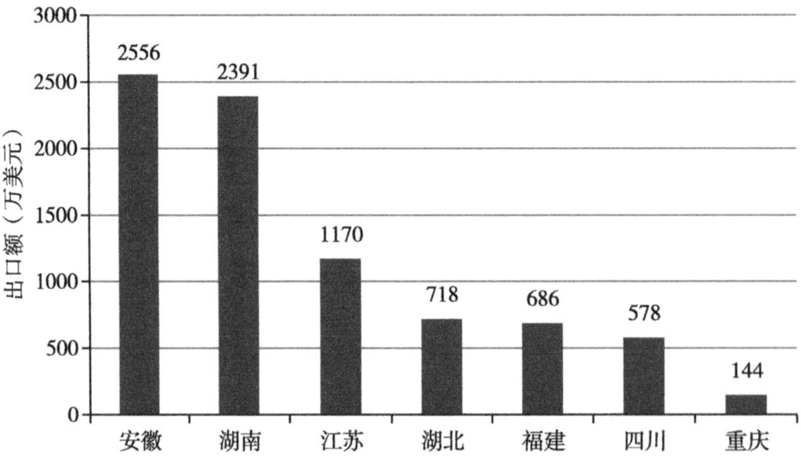


**图1.3.13　2019年中国稻谷主要省份的出口额**

数据来源：中国海关总署

这主要是因为此前中国大米出口以优质大米为主，但自 2017 年以来，中国大米出口开始追求数量的增加，对非洲国家出口大幅增长。在 2019 年中国十大大米出口国中，来自非洲的国家有 7 个，其中对埃及的出口量高达 45 万吨。

目前中国大米仍然处于供大于求的状态，2021 年 1—10 月，中国已经进口大米 390.0 万吨，进口量创同期历史新高。进口的主要是印度、越南、缅甸、巴基斯坦等国家的低价大米，主要是企业通过进口低价大米提高加工利润，同时进口碎米（从印度进口的主要以碎米为主）用来加工饲料替代玉米。由于国内外大米价差持续存在，预计中国大米进口将继续增长，2029 年中国大米进口量将增加到 445 万吨；随着库存压力逐渐缓解，中国大米出口量将呈下降趋势。

# 第四章　老挝水稻产业发展概况

农业是老挝主要的支柱产业，总产值占 GDP 的 15% 左右，全国约有 70% 的人口从事农业劳动。水稻是老挝最大的粮食作物，约占农作物种植面积的 80%，南部生态区是老挝最大的稻米种植区。2019 年，老挝水稻播种面积为 96.46 万公顷，单产 4.19 吨 / 公顷，总产 353.45 万吨。老挝稻种资源丰富，尤其是糯稻类型，约占其稻种资源总量的 85%，是世界重要的糯稻发源中心。老挝能够基本实现粮食自给自足，产出的稻谷主要满足国内需求，用于出口的大米总量较少，主要出口越南、中国和欧盟等国家和地区，出口大米类型主要为糯米。未来在保证自身粮食安全、降低生产成本和提高稻米加工能力的前提下，出口糯米、有机大米或黑米等特色稻米将是老挝的优势产业，具有较强的出口竞争力优势。

## 第一节　生产发展现状

### 一、自然资源概况

老挝人民民主共和国（The Lao People’s Democratic Republic），地处中南半岛北部，是东南亚唯一的内陆国家，国土面积 23.68 万平方公里，2020 年人口达 727.56 万。地势北高南低，境内 80% 为山地和高原。土地资源丰富，潜在可耕地面积达 700 多万公顷，目前农业用地约 470 万公顷，约占国土面积的 20%，农业用地待开发率 30% 左右，开垦潜力巨大。水资源充沛，湄公河流经老挝西部1900多公里。老挝属热带、亚热带季风气候，年降水量1250—3750毫米，日均气温在22℃—32℃，全年分雨季和旱季，每年5—10月为雨季，11月—次年4月则为旱季，适宜的温光水等自然条件有利于水稻生产。

## 二、水稻生产现状

老挝主要有两大农业系统，包括湄公河洪泛平原及其支流的低地雨养灌溉系统和高原山地农业系统，主要种植水稻、玉米、甘蔗、蔬菜、水果、木薯、花生、烟草、咖啡、橡胶和芝麻等农作物。其中水稻是老挝最重要的粮食作物，一般在5月下旬至6月播种，10—11月成熟收获（见表1.4.1）。老挝政府一直优先发展水稻生产，其种植面积约占全国农作物种植面积的85%，主要分布在万象地区、沙湾拿吉省、沙拉湾省和占巴塞省等。按照地理位置老挝18个省市可以分为北部（7省）、中部（6省1市）和南部（4省）三个农业生产区，其中南部的沙湾拿吉省是老挝最大的稻米生产地区，2019年该省水稻播种面积超过23万公顷，约占全国水稻面积的25%。

**表1.4.1　老挝不同水稻种植类型生产月份**

| 种植类型 | 月份 | | | | | | | | | | | |
|---|---|---|---|---|---|---|---|---|---|---|---|---|
| | 1 | 2 | 3 | 4 | 5 | 6 | 7 | 8 | 9 | 10 | 11 | 12 |
| 季节 | 旱季 | | | | 雨季 | | | | | | 旱季 | |
| 低地雨养 | | | | | | 播种 | 移栽 | | | 收获 | | |
| 低地灌溉 | 移栽 | | | 早季收获 | | 播种 | 移栽 | | | 晚季收获 | | 播种 |
| 山地低地 | 移栽 | | | 早季收获 | | 播种 | 移栽 | 二次移栽 | | 晚季收获 | | |
| 旱稻 | 刀耕 | | 焚烧草木 | | 种植 | | | | 收获 | | | |

老挝政府一直致力于提高水稻产量。20世纪六七十年代，老挝水稻收获面积为52万—96万公顷，单产仅为0.80—1.36吨/公顷，总产约为51万—91

万吨，水稻生产水平相对较低。1980—1989 年，随着在实际生产中使用水稻改良品种、农药化肥和农业机械，老挝水稻生产以平均每年 3%—4% 的速度增长，约是前 10 年增长率的两倍；水稻单产大幅度提高，达 1.44—2.36 吨 / 公顷。1987—1988 年，老挝水稻主产区曾发生干旱，水稻收获面积和总产均有明显下降，但单产水平并没有明显下降。20 世纪 90 年代末开始，老挝水稻生产得到快速发展，水稻生产基本实现自给自足，自 1999 年以来，老挝水稻收获面积稳定维持在 71 万—97 万公顷。单产呈现快速增长趋势，由 1998 年的 2.71 吨 / 公顷提高至 2019 年的 4.39 吨 / 公顷，增幅达到 62.0%。总产量从 1998 年的 167.45 万吨增加至 2016 年的 414.88 万吨，增幅高达 147.8%。由于老挝大多数水稻种植区是在雨养生态区，所以水稻种植面积受气候变化影响很大，严重洪水会导致整个国家水稻大幅减产。2017—2019 年受洪涝灾害等影响，老挝水稻种植面积持续减少，稻谷产量连年下降（如图 1.4.1、图 1.4.2）。

老挝自 1999 年首次实现水稻生产自给自足后，稻谷总产量逐年增加，但还存在地区差异。稻米生产盈余地区主要分布于湄公河流域的低地地区，北方山地地区部分省份依然存在生产能力不足的情况，对老挝的粮食安全有一定影响。

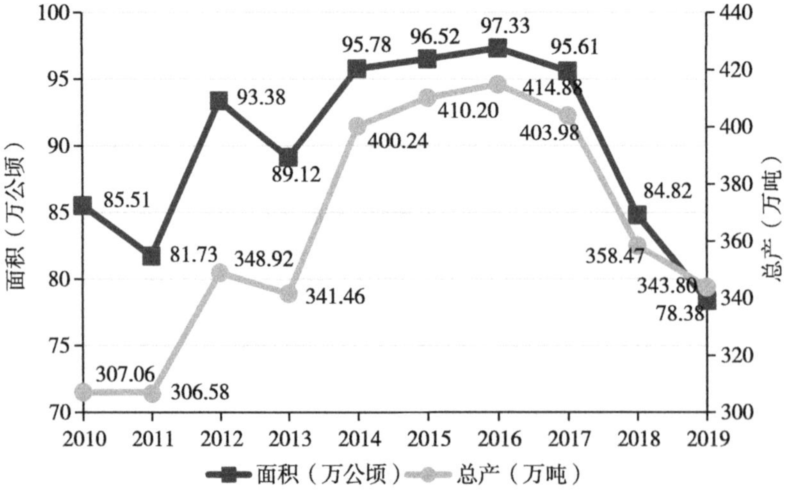


**图 1.4.1　2010—2019 年老挝水稻种植面积与总产**

数据来源：联合国粮农组织

2012 年，国际水稻研究所发布《老挝稻米政策研究》报告，指出老挝已从大米短缺转变为较大盈余，大米短缺仅发生在局部地区，粮食安全重点已逐渐转向如何解决国民营养不良的问题。近年来，老挝农业部门已计划将从自给自足的水稻生产逐渐转向更加注重商业化生产的方向发展。

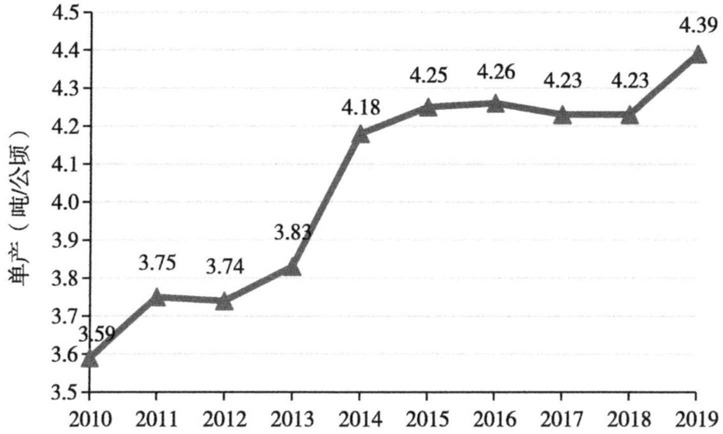


**图 1.4.2　2010—2019 年老挝水稻单产**

数据来源：联合国粮农组织

## 三、水稻品种类型

据统计，老挝种植的水稻品种中约 85% 属于糯稻，糯稻品种具有口感良好、耐极端气候和抗病虫害较强以及需肥较少等特点，而非糯稻品种主要以改良品种为主，常被用作商品大米进行销售。由于地势北高南低，根据生态地区的不同，老挝水稻主要分为低地雨养稻（雨季稻）、山地雨养稻（山地稻）和旱季稻等类型，其中 90% 以上的水稻为雨养稻，仅有不到 10% 为旱季稻。同时，根据季节和地理条件不同，老挝主要种植一季稻或双季稻。近年来，从种植面积上看，低地雨养稻的种植面积相对保持稳定，而旱季稻和山地雨养稻的种植面积则有缩减趋势；从单产上来看，旱季稻（主要种植改良品种）产量水平最高，而山地雨养稻产量最低。

## 四、水稻栽培技术

自给自足的小规模经营是老挝农业生产的主要特点，其农业生产率和农业劳动技能依然处于较低水平。老挝农业由于长期单一化种植和经营，部分地区开始大量使用化肥、杀虫剂和除草剂等，制造业、旅游开发等造成环境破坏，土壤和地下水污染等问题也日益严峻。此外，由于城市扩张、工业开发、采矿、水电和基础设施建设等人类活动造成的森林砍伐和退化，导致生态环境进一步遭到破坏。一直以来，老挝非常注重环境保护，为解决逐渐出现的各种生态环境问题，老挝寻求通过农业复合经营和发展有机农业等方式，使农业生产朝向多元化发展。

老挝水稻生产基本上依赖自然资源，使用化肥较多的主要是老挝南部和中部湄公河走廊沿线的低地水稻生产区，农业机械普及率较低，使得老挝水稻生产水平也相对较低。在老挝，刀耕火种曾是旱稻生产的主要种植方式，一年种稻后进行长期休耕，是一种低投入、低产出和低风险的粗放耕作方式，尤其在老挝北部山区盛行，主要分布在沙耶武里、琅勃拉邦、乌多姆塞、琅南塔、博胶和丰沙里等省份。据统计，1990 年旱稻面积占老挝水稻总播种面积的 40%（24.59 万公顷），有多达 100 万农民采用刀耕火种的耕作制度。在过去，低人口密度、低收入和低投入使得刀耕火种轮作制度的农业生产成为老挝山地丘陵地区的最佳耕作方式。但在今天，随着人口压力日益增加、农业资源基础的不断恶化以及低地和山地农民之间的相互依存关系的日益加深，这种情况已经发生了改变。与此同时，老挝政府在 20 世纪 90 年代中期开始实行的土地分配政策也制定了限制刀耕火种以保护林业用地的政策，休耕期也由以往可长达 10 年逐渐缩短为目前的 2—3 年，导致土壤质量下降、杂草问题严重和劳动力投入增加，最终导致产量下降和贫困加剧，因此，刀耕火种已不再适宜老挝现代化水稻生产的可持续发展。

水稻强化栽培系统是 20 世纪 80 年代在马达加斯加发展起来的绿色高产栽培技术之一，2000 年首次被引入老挝地区（万象省和沙拉湾省），但直到

2007年以后才逐步扩大推广范围。水稻强化栽培系统具有增产潜力大、节省成本、节约用水、环境友好和适应性较广等优势，但由于其对控水有严格要求，因此该技术适宜在老挝灌溉地区尤其是旱季或山地地区推广应用。近年来，水稻强化栽培系统已在琅勃拉邦省、万象省、沙耶武里省、甘蒙省和沙湾拿吉省等多个地区进行推广应用，单产最高可达9.0吨/公顷，而使用传统种植方式仅产3—4吨/公顷。水稻强化栽培系统对提高老挝水稻产量、降低生产成本、改善土质和发展有机稻米生产具有一定的推动作用。

老挝注重环境保护，但随着人口的增长，对粮食的需求也在不断增加，毁林和破坏性的耕作方式损害了自然生态环境，农民通过传统的农耕和采集方式越来越难以维持生计。近年来，联合国粮农组织与老挝农业与林业部（MAF，以下简称老挝农林部）畜牧与渔业司（DLF）合作开发了稻—鱼共生生态种养模式。该模式可以使农民利用现有农业自然资源，在实现减肥、减药的同时，提高水稻和鱼类的产量和品质，有助于老挝减贫和提高居民饮食营养，促进生物多样性，保障水稻生产可持续发展。

## 第二节　水稻种质资源

老挝山地多、人口少，跨越热带和亚热带，森林覆盖率高达70%以上，生态环境保护相对较好，内陆国的地形也不利于外来物种进入，使其生物多样性非常丰富。其中，水稻稻种资源尤为众多，特别是老挝被认为是糯稻起源地之一。

### 一、稻种资源收集与保护

老挝水稻种植已有6000年的历史，自20世纪70年代开始，已有多个国家和国际组织在老挝开展了稻种资源收集和保护工作。1970—1990年，由美国国际开发署、俄罗斯、日本和其他机构组成的考察组收集到3000多份传统栽培稻样本。1991—1994年，在老挝—国际水稻研究所项目支持下，老挝农林部在北部地区又收集到1000多份样本。但由于老挝缺乏冷藏设施，尽管一些样本被送往国际水稻研究所进行长期保存，但是收集到的大部分样本已经损失。

自20世纪90年代初开始，老挝开始实施国家水稻研究计划（NRRP），水稻改良品种逐渐取代老挝农民几个世纪以来育成的传统地方品种，特别是在低地雨养生态区。1993年，整个低地雨养生态区只有不到10%的地区种植了改良品种，而如今改良品种覆盖了包括甘蒙、沙拉湾、博利坎赛、占巴塞、沙湾拿吉和万象市等50%以上的地区。其中在沙湾拿吉省，种植改良品种的面积甚至高达80%以上。在全国范围内，旱季灌溉区也只种植改良品种而少有使用传统地方品种。随着市场经济的更加开放和大量肥料的供应，在大部分低地雨养区使用改良品种的面积将会继续扩大，老挝农业生物的多样性受到严峻考验。

为进一步收集和保护老挝稻种资源，在瑞士发展与合作署（SDC）的资助下，老挝农林部联合国际水稻研究所于1995—2000年在老挝共收集到栽培稻样品13192份和6种不同野生稻类型样品237份。其中13192份栽培稻样品中有85.5%为糯稻品种，其余为非糯稻品种；从地域来源看，采集自老挝北部、中部和南部地区的栽培稻样本数量分别为5915份（44.8%）、4625份（35.1%）和2652份（20.1%）；从山地收集到的样本（55.9%）多于从低地采集的样本；从熟期上分析，近一半的样本为中熟（47.1%）品种，早熟和晚熟的样本数量则大致相同。总体来说，此次收集到的稻种资源代表了老挝整个国家的水稻遗传资源，对国际稻种种子库的贡献仅次于印度（约1.6万份）。目前，这些老挝稻种资源样品被分别保存在国际水稻研究所的国际水稻基因库（IRG）和老挝国家基因库中，为未来改良水稻品种提供了基因来源。此后，老挝农林部继续开展收集稻种资源样本工作，截至2015年，共收集不同种类稻种资源材料近14500份，极大丰富了老挝农业生物的多样性（见表1.4.2）。

表 1.4.2　1990—2015 年老挝水稻种质资源收集情况

| 稻种类型 | 科学名称 | 低地 | 山地 | 总数 | 地方稻 | 育种材料 | 现用品种 |
|---|---|---|---|---|---|---|---|
| 糯稻 | 栽培稻 | 5273 | 6467 | 11740 | 11705 | 34 | 60 |
| 非糯稻 | 栽培稻 | 834 | 1664 | 2498 | 2492 | 6 | 13 |
| 野生稻 | 尼瓦拉野生稻 | — | — | 74 | — | — | — |
| 野生稻 | 普通野生稻 | — | — | 41 | — | — | — |
| 野生稻 | 颗粒野生稻 | — | — | 6 | — | — | — |
| 野生稻 | 药用野生稻 | — | — | 6 | — | — | — |
| 野生稻 | 马来野生稻 | — | — | 1 | — | — | — |

数据来源：老挝农林部

## 二、优良地方稻品种

在老挝稻种资源中存在一些在特定地区种植的优质地方稻品种，如山丘稻（Khao ko diaw）、黑米（Khao phae dam）、早熟香稻（Khao hom do）、再生红米（Khao pong deng）、早熟竹稻（Khao bong do）和小鸡米（Khao Kai Noi）等。其中，最为知名的是小鸡米，现已成为老挝的地理标志稻米品牌，也是老挝水稻核心种质资源模式品种，主要种植于川圹高原（老挝北部地区）。种植面积最广的川圹省及华潘省，被联合国粮农组织列为小鸡米的发源地。小鸡米粒型短而圆，近似球形，根据颖壳颜色等农艺性状不同可以分为黄（Leuang）、红（Deng）、山地（Hay）、白（Khao）和条纹（Lai）等 9 种类型（见表 1.4.3）。小鸡米品质优良，质地柔软，香气怡人，深受老挝当地人民喜爱，部分出口欧洲和越南。近年来，小鸡米也被老挝啤酒公司用作高级精酿啤酒的原料，具有较高的商业价值。

目前，老挝农业科研机构对水稻种质资源的研究往往侧重于糯稻，因此非糯品种稻米品质偏低，水稻育种工作进展也相对缓慢。同时，老挝对水稻品种和种子的开发、种质资源的保护也相对不足，因此，老挝未来在水稻种质资源挖掘与利用方面仍有较大的发展空间。

**表 1.4.3　老挝地标稻米品种小鸡米**

| 品种名 | 品种特性 | 样本来源 | |
|---|---|---|---|
| | | 省份 | 所属生态区 |
| 小鸡米 | 标准品种 | 北部地区 | 低地 |
| 小鸡米（黑） | 黑色颖壳 | 华潘省 | 低地 |
| 小鸡米（红） | 红色颖壳 | 华潘省 | 低地 |
| 小鸡米（白） | 白色颖壳 | 华潘省 | 低地 |
| 小鸡米（黄） | 黄色颖壳 | 华潘省 | 低地 |
| 小鸡米（条纹） | 条纹颖壳 | 华潘省 | 低地 |
| 小鸡米（山地） | 宜在山地种植 | 华潘省 | 山地 |
| 小鸡米（香型） | 具有芳香性 | 华潘省 | 低地 |
| 小鸡米（芒） | 有芒 | 川圹省 | 低地 |
| 小鸡米（耐冷、耐水淹） | 耐冷、耐水淹 | 华潘省 | 低地 |

资料来源：艾帕饶（Appa Rao）等，2006

## 第三节　市场发展现状

### 一、国内大米市场

在老挝国内，大米贸易受到高度管制，从事大米贸易的个体商贩需要获得许可证，大米跨区、跨省运输，也必须经过区或省工商行政管理部门许可，不利于区域间大米的自由贸易和流通，一定程度上限制了水稻产业的可持续发展。近年来，老挝一直注重通过集约化和商业化生产实现农业现代化，积极探索面向市场化的水稻生产模式，如合同制生产。尽管困难重重，但这也是小农家庭实现水稻生产与市场联通的渠道之一，有助于老挝水稻产业向现代化生产发展。

老挝水稻生产主要是劳动密集型，由于生产水平较低，导致产量较低，品质也相对较差。根据联合国粮农组织统计，20世纪90年代以来，老挝国内稻谷生产价格总体呈现波动趋势，2000年前后生产价格最低。2013年，老挝稻谷生产价格达到317.6美元/吨，比2002年的99.4美元/吨提高218.2美元，增长近2.2倍。低生产水平、高生产成本和低质量，也导致老挝水稻生产利润较低。据统计，2017年老挝雨季稻生产利润仅为109美元/公顷，这还不足以维持一个普通家庭种植水稻的可持续生产。而根据国际水稻研究所在2016年的统计，印度和越南的农民水稻生产利润分别为193美元/公顷和246美元/公顷，均远高于老挝农民水稻生产的利润水平。

### 二、国内大米消费

大米是老挝最重要的农产品。近年来，老挝虽已基本实现水稻生产的自给自足，但在老挝北部一些遍布山区的省份还存在缺粮现象，贫困问题也相对严重。因此，老挝生产的稻谷90%以上主要用于本国消费，只有不到10%的大米在市场上销售，以往有些年份还需要进口一些稻米以满足国内消费需求。相对其他国家，糯米是老挝人民最重要的主食，这是老挝大米消费的一大特色。糯米约占国内大米消费总量的80%—90%，约占整个家庭摄取热量和蛋白质总量的70%。值得注意的是，目前老挝在稻米生产和消费上还存在购销价格的矛盾，主要是稻谷收购价格低而市场上的大米销售价格高。出现这种问题，主要是与老挝稻米加工能力较低以及运输环节成本过高有关。

## 第四节　贸易发展现状

水稻是老挝最重要的农产品。老挝土地肥沃，良好的自然条件适合水稻生产。近年来，老挝水稻生产虽取得较大发展，但其稻米主要用于本国消费，大米出口量远远落后于越南、泰国和柬埔寨等周边大米出口大国。

## 一、大米出口数量

受制于当地落后的加工技术，老挝大米产量较低、品质较差，难以达到一些国家的出口标准，因而老挝用于出口的大米总量总体上并不大，远低于周边的越南、泰国、缅甸和柬埔寨等国家。据联合国商品贸易统计数据库（UN Comtrade）的统计，老挝大米出口量较少，但近年来也表现出缓慢增长的趋势，由2011年的0.34万吨增加至2017年的5.29万吨，2015年之后常年稳定在3万吨以上（如图1.4.3）。

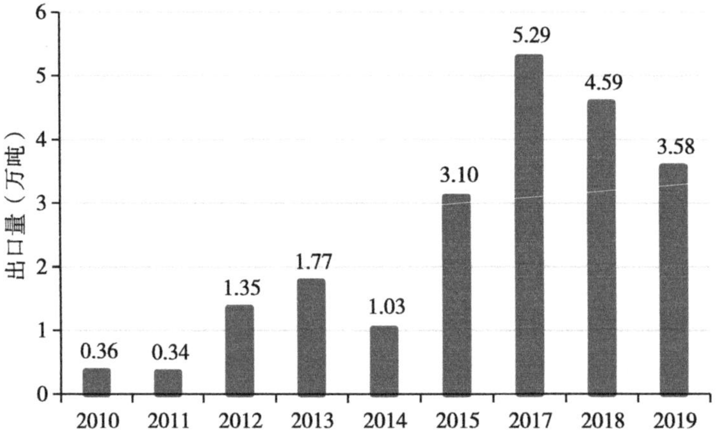


**图1.4.3　2010—2019年老挝大米出口量**

数据来源：联合国商品贸易统计数据库（包括稻谷、糙米、碾米和碎米等，2016年数据缺失）

## 二、出口国家和品种

从出口市场来看，2017—2019年老挝大米主要出口越南、中国和欧盟等十几个国家和地区，出口市场相对集中。其中，越南是老挝大米的最大进口国。2017—2019年，越南平均约占老挝大米出口总量的53%。中国紧随越南之后排名第二，约占26%；欧盟地区排名第三，约占18%（如图1.4.4）。目前，中国给予老挝每年5万吨的大米进口配额，但由于老挝水稻生产和稻米加工水平较低，其稻米品质距出口大米标准仍有一定差距。因此，老挝一度满足不了大米进口配额，可见老挝大米未来在中国市场还有很大的发展空间。

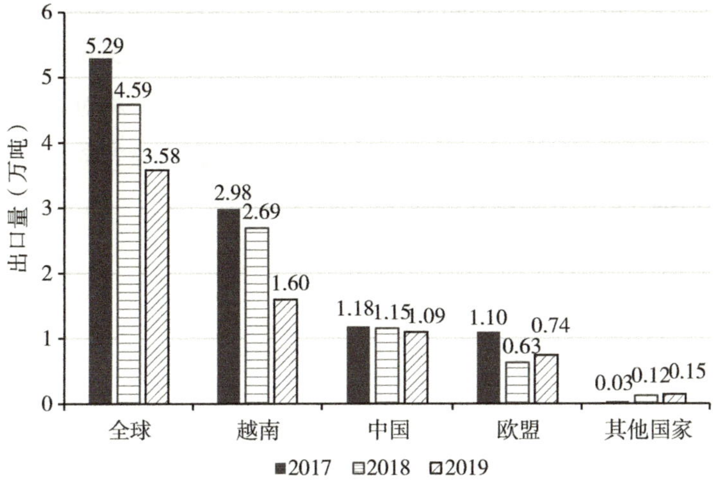


**图 1.4.4　2017—2019 年老挝大米出口地区排名**

数据来源：联合国商品贸易统计数据库

老挝主要出口糯米，种类比较单一，而在国际上消费糯米的国家和人口相对较少，市场相对有限。除老挝外，其邻国泰国和越南也种植糯米品种，因而老挝大米出口在一定程度上也会受到泰国和越南市场的影响。同时，由于泰国、越南、缅甸和柬埔寨等东南亚邻国已是大米出口大国，已建立起各自的优势稻米品牌，因而老挝大米在已有大米市场上的竞争难度较大。尽管如此，一项关于大米出口竞争力优势的研究指出，老挝大米出口竞争优势指数超过了泰国和越南，说明其大米出口仍有巨大潜力。

老挝农业基础设施和交通条件落后，农业技术人才紧缺，现代化生产技术和生产资料匮乏，严重制约了老挝水稻产业的发展。同时，老挝稻米加工技术也相对落后，加工后的碎米较多，储存过程中大米容易受潮、发黄，不利于其区域间长途运输或出口贸易。但是，老挝主要种植糯稻，生产过程绿色、有机，稻米商业价值高。近年来，老挝政府也在积极寻求大米出口上的突破口。老挝农林部农业司于 2015 年 2 月发布的《作物部门 2025 年发展战略及 2030

年愿景》，明确指出要大力发展水稻商业化、专业化生产，控制糯米生产规模，发展绿色、有机稻米生产，同时推广种植特色稻米（黑糯米、茉莉香米等）品种。这一系列举措将有助于老挝发展特色大米出口，提升老挝大米在国际稻米贸易市场上的竞争力。此外，老挝政府近年来致力于从陆锁国到陆联国的转变，加大了对基础设施的投入力度。尤其是中老铁路的开通，将对老挝稻米贸易产生深远影响，也能够为老挝北部山区减贫和“澜湄国家互联互通规划”创造更好的条件。

# 第五章　缅甸水稻产业发展概况

农业是缅甸的国之根本，约占该国 GDP 的 21%，农业人口占总人口的 60% 以上。水稻是缅甸第一大粮食作物，种植面积占总耕地面积的 2/3。伊洛瓦底江、勃固和仰光组成的三角洲地区，是缅甸水稻主产区。2019—2020 财年，缅甸水稻播种面积 701 万公顷，单产 3.71 吨 / 公顷，总产 2600 万吨。缅甸水稻产量较高，有大量盈余用于出口，曾是世界第一大米出口国。经历一段时期的低谷后，缅甸再次成为国际水稻出口的主力军。缅甸在国际上最为知名的国家级香米品牌为“博山香米”。2019—2020 财年，缅甸出口大米 255.8 万吨，主要出口中国、东盟、欧盟、非洲等国家和地区，其中中国是最大的市场，占其出口总额的 40%。

## 第一节　生产发展现状

### 一、自然资源概况

缅甸联邦共和国（The Republic of the Union of Myanmar）位于东南亚西端，是中南半岛国土面积最大和东盟国土面积第二大的国家。陆地面积为 67.65 万平方公里，1/4 的土地适合发展种植业。缅甸因其肥沃的土地和丰富的自然资源而在古代被称为黄金地球，主要分为三季热带气候，即炎热季节、雨季和寒冷季节。缅甸是传统农业大国，农作物品种繁多，主要包括水稻、甘蔗、玉米和各种豆类等。农业是缅甸经济增长的主要动力之一，在缅甸经济增长和减贫方面发挥着重要作用。

## 二、水稻生产概况

### （一）稻作地位

缅甸素有“稻米之国”的美誉，稻米一直是缅甸农业生产和粮食消费的主要作物。伊洛瓦底江三角洲地区土地肥沃，雨量充沛，是世界上主要的稻谷产区之一。缅甸曾是世界上最大的稻米出口国，但近年来已经被印度、泰国、越南等国家超越。尽管如此，稻米仍然是缅甸农业最重要的作物，主导着该国经济规模最大、产量最高的部分。近 3/4 的农户收入来自水稻种植和相关活动，特别是在缅甸主要的水稻种植区。

### （二）水稻种植

水稻在缅甸广泛种植，种植面积约占耕地总面积的一半。缅甸分为三个主要的农业生态区：中部干旱、沿海和丘陵地区，包括伊洛瓦底江、钦敦江和锡当河河谷的中部低地；北部、东部和西部的高地，以及南部和西南部的沿海地带。水稻主栽区是伊洛瓦底省、实皆省、勃固省、曼德勒省和仰光省，其中 50% 左右的稻谷产自伊洛瓦底江、勃固和仰光地区组成的三角洲地区，25% 左右的稻谷产自中部干旱地区，包括曼德勒、实皆和马圭，其余稻谷产自沿海和山区。

缅甸各地的水稻种植方式各不相同，有雨养和灌溉的稻田，也有旱作稻田，旱作有时是轮作耕作的一部分。雨季稻的种植季节从 6—8 月开始，在 11 月—次年 1 月收获，而夏季稻在 11—12 月种植，次年 4—5 月收获。

根据缅甸农业畜牧灌溉部的统计数据，2011—2020 财年水稻种植面积和产量保持基本稳定，但 2020 年水稻种植面积和产量均减少（如图 1.5.1）。这十年间由于缅甸可以拓荒的耕地逐渐减少，水稻种植面积无法继续增加，导致水稻产量也无法增加。因为依靠水坝灌溉的稻田面积减少，导致 2020 年成为近十年来缅甸水稻种植面积最少的一年。

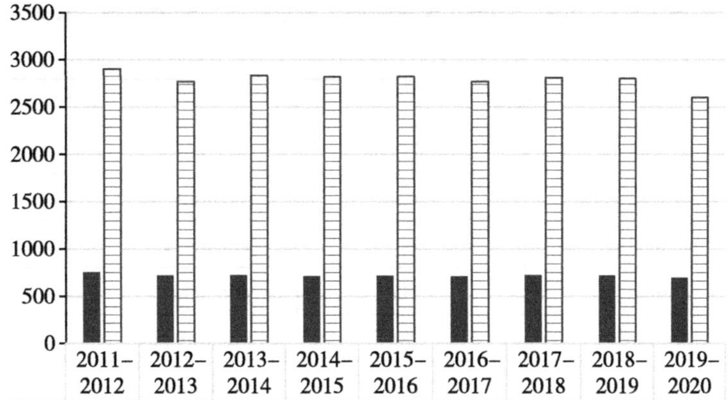

| | 2011–2012 | 2012–2013 | 2013–2014 | 2014–2015 | 2015–2016 | 2016–2017 | 2017–2018 | 2018–2019 | 2019–2020 |
|---|---|---|---|---|---|---|---|---|---|
| ■种植面积(万公顷) | 759 | 724 | 728 | 717 | 721 | 716 | 726 | 723 | 701 |
| □产量(万吨) | 2901 | 2770 | 2832 | 2819 | 2821 | 2769 | 2809 | 2802 | 2600 |

**图 1.5.1　2011—2020 年缅甸水稻种植面积与产量**

数据来源：缅甸农业畜牧灌溉部

（三）水稻主栽品种

缅甸种植的水稻品种类型有三种，即本地常规稻品种、高产品种和杂交水稻品种。缅甸农民喜欢抗旱耐热品种，而现阶段具有抗旱耐热特性的主要是常规稻。因此大多数以种植高产、米质好的常规稻品种为主，当地出售的水稻种子也多为本地常规稻品种。缅甸水稻常规稻品种众多，截至 2018 年，缅甸国家种子委员会审定发布了 165 个水稻品种。2017—2018 年度十大最受欢迎的雨季稻和夏季稻，均为常规稻品种（见表 1.5.1）。根据试验结果，杂交水稻产量普遍高于常规稻，但因种子生产技术和其他配套原因，杂交水稻未能在缅甸大面积推广。其中杂交水稻品种 Pearl-Thwel 非常受欢迎，具有较大的推广潜力。

（四）水稻生产概况

早在 1890 年，缅甸就被称为“亚洲的粮仓”。20 世纪 40 年代初，缅甸成为世界上最大的稻米出口国。20 世纪 60 年代后，缅甸农业发展滞后，稻米出口受到冲击。为重振稻米产业，缅甸于 1977 年启动了高产水稻试验项目，并在技术和投入分配方面提供了支持。1992 年开始实行夏季水稻种植计划，

**表 1.5.1　2017—2018 年度缅甸十大最受欢迎的雨季稻和夏季稻种植情况**

单位：万公顷

| 雨季稻 | | 夏季稻 | |
|---|---|---|---|
| 品种 | 种植面积 | 品种 | 种植面积 |
| Manawthukha | 90 | theehtutyin | 38 |
| Sinthukha | 74 | shwethweyin | 13 |
| Ayarmin | 41 | sinthukha | 13 |
| Meedone | 28 | manawthukha | 10 |
| Shwewahhtun | 27 | yadanartoe | 7 |
| Sinakayi | 25 | 90-days | 12 |
| Hnankar | 24 | palethwe | 2 |
| Ngasein | 23 | IR-747 | 3 |
| Pawsanyin | 22 | pakhanshwewar | 2 |
| Pawsanmhwe | 18 | Hmawbi-3 | 1 |

数据来源：缅甸农业畜牧灌溉部

种植短生育期、高产品种配合适当的灌溉管理，1994—1995 年缅甸水稻种植面积达到 570 万公顷，出口增加到 100 万吨。近年来，缅甸农业畜牧灌溉部采取了一系列措施来促进水稻增产，包括引进高产杂交水稻品种、采用良好的农业规范（GAP）、使用优质高产种子等。2011—2020 年，缅甸水稻种植面积和产量整体较为平稳，但也呈现出小幅下降的态势。2020 年，缅甸水稻种植面积和产量均创近十年来的最低点。虽然缅甸当局提出要增加水稻产量，但 2021 年大量降雨造成稻田内涝严重，预计 2021 年产量将继续减少。

（五）水稻科研机构

水稻在缅甸国家经济发展和粮食安全中均发挥着重要作用。缅甸政府也较为重视水稻科技研究，缅甸农业部设有两大专门从事水稻研究的机构，一些大学也开展了水稻育种和杂交水稻研究。曼德勒科技大学设有水稻育种实验室，主要从事抗旱抗热早熟新品种如 Sin Shwe Se 的研发，产量为 5.0—5.5 吨 / 公顷。

缅甸农业家畜灌溉部下设的缅甸水稻研究中心主要从事水稻育种、栽培技术的研究及推广，经费来自农业部的全额拨款，全国有 70 多个制种点。该水稻研究中心主要通过引进菲律宾、中国、越南的水稻品种进行杂交稻培育。在种子方面与日本、韩国已有合作，也会根据不同国家的需求出口一些稻米到中国、非洲等不同地区。选育的两个品种 Ayarmin 和 Sin Thuka 在当地种植范围较广，受到农民喜爱。

缅甸农业科学院成立于 1954 年，位于缅甸首都内比都市，是缅甸最重要的农业综合性科研机构，原隶属于缅甸农业家畜灌溉部，2004 年正式成为独立的农业科研院所。缅甸农业科学院总占地面积 1028.80 公顷，其中 575.04 公顷是试验用地，主要负责水稻、玉米、马铃薯、豆类、甘蔗、花生等缅甸主要农作物品种的选育、栽培、推广和植物保护、生物技术等领域的科学研究与应用。水稻是缅甸农业科学院最重要的科研作物。缅甸农业科学院下设杂交水稻研究中心、水稻种质资源库和水稻试验农场，其中包括一个水稻中心试验农场和七大水稻试验分点。另外，两大综合性试验农场也有种植水稻。

## 三、大米消费现状

缅甸是大米盈余国家，大米自给率达 127%。缅甸供国内消费的大米品质较优，大米零售现在仍然以传统市场的散装销售为主。但随着缅甸大城市和人口稠密城市的超市数量增加，国内品牌包装大米的销售也在增加。每年缅甸人均消费大约 160 千克精白大米。2011—2020 年缅甸国内稻米消费量基本稳定，除了 2015 和 2016 年为负增长之外，其余年份均为正增长（见表 1.5.2）。

近年来，随着运输问题的增多，人们获得大米的难度进一步加大。新冠肺炎疫情以来，缅甸国内大米价格上升，主要是大多数碾米厂因为疫情难以保证正常运转，供应下降导致米价上涨。

表 1.5.2　2011—2020 年缅甸大米国内消费量

| 年份 | 消费量（万吨） | 增长率（%） |
|---|---|---|
| 2011 | 1020 | 0.99 |
| 2012 | 1040 | 1.96 |
| 2013 | 1045 | 0.48 |
| 2014 | 1050 | 0.48 |
| 2015 | 1040 | -0.95 |
| 2016 | 1000 | -3.85 |
| 2017 | 1020 | 2.00 |
| 2018 | 1025 | 0.49 |
| 2019 | 1040 | 1.46 |
| 2020 | 1060 | 1.92 |

数据来源：美国农业部

## 第二节　贸易发展现状

### 一、稻米产业政策

1995 年，缅甸成为世界贸易组织成员，1997 年成为东南亚国家联盟成员。缅甸影响稻米产业的主要政策如下：一是缅甸的《农地法》和 2012 年出台的《空置、休耕和未开垦土地管理法》。政府正式登记农民使用的土地，确保农民拥有、抵押、出租、交换和继承土地的权利。与旧的土地法相比，新土地法激发了农民的积极性，使他们真正享有所有权，这是农业生产增长的一个驱动力。二是加强粮食储备的管理。缅甸的粮食储备由农产品贸易公司管理。该公司估算各地粮食需求，在此基础上制定全国总需求计划。三是做好流通保障。2003 年 4 月 23 日，缅甸正式颁布包括出口条例在内的稻米自由交易法令。新政策规定从 2004 年起，政府不再直接从农户手中征购稻谷。四是干预大米出口，保障国内粮食供给。缅甸政府采取干预大米出口的措施优先满足国内需求，在有多余大米的前提下才允许出口。

## 二、国家品牌大米

“博山香米”被注册为缅甸国家品牌大米，备受国内外消费者青睐。“博山香米”代表着缅甸大米品质的最高水平，是缅甸向国外出口最多的大米产品。这种水稻是短粒型，主要产地是伊洛瓦底江区（三角洲地区，四大水稻主产区之一）和实皆省瑞保。现在全国各地都有种植“博山香米”，年种植面积约 52 万公顷。

“博山香米”以香味持久、口感柔滑、易消化闻名。2011 年，“博山香米”在世界最好大米评选活动中，被评为“世界最好大米”。缅甸大米业协会曾在 2015 年的意大利米兰世界博览会上推出“博山香米”，并赢得了拉脱维亚、罗马尼亚、芬兰、立陶宛等欧洲国家的认可。

“博山香米”生长在实皆省瑞保。该地区土壤质量好，而且不使用杀虫剂。这种水稻的品种被称为 Bay Kyar，是特级水稻。成长周期较长，但品质较高。瑞保博山香米口感极佳，质地柔软，香味宜人。瑞保地区正在积极为瑞保博山香米争取地理标志产品称号。

## 三、稻米贸易现状

缅甸生产的大米 80% 用于国内消费，其余 20% 用于出口。但缅甸稻农、碾米厂和米商销售的重点是海外市场，大量大米商家为了有限的出口份额展开激烈竞争。有分析指出疫情以来农产品成本持续上涨，稻农面临着遭受亏损的压力，并可能持续到 2022 年。与此同时，米商和碾米厂方面也因疫情和政局变动，失去大量出口市场。缅甸大米协会指出由于疫情冲击，2020—2021 财年的交通、货物运输等受到较大影响，这些因素干扰缅甸大米出口，再加上稻谷价格不稳定，大米出口有所下降。为稳定创汇，大米协会应采取措施拓展海外市场，向大米需求较多的国家和地区出口优质大米。

缅甸曾是世界上最大的大米出口国，1934—1935 年占全球大米贸易量的

1/3。随着政府农业政策和质量管控的变化，缅甸的稻米出口一度非常低迷。缅甸独立后的工业国有化导致稻米出口急剧下降，在 1997 年创下了 1.5 万吨的历史低点。但最近十年以来，缅甸稻米贸易更加以出口为导向，大米出口量逐年增长。得益于经济整体发展和银行金融业改革等，2016 年开始，缅甸大米出口量和出口额均呈现大幅度上升。2017—2018 财年，由于开拓了新的出口市场，缅甸大米出口呈现爆发式增长，出口量和出口额均实现翻番（如图 1.5.2）。2019 年开拓了非洲的布基纳法索市场，2020 年开拓了波多黎各市场。

缅甸出口的大米品种多为低值的碎米和白米。缅甸大米主要向中国、菲律宾、喀麦隆、马达加斯加等国家出口，碎米主要向中国、比利时、印尼、荷兰和英国出口。与越南、印度和巴基斯坦的同等品质的大米相比，缅甸的大米价格更低。价格优势使缅甸大米出口对泰国等大米出口大国造成威胁，目前大米出口战略偏向于生产低质廉价大米，主要销往非洲和中国。缅甸通过海运和边境出口大米和碎米，通过海运向欧盟、非洲出口，通过木姐边贸口岸向中国出口。缅甸最主要的出口国是中国，2020 年出口中国大米占缅甸大米出口总额的 40%，共有 47 家缅甸大米出口商获准向中国出口。

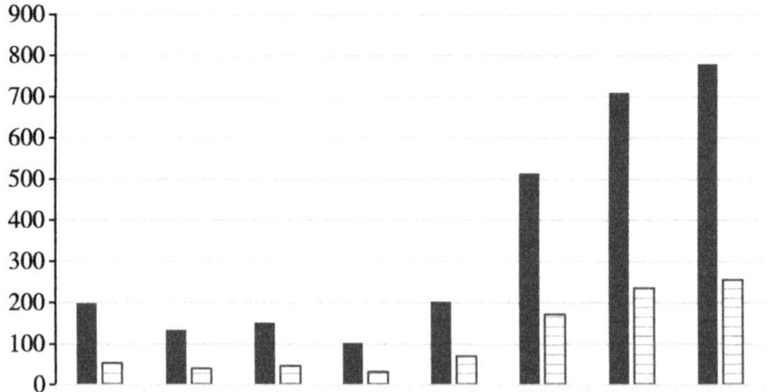


| | 2010–2011 | 2013–2014 | 2014–2015 | 2015–2016 | 2016–2017 | 2017–2018 | 2018–2019 | 2019–2020 |
|---|---|---|---|---|---|---|---|---|
| ■出口额（百万美元） | 198.08 | 134.00 | 150.80 | 102.09 | 202.06 | 514.01 | 709.60 | 778.30 |
| □出口量（万吨） | 53.6 | 39.1 | 46.1 | 31.9 | 69.1 | 172.2 | 235.61 | 255.8 |

**图 1.5.2　2010—2020 年缅甸大米出口量与出口额**

数据来源：缅甸中央统计组织

缅甸的大米出口业面临着质量矛盾。缅甸出口的大米主要是低品质大米，但它是某些优质水稻品种的主要种植产地。全球对低质大米的需求正在下降，即便非洲未来也是倾向于购买优质大米。为开拓国际市场，提高在国际市场上的占比，缅甸大米协会积极与亚非欧米商接洽，希望通过政府采购协议（G-G）的方式来拓展缅甸大米出口市场，以期能稳定大米市场，并寻求通过发展物流、精简供应链和帮助改善市场准入来应对贸易挑战。

## 第三节　产业价值链概况

2011—2020年，缅甸水稻种植面积和产量基本稳定，但出口量和出口额逐年上升。与毗邻的越南和泰国相比，缅甸水稻种植技术落后，基础设施薄弱，米厂加工设备过时，科研和金融对水稻产业的贡献度偏低。但是缅甸地多人少，土地肥沃，水资源丰富，劳动力成本低，靠近两大市场，这些都赋予了缅甸水稻产业极大的增长潜力。缅甸政府近年来出台了各类优惠政策，希望外国企业、个人投资缅甸水稻产业。经济自由化、部门政策改革以及对创新和国际合作更加开放的态度，给缅甸稻米行业带来了希望。2021年缅甸发生政变，加上新冠肺炎疫情影响，未来缅甸稻米产业短期内可能会出现停滞。缅甸稻米产业链利益相关者的利润主要来源于出口。如果大米出口无法继续得到政府支持，稻农、米商等稻米产业价值链上的从业者将难以为继。

### 一、稻米产业发展目标

缅甸一贯重视稻米产业发展，不仅能实现自给自足，而且能出口创汇。缅甸的愿景是建立包容、有竞争力和可持续的农业系统，改善粮食安全和营养状况，保障人民食品安全，促进国民经济进一步发展。到2030年，预计世界人口将达到80亿，稻米产量必须增加50%才能满足需求。根据世界银行统计数据，1960—2019 年缅甸人口总体呈现增长态势。为了满足人口的快速增长和耕地面积的同时减少带来的对粮食的更多需求，需要高产、优质、抗性好的新品种。改善稻米品质已成为育种计划的首要考虑。缅甸的粮食安全战略重点是确保以人们负担得起的价格供应稻米。

## 二、稻米产业价值链

稻米是缅甸农业产业最重要的产业之一，改善和发展稻米产业价值链对于缅甸减贫至关重要。与邻国泰国和越南的大米产业价值链相比，缅甸稻米产业价值链的特点是投入供应系统效率较低，农业生产率和利润率较低；同时碾磨和出口成本较高，出口大米质量较低。由于价值链中同一阶段（横向合作）和不同阶段（纵向合作）的参与者之间的联系和关系松散，导致无法实现信息共享。缅甸稻米产业价值链效率低下，造成缅甸稻米产业的竞争力明显低于泰国和越南。此外，由于较低的产量和产出价格及较高的生产成本，缅甸稻米产业价值链中单个参与者的利润要低得多。缅甸稻米产业价值链没有很好地整合，这也推高了所有参与者的交易成本。

缅甸稻米产业价值链始于向农民提供水稻生产所需的投入（农药、机械、种子、信贷和推广服务等）。水稻种植需要不同的活动，例如整地、播种、插秧、除草、施用化肥等，然后农民出售供家庭消费后的剩余稻米。收购商在碾米厂的资金支持下从农民手中购买水稻。碾米厂给收购商费用购买水稻，然后把稻谷磨成稻米。碾米厂进行不同的价值增加活动，如运输、加工、分级和包装。碾米厂将大米储存起来主要分发给批发商，批发商把大米出售给零售商或出口商，前者供应国内消费者，后者供应国外消费者。缅甸稻米产业价值链的突出特点是巨大的利润差，即大米的消费价格高，而农户卖出水稻的价格低。毛利润和利润并没有平均分配给不同的参与者。一般而言，碾米厂在价值链参与者中获得的利润份额最高，明显高于供应链中其他参与者的价值，而农民是链条中最为薄弱的环节。

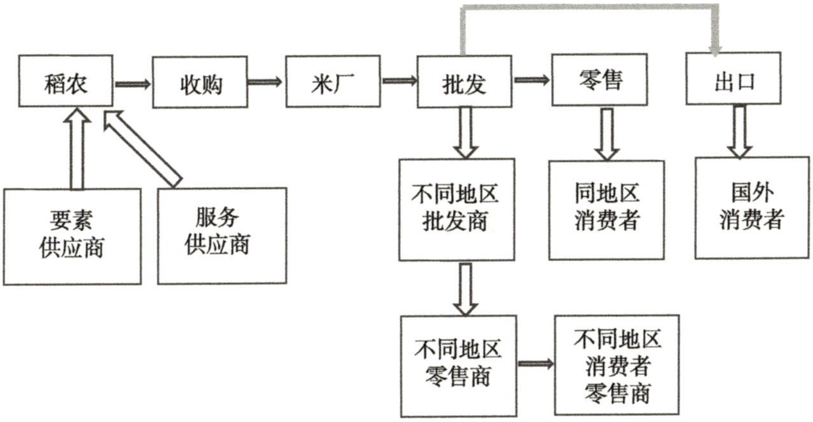


**图 1.5.3　缅甸稻米产业价值链**

影响缅甸稻米产业价值链所有参与者的一个最紧迫的问题是缺乏信用融资体系。缅甸稻米产业价值链的每个环节都需要资金来升级改造。私人投资，特别是来自海外的私人投资，可以为缅甸的稻米产业提供急需的资本、高质量的投入（如种子、化肥）和现代化设备（尤其是碾磨设备）。引进外国投资的同时，也能同步引进外国先进的生产技术和管理方法，帮助生产者实现规模经济，并与国际分销商和买家建立联系，从而扩大国际交易网络。

## 三、稻米产业国际化发展潜力

缅甸位于亚洲和东南亚的战略结合点，在全球两大人口大国中国和印度之间，同时接壤泰国、孟加拉国和老挝，与这些邻国在边境检查站都有十几个贸易站。随着缅甸打开国门、积极发展经济，缅甸水稻产业发展步伐加快。在各大水稻生产大国竞争中，预计未来缅甸竞争力将继续提高。大米需求的增长趋势是缅甸增加大米产量供应区域和全球出口的一个机会。此外，缅甸应出口多种类型、多个品级的大米产品，包括香米、茉莉香米、糯米和蒸谷米。

# 第六章　泰国水稻产业发展概况

泰国是传统农业大国，近40%的人口从事农业。水稻产业历来是占主导地位的农业产业，水稻面积约占耕地面积的51%，湄南河盆地的中部平原是泰国最大的稻米种植区。2019—2020年，泰国水稻播种面积1155万公顷，单产3.00吨/公顷，总产量3123万吨。泰国作为全球重要的稻米出口大国，打造的国家级香米品牌“茉莉香米”（Hom Mali）是世界排名第一的香米品牌，在全球市场上具有很高的知名度和很强的竞争力。2020年，泰国出口大米573.4万吨，主要出口中国、美国和非洲等国家和地区。2019—2020年，中国检验检疫标准提高以及泰铢升值导致泰国的大米价格上涨，泰国对中国大米出口骤降。

## 第一节　生产发展现状

### 一、自然资源概况

泰王国（The Kingdom of Thailand）位于中南半岛中南部，总面积51.3万平方公里。东南临泰国湾（太平洋），西南濒安达曼海（印度洋）。2020年泰国总人口6619万，近40%的人口以农业为生。泰国耕地面积广阔，位于热带地区，生态系统多样化，自然资源丰富，为农业发展提供了优渥条件。大部分农业用地位于中部和东北部，中部通常被称为泰国的“饭碗”或“面包篮”。主要农作物有水稻、玉米、木薯、橡胶、甘蔗、绿豆、麻、烟草、咖啡豆、棉花、棕油、椰子等。作为传统农业国，农产品是泰国外汇收入的主要来源之一。

## 二、水稻生产现状

### （一）水稻种植方式

泰国水稻种植主要依靠雨水灌溉，因此每年的主要生长季节与雨季重合，从 7 月到 9 月，在年底收获。泰国水稻主要分为 5 种生态类型：旱稻占 1%，低洼田雨养水稻占 75%（水深小于 50 厘米），深水稻（水深 50—100 厘米）和漂浮稻（水深超过 100 厘米）合占 5%，灌溉稻占 19%。

### （二）水稻品种

泰国的水稻品种类型多样，每个地区均有当地特有的水稻品种。标准白米、茉莉香米和糯米占泰国水稻年产量的 83% 以上，被称为“主要水稻”。这与“第二稻”水稻形成了鲜明对比，后者的年产量仅为 17%。“第二稻”水稻依靠人工灌溉，主要生长在北部和中部地区。根据不同生态区的特点，泰国水稻司在全国共设立 28 个水稻研究中心和 23 个种子生产中心，由这些机构负责水稻的品种选育、种子生产与推广。泰国对水稻品种的审定和推广比较严格，审定和推广的品种数量较少，政府根据不同生态类型推荐种植品种。目前，全国共有 53 个推荐种植品种。

### （三）水稻产量

泰国是土地私有化的国家，农户种植的稻田归个人所有，平均每户种植规模是 3.68 公顷。2010 年以来，泰国水稻的年平均产量在 3100 万—3300 万吨（折合精米 2000 万—2200 万吨）。2015—2019 年，泰国水稻种植面积和产量基本稳定，年际间波动不大（如图 1.6.1）。2019 年，泰国水稻种植面积 1155 万公顷，比 2015 年增加 91 万公顷，增幅 8.5%；稻谷产量 3123 万吨，增加 157 万吨，增幅 5.3%；单产 2.7 吨 / 公顷，下降 0.09 吨 / 公顷，泰国水稻单产水平一直偏低。目前，泰国水稻生产主要面临农田灌溉设施不足、土壤肥力不断降低、病虫害发生严重、生产成本持续提高、种子质量难以保证以及农户数量减少等突出问题。

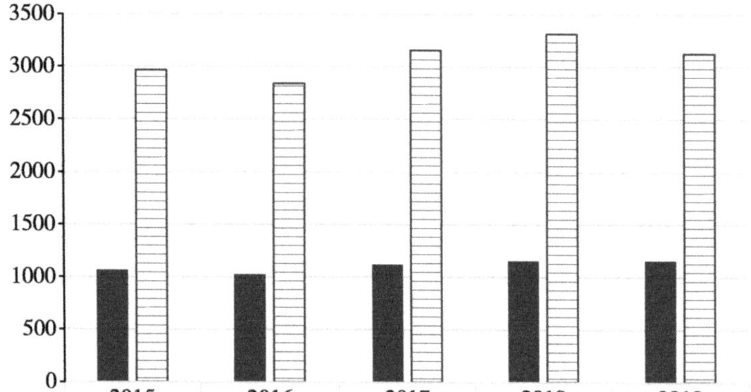


| | 2015 | 2016 | 2017 | 2018 | 2019 |
|---|---|---|---|---|---|
| ■种植面积(万公顷) | 1064 | 1021 | 1115 | 1153 | 1155 |
| □产量(万吨) | 2966 | 2835 | 3156 | 3314 | 3123 |

**图 1.6.1　2015—2019 年泰国水稻种植面积与产量**

数据来源：泰国农业与合作社部

（四）水稻加工

泰国大米产品在本地和国际消费者中广受欢迎，具有极高的经济价值。就品系而言，泰国大米品系分为三类：本地大米、商业大米和高营养价值的杂交大米。在国内消费的大米中，约有 30%—40% 被用作生产其他产品的原材料，包括动物饲料、米粉、大米零食、大米保健品、大米护肤品和化妆品，以及生物质发电等。泰国稻米加工业十分发达，已由过去的小企业向大中型加工企业方向发展。

（五）水稻科研机构

基于水稻在泰国的重要地位，原来的水稻研究所在 2006 年被重组并升级为稻米司，不再隶属于农业部。稻米司是负责改善泰国水稻生产的主要组织，包括品种选育、种质资源搜集和保护、种子的生产和分配，以及水稻文化推广等。目前，泰国稻米司重点选育口感好和抗性强的高产品种。泰国有大约 1000 万公顷稻田，每年可生产雨季和旱季水稻 3000 多万吨。稻米司认识到高品质种子的重要性，因此制种并向农民分发。稻米司完善社区水稻中心，实施种子银行项目，进行村庄制种示范，建立种子生产商和经销商网络，以便每年有足够的高质量种子满足农民需求。

泰国国家遗传工程与生物技术中心（BIOTEC）成立于1983年9月20日，隶属于泰国科技部下属的泰国国家科技发展署，主要从事种质资源收集评价、病原多样性、病原菌与植物寄主相互作用机制、基因组测序及发掘、分子育种、植物病虫害综合防治等研究，具有世界先进的科研平台条件和一流的人才队伍。该中心已与中国、英国、澳大利亚、荷兰、美国、日本等国外机构和研究所开展了合作研究，在植物病理及分子育种技术等研究方面处于国际先进水平，现已利用分子标记及基因工程技术开展水稻辅助育种研究。

水稻基因发现单位（RGDU）是泰国国家遗传工程与生物技术中心和泰国农业大学的一个联合实验室，在泰国的水稻研究中发挥了重要作用。例如在分子标记辅助选择育种中，鉴定了控制这些有用性状的基因和数量性状位点以培育水稻新品种。截至目前，泰国的分子育种计划已经培育出许多水稻改良品种，并利用生物标记筛选具有耐淹性和易煮性、口感佳、抗性好的水稻品种。

## 三、大米消费现状

泰国生产的大米约50%用于国内消费，约30%—50%用于出口。据泰国稻米司的报告：大米是泰国最为重要的主食，平均每人每年食用115千克大米。城市家庭的人均消费量为80千克，农村家庭的人均消费量为155千克左右。大米的人均消费量因地区而异，东北地区为142千克，北部地区109千克，南部地区83千克，中部平原和曼谷地区46千克。2011—2020年，泰国国内大米消费量基本稳定。除了2014、2015和2017年这三年为负增长之外，其余年份均为正增长（见表1.6.1）。2021年泰国国内大米消费量正处在总体趋缓的阶段，预计未来可能还会减少。

与此同时，大米制造业近两年也发生了革命性的变化，为消费者提供了更多的增值选择。泰国超市售卖各种颜色的大米，从紫色到红棕色、淡蓝色，但白米和茉莉香米仍然是最受欢迎的选择，在泰国零售市场上占有 90% 的份额。目前，大米被越来越多地用于制作面条、饼干、米酒等加工食品和化妆品等消费品。

**表 1.6.1　2011—2020 年泰国大米国内消费量**

| 年份 | 消费量（万吨） | 增长率（%） |
| --- | --- | --- |
| 2011 | 1040 | 0.97 |
| 2012 | 1050 | 0.96 |
| 2013 | 1060 | 0.95 |
| 2014 | 1000 | −5.66 |
| 2015 | 910 | −9.00 |
| 2016 | 1200 | 31.87 |
| 2017 | 1100 | −8.33 |
| 2018 | 1180 | 7.27 |
| 2019 | 1230 | 4.24 |
| 2020 | 1270 | 3.25 |

数据来源：美国农业部

## 四、稻米产业政策

泰国历届政府都高度重视农业创收、农村发展和农民增收，在重大农业政策方面保持了延续性。1986 年以前，泰国政府采取了多种措施对大米出口征税，包括出口溢价、出口关税和大米储备要求。1986 年之后，大米出口税收政策被废除。由于取消出口税和提供出口补贴，泰国大米出口自 20 世纪 80 年代以来持续增长。过去几十年以来泰国大米大量盈余，因此大米政策的首要目标是确保国际竞争力和维持高水平的大米出口。泰国比中国更早取消了出口税并提供出口补贴，这也是泰国和中国自 20 世纪 80 年代以来大米出口差距不断扩大的部分原因，此前两国出口的大米数量几乎相同。2020 年泰国政府实行价格支持计划，如果市场价格低于保证的基准，将向农民提供补偿，由国有农业和农业合作社银行支付。此外，政府还批准了一项针对决定保留稻米并推迟销售的农民的零利息贷款计划，旨在支持生产并确保农民获利。

## 五、水稻出口情况

泰国大米出口遍及五大洲约 160 多个国家和地区，主要出口市场在亚洲。过去十年，泰国大米出口总体上保持稳定（如图 1.6.2）。2014—2020 年，泰国主要出口市场为中国、美国、南非和贝宁（如图 1.6.3）。2014—2017 年，出口中国大米数量持续增加。2019 年以来，中国检验检疫标准提高，泰铢升值导致泰国出口大米价格上涨，泰国对中国出口大米骤降。泰国现有 93 家大米出口商获批出口大米到中国。由于可出口供应增加，全球经济逐渐复苏，预计泰国大米出口将于 2022 年恢复至 900 万吨。

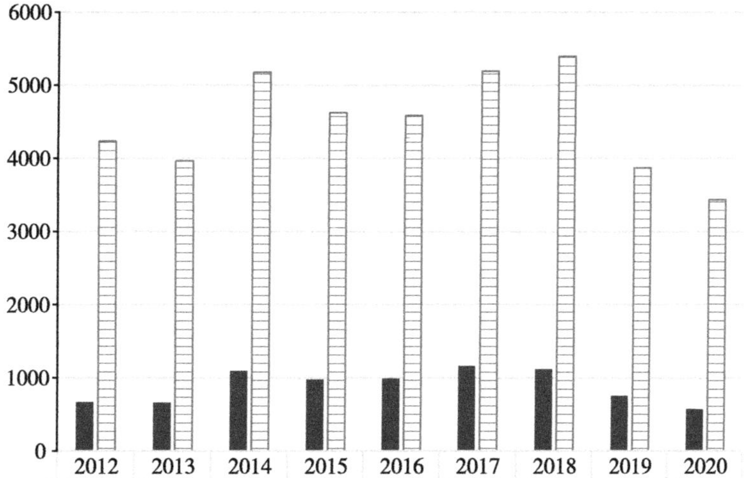


| | 2012 | 2013 | 2014 | 2015 | 2016 | 2017 | 2018 | 2019 | 2020 |
|---|---|---|---|---|---|---|---|---|---|
| ■出口量(万吨） | 673.44 | 661.16 | 1096.94 | 979.58 | 990.79 | 1167.43 | 1123.22 | 758.37 | 573.40 |
| □出口额（百万美元） | 4234.95 | 3964.31 | 5179.09 | 4618.11 | 4583.19 | 5188.27 | 5393.27 | 3867.93 | 3434.93 |

**图 1.6.2　2012—2020 年泰国大米出口情况**

数据来源：泰国信息通信技术中心与泰国海关总署

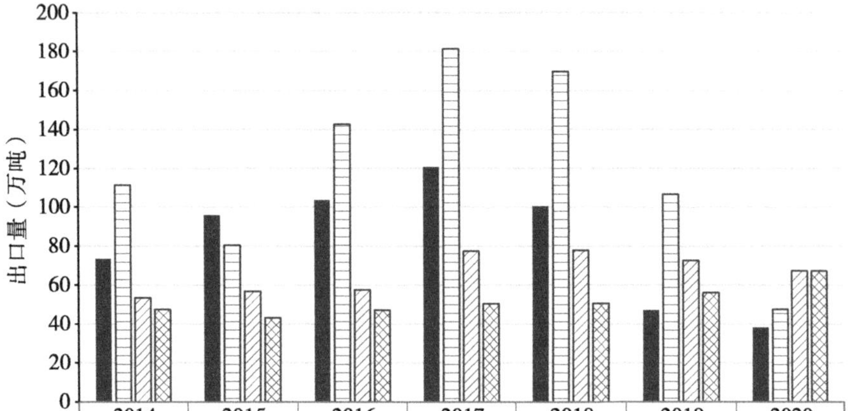


| | 2014 | 2015 | 2016 | 2017 | 2018 | 2019 | 2020 |
|---|---|---|---|---|---|---|---|
| ■中国 | 73.48 | 95.84 | 103.41 | 120.49 | 100.40 | 47.13 | 38.14 |
| □贝宁 | 111.26 | 80.58 | 142.71 | 181.40 | 169.79 | 106.66 | 47.63 |
| ▨南非 | 53.56 | 56.88 | 57.58 | 77.52 | 77.90 | 72.55 | 67.28 |
| ▩美国 | 47.55 | 43.17 | 47.09 | 50.35 | 50.59 | 56.00 | 67.22 |

**图 1.6.3　2014—2020 年泰国大米主要出口国家**

数据来源：泰国大米出口商协会

## 六、大米主要出口品种

泰国的商品大米主要品种有茉莉香米、蒸谷米、长白米和白糯米等。泰国出口各类大米至全球各地，主要出口市场包括贝宁、中国、美国、非洲、东盟和中东地区（见表 1.6.2）。泰国普通白米的进口国大多是购买力较低的发展中国家，泰国香米主要进口国是美国和中国，这些国家的消费者更喜欢优质香米。蒸谷米有一种独特的味道，大多数亚洲消费者不喜欢蒸谷米，所以其主要市场一直是非洲国家，尤其是贝宁和南非。糯米主要产自老挝、越南和泰国。由于老挝的出口潜力有限，中国一直是泰国糯米的主要进口国。

**表 1.6.2　泰国大米出口品类与目的地**

| 排名 | 品名 | 主要出口目的地 |
|---|---|---|
| 1 | 白米 | 日本、莫桑比克、伊拉克 |
| 2 | 茉莉香米 | 美国、中国 |
| 3 | 蒸谷米 | 南非、也门、贝宁 |

续表

| 排名 | 品名 | 主要出口目的地 |
|---|---|---|
| 4 | 香米 | 美国、科特迪瓦、加纳 |
| 5 | 糯米 | 中国、美国 |

## 第二节　稻米产品与品质标准

### 一、稻米产业价值链

泰国水稻产业旨在通过建立包括农民和贸易商在内的整个供应链平衡，提高稻农的收入和生活水平。泰国一直在推进以优质大米生产和出口为重点的战略，涵盖上游到下游的整个链条。上游包括种植、水稻选育科研项目实施、有机肥料推广使用、卫生标准制定、水稻种植土地规划、水稻种植区域品种选择等。现在众多社区的农民联合起来提升水稻生产的供应链，联通消费者和现代市场。同时，泰国设立稻区管理系统提升大米产品的品质。中游包括工业化生产、加工和水稻产品质量控制。泰国鼓励水稻生产者提高加工水平，以达到主流国际标准如良好农业规范、良好作业规范（GMP）、危害分析与关键控制点（HACCP）。下游包括泰国大米市场营销、销售和出口（如图 1.6.4）。泰国持续修改出口标准，关注创造附加值服务。同时开发各类稻米细分市场，扩展优质大米市场渠道，研发水稻加工产品和创新产品。

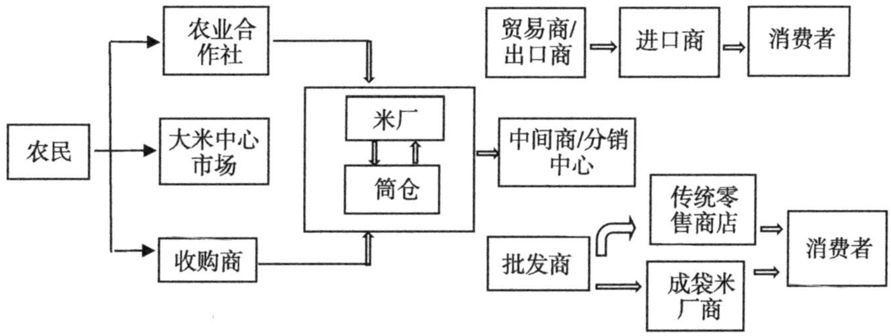


**图 1.6.4　泰国稻米产业价值链**

## 二、特色大米产品

### （一）泰国蒸谷米

泰国是世界蒸谷米的主要出口国，产品主要用于出口。泰国低品质的蒸谷米主要出口到非洲和中东。美国和欧洲则喜欢进口泰国优质蒸谷米。蒸谷米先浸泡，然后煮熟，减少水分，之后磨碎，去除麸皮和外壳。蒸谷米比白米营养价值更高，随着越来越多的消费者开始追求健康食品，蒸谷米的市场需求将进一步增加。

### （二）泰国糯米

糯米是泰国传统食品，主要用于国内消费，特别是泰国北部和东北地区。即便如此，泰国仍然是全球排名前列的糯米出口国。由于糯米米粒更长且香味浓郁，全球50%以上的消费者喜好泰国糯米，特别是东盟、中国、日本和美国。

### （三）泰国香米

泰国香米长期以来在稻农、贸易商和消费者之中负有盛名。泰国香米特色明显，口味自然，质感细腻，在以大米为主食的国家知名度高，消费量大。泰国茉莉香米销往世界主要经济体，包括美国、中国、新加坡、马来西亚和加拿大等，市场份额不断扩大。香米在泰国各地都有种植，既有本土原有品种，也有新选育品种。因其独特品质，市场上无替代品，市场对泰国茉莉香米的需求每年稳定上升。消费者普遍认为泰国茉莉香米是世界上最好的大米之一。在世界最好大米评选活动中，泰国香米多次赢得桂冠，被评为“世界最好大米”。

## 三、大米产品质量标准

### （一）地理标志水稻产品

每个水稻产区的专有特征使当地的水稻品种具有地区色彩和独特性。地理标志登记保护地方水稻品种，证明其地区来源和品质。泰国商务部知识产权部门负责签发地理标志，水稻产品的地理标志会印在标签上（见表 1.6.3）。

表 1.6.3　泰国地理标志登记保护的地方水稻品种

| 序号 | 品种名称 |
| --- | --- |
| 1 | Surin Hom Mali |
| 2 | Sangyod Maung Phatthalung |
| 3 | Thung Kula Rong-Hai Thai Hom Mali |
| 4 | Hang Hom Thong Sakonthawapi |
| 5 | Khao Jak Chuey Sao Hai |
| 6 | Kaowong Kalasin Sticky Rice |
| 7 | Khao Leuang Patew Chumphon |
| 8 | Khao Kum Lanna |
| 9 | Khao Rai Leum Pua Petchabun |

（二）有机大米认证

泰国土壤肥沃、稻作历史悠久、稻作文化丰富，有机大米开发潜力巨大。泰国拥有大量未施用过化学产品的天然耕地，并且泰国有机大米生产的每个环节都符合国际有机标准，推动其有机大米迅速得到全世界消费者的追捧。政府部门监测有机大米生产，审定有机大米品质，力求符合国际有机食品要求。

（三）茉莉香米认证标志

泰国茉莉香米认证标志是泰国商务部对外贸易部的质量认证标志（如图 1.6.5）。该认证已在知识产权署注册以证明此水稻品种源于泰国，并且质量

图 1.6.5　泰国茉莉香米认证标志

符合商务部规定的相关标准。该认证标志有效期为三年。泰国茉莉香米品质高端，一年一季，只在北部和东北部条件适合的区域种植。细长白皙的米粒酷似茉莉花，带有类似露兜树的香味。

## 第三节　稻米加工产品

### 一、政策环境

泰国政府旨在改革泰国的大米生产，从将大米作为一种商品转变为将大米作为一种创新产品。泰国政府正在促进和支持引进新技术推动大米产品创新，将进一步提高泰国大米竞争力，增加大米作为主要粮食作物的销售价值。大米也可以加工成非食品，可开发以大米为原料的药用、健康食品和美容产品。泰国政府认识到大米产品创新可以满足各级消费者的需求，因而制定政策来推动创新企业和创新农产品的全周期开发。加强对外开放，进一步和国际市场接轨。在农户中宣传食品质量安全标准和认证，并推动泰国从大米基础经济升级为生物基础经济。

### 二、大米创新产品

泰国大米产业持续发展，以满足消费者日益增长的需求。泰国运用现代技术和创新完成生产循环，为现代消费者开发创新型产品。如今，泰国大米不再仅仅是餐桌上的主食。泰国的白米和糯米可以加工成米粉，在此基础上还能开发出更多面条类和零食类产品。技术人员通过对泰国大米中提取的面粉进行高科技处理，生产出一种新产品，可以在烘焙和菜肴中替代小麦粉，为那些对小麦产品中的麸质过敏的人群提供了一个新的选择。

大米生产的工业化过程不仅仅是生产精米粒，其副产品如谷壳、米糠和米芽也被收集和提取，用来制造附加值更高的产品。富含有益元素的各种大米提取物，也可用于许多相关行业的材料如保健食品、日用品、化妆品、医疗产品，甚至建筑材料。在泰国，可以说“处处都是大米”。这些产品不仅对泰国大米有增值作用，还有助于提高生活质量、满足现代社会需求。

例如，大米布丁是一种以大米为原料的新产品。通过对大米成分进行改性，以增加消化缓慢的糖或膳食纤维的含量，将普通的传统泰国甜品转变为健康即食的西式甜点布丁。该产品适合各年龄层尤其是儿童和老人食用，是牛奶过敏和乳糖不耐受消费者的好选择。

除大米布丁外，泰国还推出了众多大米创新类产品，食品类的如米粉类零食、米糠油、人造奶油等，美容类的有碎米磨砂膏、大米散粉、大米口红等，还有保健品和大米谷壳餐具等。

## 第四节　产业发展趋势

泰国水稻产业发展基础较好，20 世纪初就建立了水稻司和水稻实验站，收集数据，选育水稻新品种。泰国政府高度重视科技引领和科研驱动，将信息化系统应用于水稻生产。泰国水稻产业面临转型升级，政府将发展重点放在高端市场，推出质量更优的泰国大米产品，以此来满足细分市场的需要和提升本国产品相对其他竞品的竞争力。

### 一、可持续水稻生产

多年来泰国一直是世界上最大的大米出口国。该国的一项重要任务是成为主要的可持续水稻生产国之一。泰国可持续水稻生产的起源可以追溯到亚洲改良水稻倡议 (BRIA) 项目。该项目以“水稻让生活更美好”为口号，旨在促进水稻可持续生产，同时提高农民收入，强化价值链。

由于人口增长，亚洲市场对大米需求量呈现增长趋势。泰国稻米产业面临着种植面积缩小、农业劳动力短缺、农村人口老龄化等问题。此外，由于消费者越来越关注大米的来源和质量，对产品质量安全、可持续性和可追溯性要求更高。实施可持续水稻生产经验在泰国各地得以分享和推广，在降低生产成本的同时提高生产效率。

## 二、智能化水稻生产

### （一）农业数字技术

2018 年，泰国推出有望降低成本和提高产量的工具——农业数字技术（AgriTech），如具有精确农业（PA）技术的无人机（UAV）。泰国的农业数字技术行业仍处于起步阶段，应用仅限于大公司（如 CPF 集团和 MitrPhol 集团）。农业数字技术的使用需要一定规模才能降低成本，所以小规模农户应用率偏低。泰国农业银行正计划提高中小农业企业的贷款比率，有助于未来小规模农户也能应用农业数字技术。2017 年，泰国在全球信息和通信技术（ICT）发展指数（IDI）中排名第 78 位，领先于除新加坡和马来西亚以外的大多数东盟国家，也远高于大米出口市场两大主要对手——印度（第 134 位）和越南（第 108 位）。

### （二）区块链质量追溯系统

为提高购买者的信心，泰国贸易政策战略室表示，2019 年开始泰国以有机大米为起点，利用区块链技术对出口大米产品进行追踪。区块链系统能够追踪种植过程，包括在稻田中安装摄像头以检查种植地点，并确保其种植的是真正的有机大米。生产或包装过程可以验证产品生产包装地。认证过程中，由负责检验并签发证书的部门进行检查，而在大米出售后作为付款中介的金融机构则提供买方和出口国家的信息。该系统将有助于增强人们对泰国有机大米的信心，减少买方拒收、产品掺假和许可证代位的问题，增加产品价值和提高议价空间能力，并为扩大出口市场创造机会。

# 第七章　越南水稻产业发展概况

越南是农业大国，65% 的人口依靠农业维持生计，稻米是越南人的主食。水稻是越南最重要的粮食作物，水稻播种面积常年在 750 万公顷左右，产量 4000 多万吨，占粮食总产的 85% 左右，水稻生产在农业生产中具有极其重要的地位。越南杂交水稻的发展仅次于中国，杂交水稻种植面积约 60 万公顷，主要种植于红河平原和沿海平原，均为两季水稻种植区。但是越南杂交水稻种子自给率只有 40% 左右，每年需要进口 1 万吨左右的杂交水稻种子。越南是大米出口大国，近几年大米出口量稳定在 600 万吨左右。

## 第一节　生产发展现状

### 一、自然资源概况

越南社会主义共和国（Socialist Republic of Vietnam）位于中南半岛东部，国土狭长，面积约 33 万平方公里，海岸线长 3260 多公里。越南地势由西北向东南倾斜，山地和高原占国土面积的 2/3，平原占国土面积的 1/3，大部分是由河流泥沙冲积而成。越南地处热带，光照充足，属热带季风地区，气温高，湿度大，风雨多。北部地区四季分明，平均气温约 23℃—25℃。南部则只分旱季（10 月—次年 3 月）和雨季（4—9 月），多数地区年平均气温 26℃—27℃。除西北部外，越南气候受海洋性气候影响显著。每年 7—11 月沿海地区常遭台风袭击。在越南中部夏季有一种季风“老挝风”，它吹过的地方燥热干旱，对植物危害很大。越南雨量充沛，年平均降雨量达1800—2000毫米，南方一些地区甚至高达3000—4000毫米。

## 二、水稻生产现状

### （一）农业生态区的划分

越南有63个省市，根据主要的地形、土壤和气候条件可以将越南农业生产分为6个农业生态区，均可种植水稻。其中，红河平原11个省市、北部丘陵山区14个省市、中北部及中部沿海地区14省市、东南部6省市、九龙江平原13个省市。

从地域看，越南北部主要种植两季稻，中部义安省以南地区通常在春节前移栽水稻；南部是热带地区，全年可种三季及三季半水稻，是越南水稻主产区和主要出口区。从农业生态区看，越南水稻种植集中在号称“越南粮仓”的九龙江平原，2019年水稻种植面积占全国的54.45%；西南地区和东南部播种面积最小，仅为20多万公顷。从种植季节看，越南水稻种植分为冬春稻、夏秋稻、秋冬稻和晚稻，播种面积最大的是冬春稻。红河平原和北部丘陵山区没有夏秋稻，九龙江平原有冬春稻、夏秋稻、秋冬稻、晚稻，越南在统计面积时会把秋冬稻合并到夏秋稻一起统称夏秋稻。

### （二）水稻生产情况

水稻是越南最重要的粮食作物，1966年播种面积达468.3万公顷，1973年播种面积503万公顷，1990年播种面积604.28万公顷，1996年播种面积700.38万公顷，2013年为790.28万公顷，创历史最高，目前在750万公顷左右。

根据联合国粮农组织和越南国家统计局统计数据，1965—1980年，越南水稻单产和总产增速缓慢，单产为1.5—2.0吨/公顷，总产量为830万—1200万吨；1970年之前水稻总产低于1000万吨，1970年后也均未超过1180万吨。自1986年越南实行经济改革开始，水稻生产发展速度加快，1989年单产首次达到3吨/公顷；1992年越南成功引进并推广中国的杂交水稻，使越南水稻生产取得了巨大成就，1992 年水稻总产首次突破 2000 万吨大关，达到 2159.03 万吨；2000 年开始，水稻生产步入稳步发展阶段，单产有了实质性的飞跃，增加至 4—5 吨 / 公顷，总产达到 3000 万—4000 万吨；2015 年，越南水稻单产及总产分别达到 5.76 吨 / 公顷和 4509.56 万吨。2016 年，越南九龙江平原遭遇百年不遇的自然灾害，使水稻单产和总产分别降至 5.58 吨 / 公顷和 4316.51 万吨（如图 1.7.1、图 1.7.2）。2020 年，越南水稻种植面积 727 万公顷，总产 4276.09 万吨。

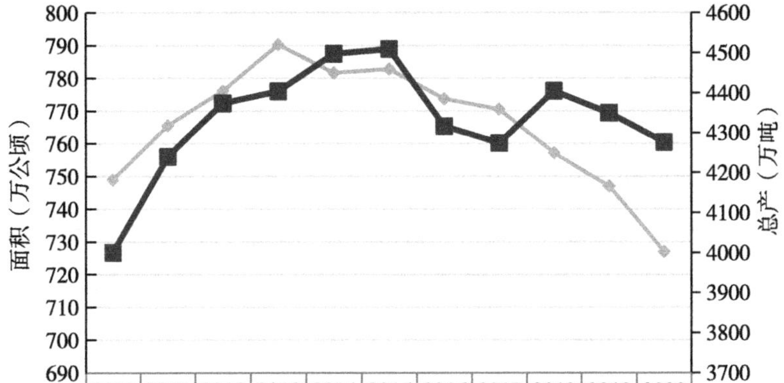


| | 2010 | 2011 | 2012 | 2013 | 2014 | 2015 | 2016 | 2017 | 2018 | 2019 | 2020 |
|---|---|---|---|---|---|---|---|---|---|---|---|
| 面积（万公顷） | 749 | 766 | 776 | 790 | 782 | 783 | 774 | 771 | 757 | 747 | 727 |
| 产量（万吨） | 4001 | 4240 | 4374 | 4404 | 4498 | 4509 | 4317 | 4274 | 4405 | 4350 | 4276 |

**图 1.7.1　2010—2020 年越南水稻种植面积与总产**

数据来源：越南统计局

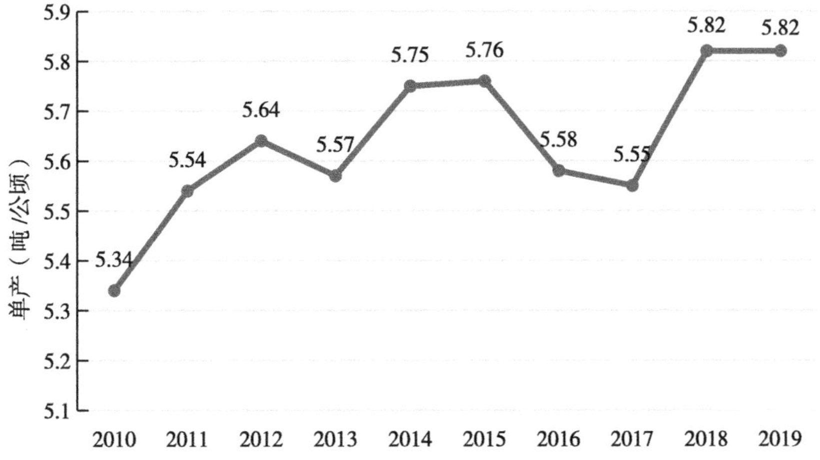


**图 1.7.2　2010—2019 年越南水稻单产**

数据来源：越南统计局

（三）不同季节水稻播种面积与产量

从不同季节看，越南种植面积最大的为冬春稻，其次是夏秋稻，晚稻最少；单产方面，冬春稻也高于夏秋稻（如图 1.7.3、图 1.7.4）；冬春稻播种面积超过 20 万公顷的省份包括隆安省、同塔省、安江省和坚江省，其中坚江省播种面积最大，2015 年达到 30.73 万公顷。

夏秋稻播种面积接近和超过 30 万公顷的省份包括隆安省、同塔省、安江省和坚江省，其中坚江省 2016 年播种面积达到 42.47 万公顷。产量接近和超过 200 万吨的省份包括同塔省、安江省和坚江省。红河平原和北部丘陵山区没有种植夏秋稻。

晚稻种植主要在红河平原，面积最大的是青化省，2015 年达到 13.24 万公顷，是唯一超过 10 万公顷的省份；其次是河内，播种面积增加的原因是河西省并入河内市。稻谷产量最高的是青化省，近年来都在 60 万吨以上，2015 年达到 69.02 万吨。

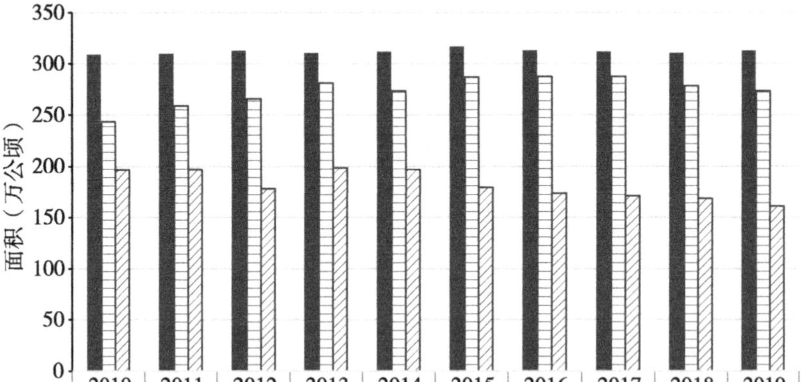


| | 2010 | 2011 | 2012 | 2013 | 2014 | 2015 | 2016 | 2017 | 2018 | 2019 |
|---|---|---|---|---|---|---|---|---|---|---|
| ■冬春稻 | 308.59 | 309.68 | 312.43 | 310.56 | 311.65 | 316.80 | 312.89 | 311.71 | 310.21 | 312.41 |
| □夏秋稻 | 243.60 | 258.95 | 265.91 | 281.08 | 273.41 | 286.91 | 287.29 | 287.67 | 278.48 | 273.38 |
| ▨晚稻 | 196.75 | 196.91 | 177.78 | 198.61 | 196.56 | 179.09 | 173.53 | 171.14 | 168.33 | 161.16 |

**图 1.7.3　越南不同季节水稻播种面积**

数据来源：越南统计局

（四）6 个生态区水稻生产情况

越南农业生产分 6 个生态区，均可种植水稻。九龙江平原是越南最大的

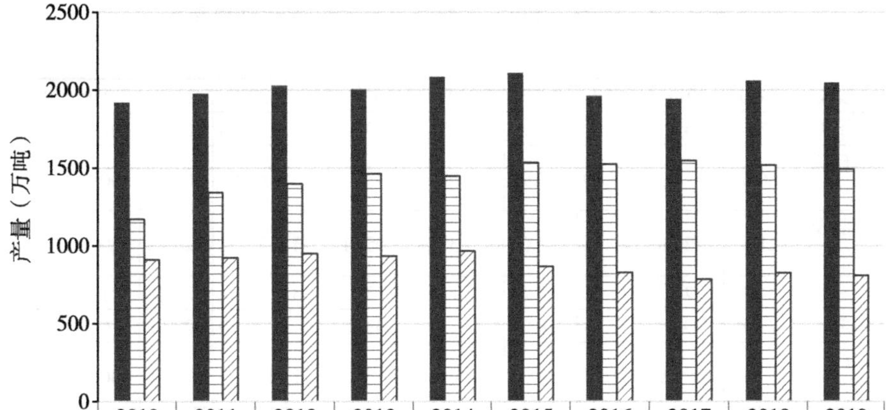


| | 2010 | 2011 | 2012 | 2013 | 2014 | 2015 | 2016 | 2017 | 2018 | 2019 |
|---|---|---|---|---|---|---|---|---|---|---|
| ■冬春稻 | 1921.68 | 1977.83 | 2029.19 | 2006.97 | 2085.05 | 2109.17 | 1964.66 | 1941.58 | 2060.30 | 2047.16 |
| □夏秋稻 | 1168.61 | 1340.29 | 1395.80 | 1462.34 | 1447.92 | 1534.13 | 1523.21 | 1546.12 | 1517.64 | 1492.31 |
| ▨晚稻 | 910.27 | 921.73 | 948.79 | 934.60 | 964.49 | 865.80 | 828.64 | 786.19 | 826.50 | 809.86 |

**图 1.7.4　2010—2019 年越南不同季节水稻产量**

数据来源：越南统计局

水稻生产区，该地区可种植三季及三季半水稻，种植面积和产量远远超过其他生态区，是越南粮仓。西原地区和东南部属于高原地区，播种面积很少（如图 1.7.5、图 1.7.6，见表 1.7.1、表 1.7.2）。

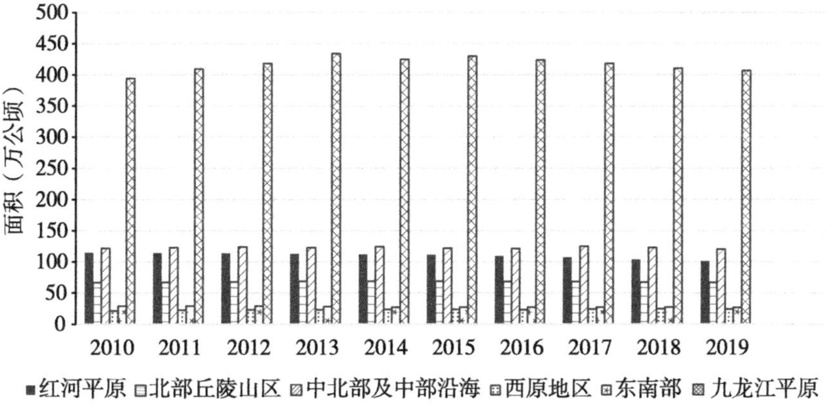


**图 1.7.5　2010—2019 年越南各生态区水稻种植面积**

数据来源：越南统计局

### 表 1.7.1　2010—2020 年越南各生态区水稻种植面积

单位：万公顷

| 生态区 | 2010 | 2011 | 2012 | 2013 | 2014 | 2015 | 2016 | 2017 | 2018 | 2019 | 2020 |
|---|---|---|---|---|---|---|---|---|---|---|---|
| 红河平原 | 115.01 | 114.45 | 113.87 | 112.99 | 112.27 | 111.09 | 109.44 | 107.14 | 104.08 | 101.23 | 98.34 |
| 北部丘陵山区 | 66.64 | 67.09 | 67.80 | 68.92 | 68.92 | 68.43 | 68.26 | 67.98 | 67.24 | 66.90 | 66.51 |
| 中北部及中部沿海 | 121.41 | 122.88 | 123.64 | 123.04 | 124.38 | 122.05 | 121.53 | 125.34 | 123.44 | 120.82 | 115.79 |
| 西原地区 | 21.78 | 22.42 | 22.97 | 23.24 | 23.78 | 23.75 | 23.33 | 24.34 | 24.56 | 24.37 | 24.69 |
| 东南部 | 29.51 | 29.31 | 29.44 | 28.03 | 27.32 | 27.33 | 27.04 | 27.19 | 27.02 | 26.74 | 26.20 |
| 九龙江平原 | 394.59 | 409.39 | 418.4 | 434.03 | 424.95 | 430.15 | 424.11 | 418.53 | 410.75 | 406.89 | 396.37 |

数据来源：越南统计局

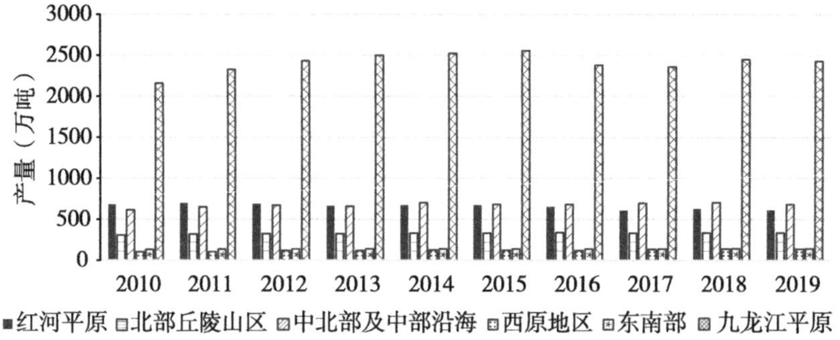


### 图 1.7.6　2010—2019 年越南各生态区水稻产量

数据来源：越南统计局

### 表 1.7.2　2010—2020 年越南各生态区水稻产量

单位：万吨

| 生态区 | 2010 | 2011 | 2012 | 2013 | 2014 | 2015 | 2016 | 2017 | 2018 | 2019 | 2020 |
|---|---|---|---|---|---|---|---|---|---|---|---|
| 红河平原 | 680.54 | 696.59 | 688.13 | 665.54 | 675.98 | 672.95 | 654.50 | 608.33 | 629.80 | 613.40 | 603.53 |
| 北部丘陵山区 | 308.78 | 319.91 | 327.11 | 326.56 | 334.11 | 333.68 | 340.55 | 333.64 | 338.28 | 337.85 | 339.15 |
| 中北部及中部沿海 | 615.20 | 653.51 | 672.72 | 659.97 | 703.40 | 685.51 | 684.22 | 699.79 | 705.96 | 685.51 | 669.52 |
| 西原地区 | 104.21 | 106.77 | 113.88 | 115.12 | 124.50 | 120.98 | 117.40 | 131.56 | 137.98 | 139.47 | 141.37 |
| 东南部 | 132.27 | 136.12 | 139.86 | 134.61 | 134.91 | 137.61 | 136.74 | 139.67 | 141.89 | 142.31 | 140.59 |
| 九龙江平原 | 2159.56 | 2326.95 | 2432.08 | 2502.11 | 2524.56 | 2558.37 | 2383.10 | 2360.90 | 2450.69 | 2431.00 | 2381.93 |

数据来源：越南统计局

（五）杂交水稻发展

20 世纪 90 年代以来，越南杂交水稻发展迅速，播种面积仅次于中国，播种面积占水稻播种总面积的 10% 左右。

越南从事杂交水稻育种研究的单位主要有越南农科院、越南农业大学和中央种子公司等。1979 年越南农科院开始引入中国杂交水稻进行试种，表现高产，但抗性、米质一般。1983 年越南九龙江水稻研究所引进国际水稻研究所的杂交水稻，研究表明杂交水稻比当地常规稻增产 18%—45%。1985 年越南农业遗传研究院开始研究杂交水稻，该院杂种优势利用研究室 1993 年以前主要培训研究人员及收集杂交水稻亲本、试种，后主要从事两系杂交水稻研究。

越南杂交水稻主要种植在红河平原和沿海平原，2004—2006 年产量稳定在 58 万公顷左右；2009 年创历史最高，达到 70.98 万公顷；2010—2013 年稳定在 60 万公顷左右（如图 1.7.7）。2003 年越南杂交水稻平均单产达到 6.36 吨 / 公顷，其中晚季为 6.00 吨 / 公顷，冬春季为 6.45 吨 / 公顷。2005 年杂交水稻面积略有下降，但单产达到 6.50 吨 / 公顷。2010—2013 年杂交水稻的单产稳定在 6.40 吨 / 公顷左右。总体看，越南杂交水稻单产一直稳定在 6.00 吨 / 公顷以上，冬春季杂交水稻单产均比晚季高。目前，杂交水稻已在越南 40 个省市区推广种植，在北方地区占有稳定地位。与常规水稻相比，杂交水稻单产更具优势，平均单产为 6.30 吨 / 公顷，比常规稻增产 1.82 吨 / 公顷，每年增产稻谷 50—70 万吨。在同一栽培方式下，杂交水稻单产比常规稻高 1—2 吨 / 公顷。一般在冬春季，杂交水稻与常规稻平均单产都比晚季高 0.5—1.5 吨 / 公顷，主要是越南冬春季气候条件更适宜水稻生长。预计未来越南杂交水稻的单产将会从 6—7 吨 / 公顷提高到 9—10 吨 / 公顷。

1992 年越南开始生产杂交水稻种子，制种面积逐年增加，制种单产和产量也不断提高。其中，制种面积从 2001 年的 1450 公顷增加到 2020 年的 2450 公顷，制种单产从 2001 年的 1.75 吨 / 公顷提高到 6.54 吨 / 公顷，制种产量从 2001 年的 2400 吨增加到 2670 吨。制种组合有博优 903、博优 64、博优

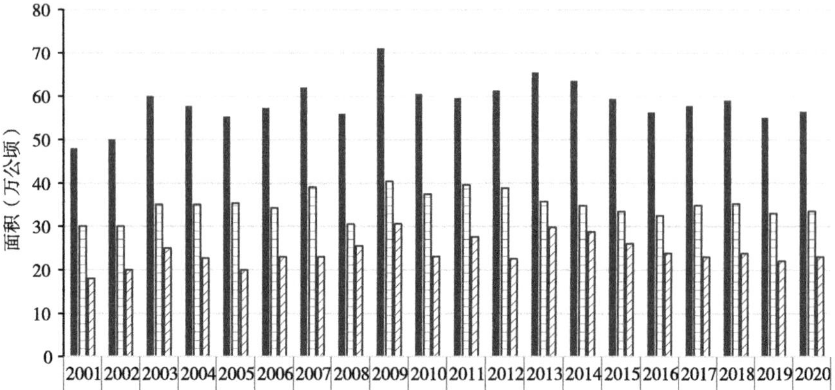


| | 2001 | 2002 | 2003 | 2004 | 2005 | 2006 | 2007 | 2008 | 2009 | 2010 | 2011 | 2012 | 2013 | 2014 | 2015 | 2016 | 2017 | 2018 | 2019 | 2020 |
|---|---|---|---|---|---|---|---|---|---|---|---|---|---|---|---|---|---|---|---|---|
| ■全年 | 48 | 50 | 60 | 58 | 55 | 57 | 62 | 56 | 71 | 61 | 60 | 61 | 66 | 64 | 59 | 56 | 58 | 59 | 55 | 57 |
| □冬春稻 | 30 | 30 | 35 | 35 | 35 | 34 | 39 | 31 | 40 | 37 | 40 | 39 | 36 | 35 | 33 | 33 | 35 | 35 | 33 | 34 |
| ▨晚稻 | 18 | 20 | 25 | 23 | 20 | 23 | 23 | 26 | 31 | 23 | 28 | 23 | 30 | 29 | 26 | 24 | 23 | 24 | 22 | 23 |

**图 1.7.7　2001—2020 冬春稻和晚稻杂交水稻播种面积**

数据来源：越南农业部栽培局

桂 99、Ⅱ优 838、Ⅱ优 63、培杂山青、HYT57 和越南的 TH3-3、TH3-4、TH3-5、TH7-2、TH5-1、VL20、VL24、HTC、HYT102、HYT103 等。

经过越南育种工作者的努力和种子公司不断扩大制种面积，近几年越南杂交水稻种子自给率达到 40% 左右，2017 年为 44.2%，2019 年为 42.3%，2020 年降至 38.6%（如图 1.7.8，见表 1.7.3）。但自产种子 21% 不合格，农户仍愿购买中国进口种子，所以越南每年要进口大量杂交水稻种子来满足生产需求，每年进口 1 万吨左右，最多的 2010 年达到 1.66 万吨，主要品种有博优 903、博优 64、博优桂 99、Ⅱ优 838、Ⅱ优 63、汕优 63、TN15、D 优 527、培杂山青、培杂 49 等组合。

（六）水稻栽培技术

21 世纪前越南水稻种植比较粗放，由于冲积土肥力，平原地区大多数种植后很少投入肥料和农药，田里杂草、水葫芦任其生长。北部采用插田移栽，20 世纪 90 年代前后购买中国的抛秧盘，引进抛秧技术，但由于种植习惯一直推广不开。北部平原地区在晚稻人工插田移栽中，通常把秧苗深插，这种做法不利于水稻分蘖。越南有些地方水利不完善，排灌水有困难，大田通常都

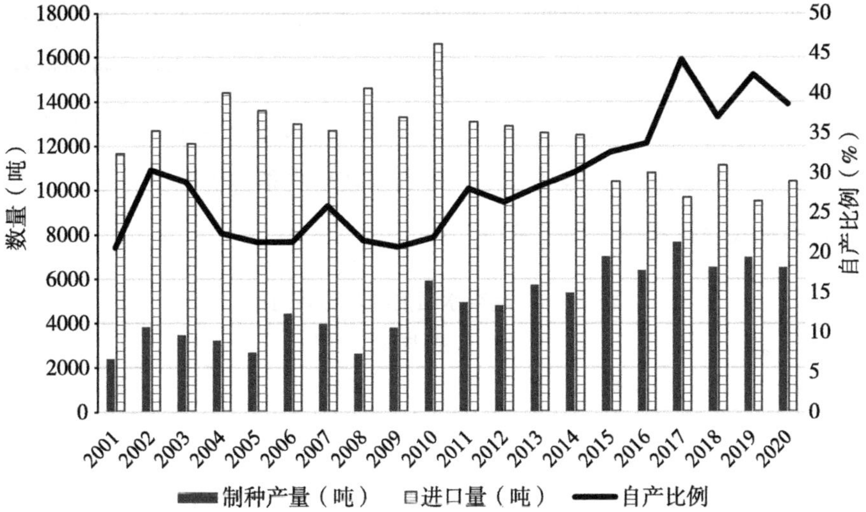


**图 1.7.8　2001—2020 年越南杂交水稻制种产量、进口量与自产比例**

数据来源：越南农业部栽培局

**表 1.7.3　2001—2020 年越南杂交水稻制种产量、进口量与自产比例**

| | 自产产量（吨） | 进口量（吨） | 自产比例（%） |
|---|---|---|---|
| 2001 | 2400 | 11660 | 20.6 |
| 2002 | 3840 | 12682 | 30.3 |
| 2003 | 3485 | 12113 | 28.8 |
| 2004 | 3225 | 14392 | 22.4 |
| 2005 | 2700 | 13594 | 21.3 |
| 2006 | 4440 | 13000 | 21.3 |
| 2007 | 3990 | 12700 | 25.8 |
| 2008 | 2640 | 14600 | 21.5 |
| 2009 | 3812 | 13300 | 20.7 |
| 2010 | 5940 | 16600 | 21.9 |
| 2011 | 4972 | 13100 | 28.0 |
| 2012 | 4830 | 12900 | 26.3 |
| 2013 | 5750 | 12600 | 28.3 |
| 2014 | 5388 | 12500 | 30.1 |
| 2015 | 7020 | 10400 | 32.6 |
| 2016 | 6400 | 10800 | 33.7 |
| 2017 | 7670 | 9670 | 44.2 |
| 2018 | 6550 | 11150 | 37.0 |
| 2019 | 6985 | 9515 | 42.3 |
| 2020 | 6540 | 10410 | 38.6 |

数据来源：越南农业部栽培局

保留较深水位，必须深插才能保证秧苗固定，雨季时秧苗如不深插也会浮起，并且需要通过密植达到所需的有效穗。中部以南采用撒播种子，通常每公顷播种水稻种子约 200 千克。由于种子使用量大，成为南部发展杂交水稻的瓶颈之一。采用机械化点播技术以来，每公顷使用水稻种子减少一半。在平原地区，水稻收获机械操作程度较高。

**表 1.7.4　越南水稻播种与移栽时间**

<table>
<tr><th rowspan="2">区域</th><th colspan="3">播种与移栽时间</th></tr>
<tr><th>冬春</th><th>夏秋</th><th>晚季</th></tr>
<tr><td rowspan="3">北部</td><td>早：12 月底—次年 2 月 15</td><td rowspan="3">5 月中—6 月初<br>（主要北中部）</td><td>6 月初—6 月中</td></tr>
<tr><td>中：2 月中—2 月底</td><td>6 月中—7 月初</td></tr>
<tr><td>晚：2 月底—3 月初</td><td>7 月初—7 月底</td></tr>
<tr><td rowspan="3">中部</td><td>撒播：12 月初—12 月中</td><td>5 月初—5 月中</td><td rowspan="3">6 月底—7 月初</td></tr>
<tr><td>12 月底—次年 1 月初</td><td>5 月中—5 月底</td></tr>
<tr><td>1 月中—1 月底</td><td>6 月初</td></tr>
<tr><td rowspan="2">南部</td><td>10 月底—11 月初</td><td>2 月底—3 月中</td><td rowspan="2">8—9 月</td></tr>
<tr><td>11 月底—次年 1 月初</td><td>4 月初—6 月初</td></tr>
</table>

（七）水稻主要病虫害

越南水稻病虫害主要有稻飞虱（包括褐飞虱、白背飞虱和灰飞虱）、稻纵卷叶螟、螟虫（主要是三化螟）、蓟马、蟒象，白叶枯病、稻瘟病、纹枯病、南方黑条矮缩病、黄叶矮缩病和齿叶矮缩病等。

越南北部冬春稻主要病害是稻瘟病，晚稻则是白叶枯病。抗当地白叶枯病的基因有 *Xa*4、*Xa*5、*Xa*7 和 *Xa*21，越南水稻抗白叶枯病品种携带有 *Xa*4、*Xa*5 和 *Xa*7 基因，中国抗白叶枯病品种大多携带 *Xa*11 基因。越南白叶枯病生理小种与中国有差异，这也是中国一些品种到越南试验示范易感染白叶枯病的原因。

近年来，在亚洲发展银行和国际水稻研究所等单位资助下，越南植保部门多措并举积极宣传推广水稻有害生物综合防治技术。一是三减三增措施。三减：减少播种量，水稻直播田的播种量由 200 千克 / 公顷减少到 100 千克 /

公顷，减轻病虫害发生；减少化肥，特别是氮肥的使用；减少农药的使用，延缓病虫害产生抗药性。三增：通过三减等一系列措施，实现水稻产量增加、稻米质量增加、农户收入增加。二是集中播种和收获措施。通过监测分析当地历年稻飞虱发生高峰期，指导农民错峰统一集中播种和收获，达到减轻稻飞虱为害的目的。三是生物农药防治技术。在稻飞虱发生初期或未发生前使用绿僵菌防治1—2次，可有效防治稻飞虱。

## 第二节　市场发展现状

### 一、国内政策对稻米市场的影响

自1986年越南实行经济改革后，越南农业得到了长足发展，稻米产量大幅度提高，成为世界上稻米出口大国。1986—1996年，越南政府大力推行农村家庭联产承包责任制，极大地激发了农民生产积极性，使得农业和农村经济得到了快速发展，并使稻米出口量由原来占世界不足1%迅速上升到14%。2008年8月，关于农业、农民和农村问题的26号决议提出了各项解决措施，并且充分肯定了“三农”在越南实现工业化、现代化建设中的战略地位和重要作用。

### 二、国内大米消费现状

大米是越南人民日常生活中的主食，越南年人均大米消费为160—180千克，年生产稻谷产量约4300万吨（折合大米约3010万吨）。越南人口约9700万，人均大米拥有量约310千克，人均剩余130—150千克大米。从越南大米贸易看，年出口大米在600万吨左右，越南大米还用于酿酒、米粉、饲料等加工行业。

越南产米主要集中在九龙江平原，南方属于热带地区，气温高、稻米生长期短，所以大米品质不高。大米加工和出口也集中在九龙江平原，目前越南约有580个达到工业规模的碾米加工厂，每个碾米加工厂年产能超过1万吨，约占越南稻米整体产能的61.5%。北方属于亚热带地区，大米品质比热带地区大米品质高，主要满足国内市场需求。

越南民众喜食松软型大米、直链淀粉含量在15%左右的大米、长粒型大米和带有香味的大米。越南北部奠边府的博香7号深受当地市民喜爱，价格是普通大米的1—2倍。

低档碎米主要用于煮饭，制作米粉末、米粉、河粉，越南市场对该种大米销售需求较高。由于印度低档碎米比越南同类碎米价格更低，因此越南大量进口印度低档碎米。据微信公号“中越加”报道，2021年1—2月，印度向越南出口7万吨100%碎米。近年来由于越南为提升大米质量减少低档大米播种面积，同时饲料产业对大米的需求量仍然巨大，因此越南将继续进口低档大米，为畜牧业提供服务。

## 第三节　贸易发展现状

### 一、稻米出口概况

1986年后，随着越南水稻播种面积扩大、复种指数提高以及国际水稻新品种的引进，越南水稻总产量不断增加，越南从稻米净进口国转变为出口大国。1987年越南实现稻米出口，1989年出口稻米137万吨，成为世界上主要的稻米出口国。1999年出口稻米450万吨，跃居世界第二，仅次于泰国的625万吨。2012年达到历史最高800多万吨，首次超过泰国成为世界第一大稻米出口国。近几年，越南稻米出口量和出口金额均有所下降（如图1.7.9）。其主要原因：一是全球气候变暖导致海平面上升，使越南播种水稻最多的九龙江平原耕地被部分淹没；二是越南大米的品质不佳，碎米率高于25%，稻米出口竞争力较弱，出口价格十分低廉；三是一些稻米进口国减少了进口量。

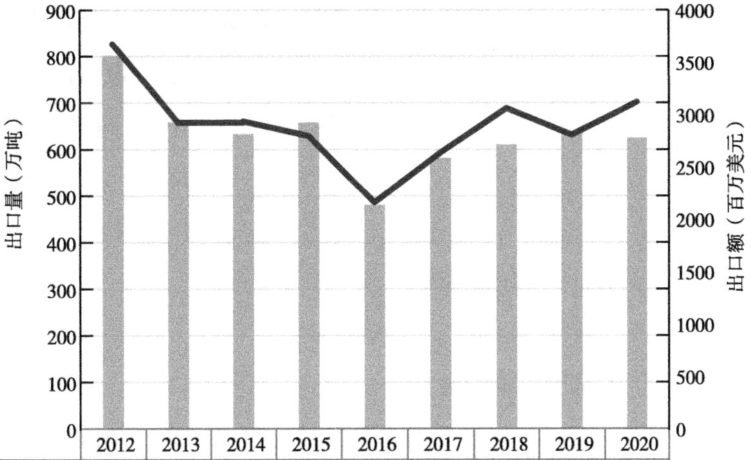


| | 2012 | 2013 | 2014 | 2015 | 2016 | 2017 | 2018 | 2019 | 2020 |
|---|---|---|---|---|---|---|---|---|---|
| 出口量(万吨) | 801.71 | 658.71 | 633.14 | 658.22 | 480.93 | 581.85 | 610.71 | 637.06 | 624.91 |
| 出口额(百万美元) | 3673.7 | 2922.7 | 2935.2 | 2796.3 | 2159.0 | 2633.5 | 3060.2 | 2806.4 | 3120.2 |

**图 1.7.9　2012—2020 年越南大米出口产量与出口额**

数据来源：越南统计局

## 二、大米出口的主要国家

2019 年，越南是世界第三大大米出口国，排在印度和印度尼西亚之后，出口总量 637 万吨。在进口越南大米的国家中，菲律宾进口 210 万吨，科特迪瓦进口 58 万吨，马来西亚进口 58 万吨，中国进口 47.7 万吨（如图 1.7.10）。

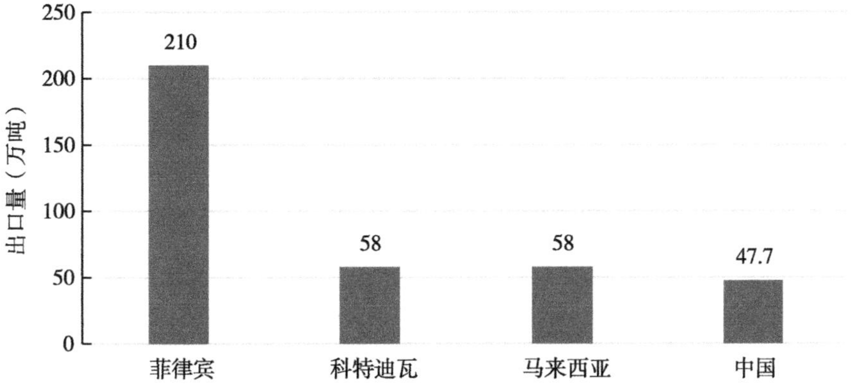


**图 1.7.10　2019 年越南大米主要出口国家**

数据来源：华经产业研究院

2020年1—2月，菲律宾是越南最大的大米出口市场，市场份额占比为35.9%。此外，中国、莫桑比克是购入越南大米增长最快的市场。根据越南海关总署的数据，中国购入越南大米的数量是2019年同期的7倍，达到6.62万吨。

## 三、大米出口中国情况

### （一）大米出口中国数量

近年来，中国一直是越南大米的最大出口市场。2018年中国进口越南大米130万吨，但是2019年急剧下降，仅进口越南大米47.7万吨，主要是被巴基斯坦和缅甸所取代（如图1.7.11）。

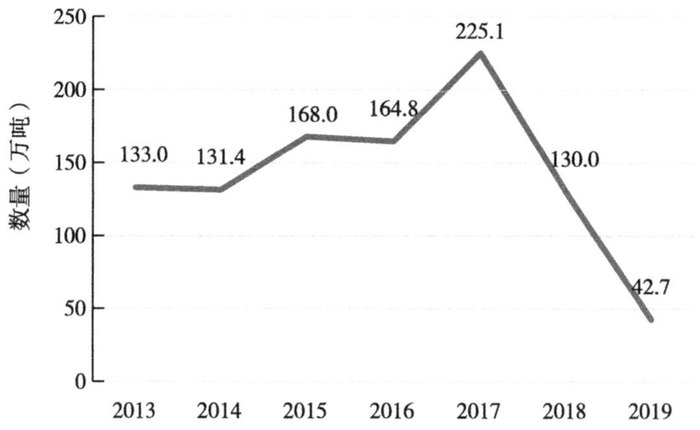


**图1.7.11　2013—2019年中国从越南进口大米数量**

数据来源：中国海关总署

### （二）出口大米占中国总进口的比重

2013—2019年，中国从越南进口大米总额占中国大米总进口额的比重始终保持在50%左右。2013年接近60%，2014—2016年呈下降趋势，2017年又升至近56%，2018年下降至42%左右，2019年出现剧烈下降，占比不到20%（如图1.7.12）。

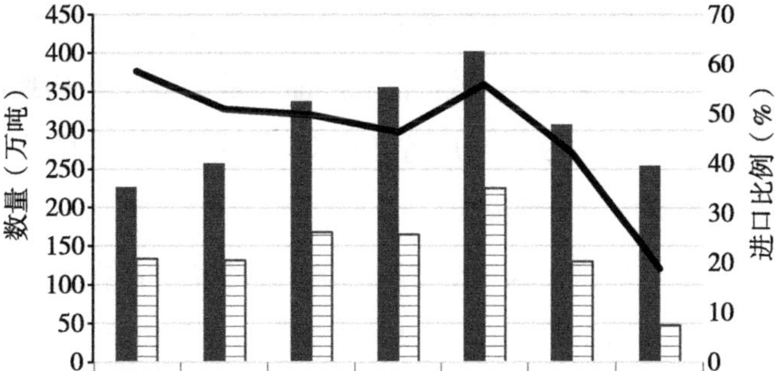


| | 2013 | 2014 | 2015 | 2016 | 2017 | 2018 | 2019 |
|---|---|---|---|---|---|---|---|
| 中国总进口量（万吨） | 227.1 | 257.9 | 337.7 | 356.2 | 402.6 | 307.7 | 254.6 |
| 从越南进口量（万吨） | 133.0 | 131.4 | 168.0 | 164.8 | 225.1 | 130.0 | 47.7 |
| 从越南进口的比例（%） | 58.56 | 50.95 | 49.75 | 46.27 | 55.91 | 42.25 | 18.74 |

**图 1.7.12　2013—2019 年越南出口中国大米占中国总进口的比例**

数据来源：中国海关总署

（三）出口中国数量占越南总出口的比重

2013—2017 年，越南出口中国大米份额占越南总出口份额逐年上升，从 2013 的 20.19% 持续提高至 2017 年的 38.69%，2017 年达到最高，2018 年恢复到 2013 年的水平，但是 2019 年再次急剧下降，只有 7.49%（如图 1.7.13）。

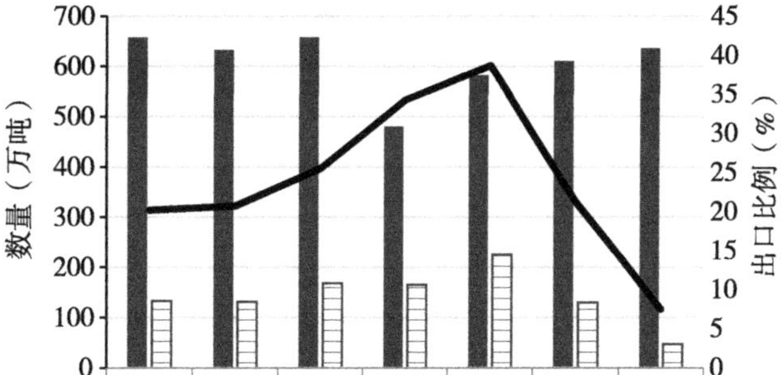


| | 2013 | 2014 | 2015 | 2016 | 2017 | 2018 | 2019 |
|---|---|---|---|---|---|---|---|
| 越南总出口量（万吨） | 658.7 | 633.1 | 658.2 | 481.0 | 581.9 | 610.7 | 637.1 |
| 出口中国量（万吨） | 133.0 | 131.4 | 168.0 | 164.8 | 225.1 | 130.0 | 47.7 |
| 出口中国的比例（%） | 20.19 | 20.75 | 25.52 | 34.26 | 38.69 | 21.29 | 7.49 |

**图 1.7.13　2013—2019 年越南出口中国大米占越南总出口的比例**

数据来源：中国海关总署

当前越南农产品出口发展迅猛，但越南的农产品生产及加工业却没有及时调整和转型升级，大多数农业企业生产的农产品依然遵循低价、低质量的产品定位和发展方向，较低的农产品质量使得近年来越南在农产品出口方面屡屡受限。如 2019 年 7 月越南大米由于质量过低被中国企业拒收，直接导致越南大米对华出口量锐减。

2019 年以来，为规范市场，避免不合格产品在市场上售卖，保障消费者食品安全，中国海关总署对从越南等国家进口的大米、木薯及其制品、西瓜、香蕉、荔枝等农产品实行了新规定，提高了溯源性和产品质量的相关标准，避免之前经常发生的证书、清单造假以及农产品违反卫生安全和质量标准等现象。

# 第八章　澜湄国家水稻产业合作建议

澜湄流域是世界水稻主产区。中国是世界最大的稻米生产国、消费国，杂交水稻国际领先技术优势明显。柬埔寨、老挝、缅甸等国水稻产业发展基础薄弱，越南、泰国水稻产业发展潜力较大。水稻是世界上最重要的粮食作物之一，关系各国粮食安全。水稻产业链较长，确保粮食安全需要不断提升水稻的综合生产能力，提高稻米品质，推动稻米市场、贸易、加工等全产业链协同发展，增强水稻产业对区域经济发展的贡献，促进可持续发展。澜湄国家水稻产业合作基础好、潜力大，对于推动澜湄国家农业可持续发展具有重要意义。

## 第一节　加强联合研究

### 一、开展新品种示范选育

开展水稻种质资源跨境联合调查与收集，推动各国农业科研机构加强对水稻种质资源的调查收集、编目入库等基础性工作。尝试共建水稻种质资源保护与利用中心，加强种质资源的鉴定评价和创制利用工作，为新品种选育奠定基础。开展水稻新品种联合试验示范和选育工作，充分利用中国在杂交水稻品种选育和技术上具备的明显优势，通过共建水稻品种试验站等形式，与澜湄其他国家合作开展水稻新品种引进、选育和试验示范工作，推动澜湄国家水稻品种实现更新换代。

## 二、开展联合育种研究

藏粮于地，藏粮于技，种业是农业的“芯片”，优良品种是水稻生产的重要基础。各国需要予以高度重视，确保优良品种的纯度和种子质量。柬埔寨、老挝、缅甸、泰国等国，由于水稻单位面积产量较低，尤其要引进良种或加强本土优良品种选育。联合澜湄地区科研机构和企业进行品种改良、分子育种、基因组学、基因挖掘、杂交水稻制种技术、质量调控机制、病虫害防控等方面的研究，加快攻克关键核心技术和设备。

## 三、提升机械化水平

水稻生产劳动力短缺、成本提高等，是澜湄区域国家面临的共性问题。水稻从犁田、耙田、播种到收割，需要大量人力资源。随着从事农业劳动的年轻人越来越少，目前各国水稻生产都面临“谁来种田”的难题。因此，澜湄各国要依托专业机构，加快研发适应不同区域水稻生产发展的机械化、智能化工具。无人机械、无人操作和5G技术等应用，是改变水稻产业现状的重要手段。

在澜湄国家中，中国的粮食机械制造业是优势产能。要通过建立农机联合实验室、投资建厂、设立代理机构或者采用直销等模式开展农业机械合作，提升澜湄国家水稻产业整体机械化水平。

## 四、开展联合研究与人才培训

联合澜湄农业科研院校资源，通过共建水稻技术联合研究中心、联合实验室等方式开展水稻科技合作，开展水稻重大技术联合攻关，解决水稻技术发展中的重大共性问题。开展水稻生产管理与技术人员、农民和农业院校学生等高技能人才联合培训，提高澜湄国家水稻种植水平。

## 第二节　建设全产业链

水稻产业在澜湄国家国民经济发展中占据重要地位，优化水稻产业结构，构建覆盖上中下游产业链的高度融合的水稻产业体系，促进产业健康发展，提高产业发展质量，发展高性能和稻米深加工等，拓展深加工领域，开发稻米附加产品二级、三级市场等，是今后澜湄国家水稻产业发展方向。

### 一、加强顶层设计

制定澜湄国家水稻产业合作方案，围绕合作思路、发展目标与重点项目达成共识。利用澜湄合作专项基金、中国—东盟合作基金等，六国联合设计合作项目，加强水利设施建设、新品种培育与优化种植、稻米产后加工、水稻产业科技园区和贸易园区建设等合作，保障澜湄区域水稻产业健康发展。

### 二、促进信息共享

探索建立基于跨行业协同创新的澜湄国家水稻产业联盟，深化产学研合作，探索联合共建、开放共享、互利共赢的平台建设模式。开展科技成果的转移转化，进一步促进澜湄区域水稻技术水平提升与产业可持续发展。发挥澜湄农业合作中心作用，加强澜湄国家在水稻科技合作和技术转移、能力建设、知识共享、联合研究、投资贸易等方面合作，推动可持续发展。搭建信息平台，推动各国数据交流分享，稳定国际大米市场行情，避免出现压价竞争，推动大米成为澜湄国家的“公共产品”。

将物联网、互联网、云计算、大数据、遥感等信息技术应用于水稻生产全过程，实现信息化作业。“数字农业”不仅为农业生产带来转型升级，也延展了产业链的长度，形成产、供、销全链路数字化的新模式。

## 三、深化投资贸易合作

借《区域全面经济伙伴关系协定》生效的契机，探索共建澜湄流域稻米产品质量安全标准体系、重大水稻病虫害联合防控体系，推动稻米产品出口标准互认，减少国际贸易非关税壁垒。推动稻米产业政策、规则、标准联通，建立健全流域内跨境农业技术产权交易市场、跨境劳务合作市场、农业科技信息服务平台，激活流域内农业资源对合作开展的势差效应，变资源优势为经济优势。通过建立稻米联盟形式加强合作，探索澜湄国家水稻产业共同市场的建设，提高澜湄国家在国际稻米贸易市场的话语权，服务澜湄流域经济发展带建设，进一步提升澜湄国家在全球稻米产业价值链中的地位，提高各国可持续发展能力。

通过澜湄地区水稻产业的全方位合作，可以提高澜湄六国在国际稻米贸易市场话语权，服务澜湄流域经济发展带建设，使“农业强、农民富、农村美”的澜湄梦早日成为现实，为世界水稻产业的发展贡献澜湄六国智慧，从而进一步提升澜湄六国人民福祉和国际影响力。

第二篇

# 澜湄国家天然橡胶产业发展报告

天然橡胶是全球重要的工业原料和农产品，因良好的弹性、绝缘性、可塑性、隔水隔气、抗拉和耐磨等特点，广泛地应用于工业、农业、国防、交通、机械制造、医药卫生等多个领域，用途广泛、产业链长、关联度广。全球天然橡胶生产主要集中在南纬 10° 至北纬 24° 之间的热带国家和地区，有 60 多个国家和地区种植橡胶，其中 80% 以上种植生产集中在亚洲。天然橡胶也是澜湄农业合作的重点产业，澜湄国家在天然橡胶科技、投资、生产和贸易领域开展了广泛合作，成效显著。

# 第一章　澜湄国家天然橡胶产业发展综述

澜湄国家是全球重要的天然橡胶生产国、出口国和消费国，其天然橡胶种植面积、产量、贸易量均约占全球一半。澜湄国家间的天然橡胶产业合作具有深厚的基础。随着澜湄国家天然橡胶产业政策与法规的不断出台和实施，澜湄国家天然橡胶产业的共同发展将得到有效提升。

## 第一节　产业现状

### 一、种植面积与产量

澜湄国家橡胶种植区主要位于北纬10°至北纬24°之间，气候条件优越，橡胶种植历史悠久。其中，柬埔寨、中国、缅甸、泰国和越南是天然橡胶生产国协会（ANRPC）成员国。2020年，澜湄国家橡胶种植面积696.72万公顷，占全球橡胶种植面积的45.32%，占亚洲橡胶种植面积的52.66%。其中，泰国种植面积352万公顷，位列全球第2位；中国114.74万公顷，居第3位；越南93.24万公顷，处于第5位；缅甸66.32万公顷，位列第7位；柬埔寨40.42万公顷，处于第9位（如图2.1.1）。

2020年，澜湄国家天然橡胶产量768.57万吨，占全球橡胶总产量的56.53%。其中，泰国天然橡胶产量486.25万吨，越南122.61万吨，中国82.63万吨，柬埔寨34.93万吨，缅甸26.73万吨，老挝15.42万吨，分别居于全球第1、3、5、8、9和11位（如图2.1.2）。

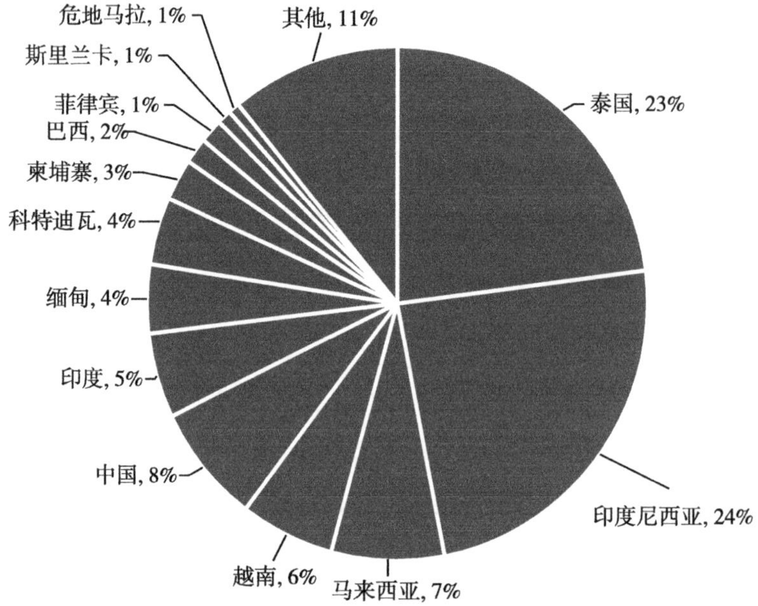


**图 2.1.1　2020 年全球天然橡胶种植面积分布**

数据来源：天然橡胶生产国协会，国际橡胶研究组织

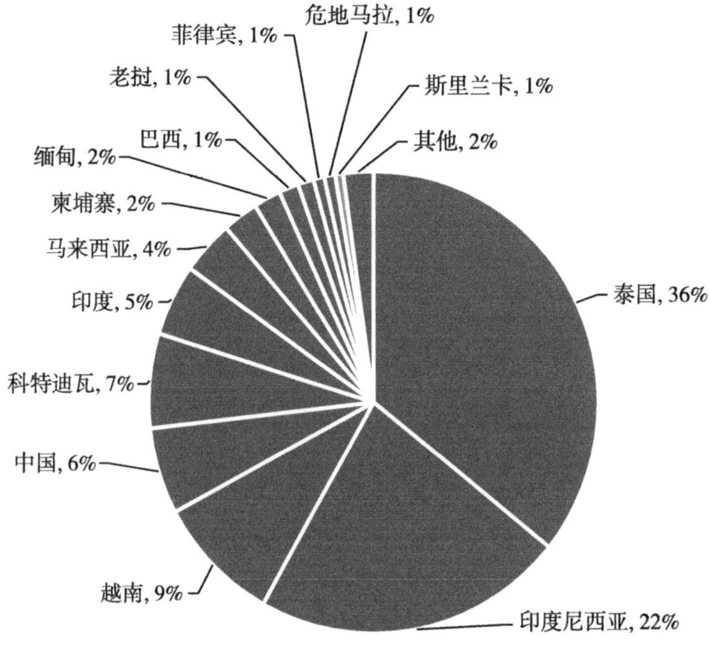


**图 2.1.2　2020 年全球天然橡胶产量分布**

数据来源：天然橡胶生产国协会，国际橡胶研究组织，中国国家统计局

## 二、产业优势与竞争力

### （一）资源优势

澜湄国家在发展天然橡胶产业方面具有先天气候禀赋优势，尤其是湄公河五国雨热同季、热量充足、土地资源丰富，具有适宜天然橡胶生产和种植的气候和土壤条件。

### （二）成本优势

天然橡胶是劳动密集型产业，割胶劳动力占橡胶直接生产成本的3/4。随着城市化发展和农业劳动力转移，传统橡胶种植国家劳动力短缺、价格快速提高，产业竞争力下降，橡胶种植逐渐向澜湄国家等劳动力价格更低的地区转移。澜湄国家天然橡胶产业具有生产成本优势。湄公河五国劳动力丰富，成本相对低廉，产业发展潜力大。据测算发现，越南、柬埔寨等国单位产品成本优势明显，泰国、缅甸亦有一定的成本优势。

### （三）管理优势

澜湄国家具有栽培管理优势。中国、泰国和越南天然橡胶生产和管理技术水平较高。通过国际合作交流建设栽培示范基地和对外投资建设大型种植园等多种方式，中国、泰国和越南先进的栽培管理技术、行业标准和技术规程持续向柬埔寨、老挝和缅甸新兴天然橡胶种植国家转移。

### （四）市场优势

澜湄国家具有较大的市场规模优势。中国市场规模巨大，是全球重要的橡胶制品加工制造国。但是，受自然条件和种植面积等因素所限，中国天然橡胶产量并不能满足实际生产需求，每年需大量进口天然橡胶用于轮胎等制品生产，促进了澜湄国家天然橡胶种植、加工和贸易的蓬勃发展，也带动了澜湄国家间国际交流与合作的持续推进。中国、泰国和越南等国家均发展了一批实力雄厚的天然橡胶生产企业。泰国既是全球第一大天然橡胶出口国，也是第三大橡胶制品出口国。

## 三、产业合作基础

澜湄国家之间具有良好的贸易合作基础。亚洲是全球最大的天然橡胶出口区域，出口量占全球的比重长期保持在85%以上。湄公河五国中泰国、越南、柬埔寨等为全球主要天然橡胶出口国，主要销往中国、日韩、欧美等国家和地区。随着国际产业分工专业化发展，全球天然橡胶贸易量占生产量的比例持续增加。2000—2018年，天然橡胶全球出口量由500万余吨增加至1220万余吨，占产量的比重从77%增加到88.98%。国际橡胶研究组织（IRSG）报告，2020年全球天然橡胶出口量1153.90万吨，比2019年减少0.63%。湄公河五国天然橡胶出口量619.37万吨，占全球出口量的53.68%，其中泰国387.51万吨、越南167.08万吨和柬埔寨33.83万吨，为全球经济发展提供了重要原材料。

澜湄国家是重要的天然橡胶消费市场。中国是全球第一大天然橡胶进口国和消费国，2020年进口量590.22万吨，占全球进口量的49.59%，主要进口来源国家和地区为泰国和越南等国。随着泰国和越南橡胶工业的发展，天然橡胶消费量呈增长趋势。2020年，泰国天然橡胶消费量76.40万吨，越南24万吨。越南需要从柬埔寨、老挝等国进口22.85万吨橡胶用于加工后出口。

澜湄国家之间经贸往来日益频繁。20世纪80年代，中国在与云南接壤的缅甸、老挝等国家开展罂粟替代种植，通过帮助当地人民种植橡胶、甘蔗等作物来消减毒品原植物罂粟的种植。2002年，中国与东盟签署《中国与东盟全面经济合作框架协议》，标志着中国—东盟建立自由贸易区的进程正式启动。中国先后同泰国、越南和老挝等国签署了《相互保护投资协定》，协定针对双方开展基础设施建设及农产品投资合作领域均作了明确规定，为开展天然橡胶产业合作奠定了良好的规则基础。

澜湄国家间开展橡胶技术交流和投资。近年来，中国为湄公河五国发展天然橡胶产业培训了数批次政府农业官员、技术人员和农民，鼓励企业在湄公河五国开展天然橡胶投资合作。湄公河五国均为东盟成员国，重视加强彼此之间在天然橡胶产业领域的合作。越南在老挝和柬埔寨投资种植了超过 20 万公顷的橡胶园，建立了加工厂。泰国在老挝等国也投资橡胶种植园，建立橡胶加工厂。随着澜湄对话机制的建立，澜湄国家天然橡胶产业快速发展，天然橡胶科技和贸易合作发展前景广阔。

## 第二节　区域分布

### 一、适宜地区分布

巴西橡胶树属于典型的热带作物，具有喜高温、湿热、向阳的特性。澜湄国家植胶地区地处全球热带及热带北缘地区，具有适宜橡胶种植的自然环境。其中，柬埔寨农业用地面积 556.60 万公顷，适宜种植区域广。老挝农业土地面积 239.40 万公顷，全国各省均适宜种植橡胶。缅甸地处北纬 9° 58′ 至 28° 31′ 之间，国土大部分在北回归线以南，适宜种植橡胶的土地面积约 100 万公顷。泰国位于北纬 5° 30′ 至 21° 之间，自南到北均适宜种植橡胶。越南位于北纬 8° 10′ 至 23° 24′ 之间，中部和南部适宜种植橡胶。中国热区地处热带北缘，属于非传统植胶区，适宜种植区域主要集中在云南省、海南省和广东省。

### 二、种植面积

2016 年，澜湄国家橡胶种植面积 711.22 万公顷，达到历史高点。受国际市场天然橡胶价格长期低迷的影响，澜湄国家的植胶积极性受到一定影响，种植面积整体缩减。2020 年，已缩减至 696.72 万公顷，相比 2016 年减少 14.50 万公顷。其中泰国减少 15 万公顷，越南减少 4.11 万公顷，但老挝和缅甸的种植面积所有增加。

## 三、生产形势

2020 年，澜湄国家天然橡胶产量比 2015 年增加 14.59%，年平均增长 2.76%。柬埔寨、老挝、缅甸和越南四国的天然橡胶产量均逐年增加，2015—2020 年，柬埔寨产量增幅最大、增长 175.47%，其次老挝 132.23%，缅甸 26.08%，越南 21.07%，泰国 8.71%。中国的产量稳中略增，增长 1.25%（如图 2.1.3）。

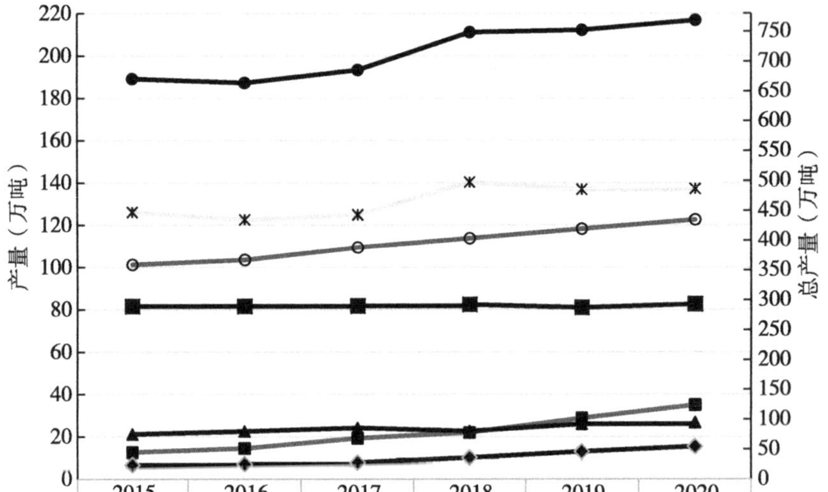


| | 2015 | 2016 | 2017 | 2018 | 2019 | 2020 |
|---|---|---|---|---|---|---|
| 中国 | 81.61 | 81.59 | 81.74 | 82.41 | 80.99 | 82.63 |
| 柬埔寨 | 12.68 | 14.52 | 19.33 | 22.01 | 28.76 | 34.93 |
| 老挝 | 6.64 | 7.06 | 7.83 | 10.15 | 13.00 | 15.42 |
| 缅甸 | 21.20 | 22.52 | 24.18 | 22.65 | 25.97 | 26.73 |
| 越南 | 101.27 | 103.53 | 109.45 | 113.77 | 118.25 | 122.61 |
| 泰国 | 447.30 | 434.70 | 442.90 | 497.40 | 485.14 | 486.25 |
| 合计(右轴) | 670.70 | 663.92 | 685.43 | 748.39 | 752.11 | 768.57 |

**图 2.1.3　2015—2020 年澜湄国家天然橡胶产量**

数据来源：中国国家统计局，天然橡胶生产国协会

澜湄国家天然橡胶产量增长的主要原因是 2002—2012 年国际市场天然橡

胶价格快速上涨带动的橡胶种植面积快速增加，经过 6—8 年的生长期，橡胶树陆续进入开割期，投产面积快速增加，产量呈现增长趋势。2020 年，澜湄国家（不含老挝）橡胶开割面积较 2015 年增加了 74.91 万公顷，增长幅度为 16.08%，年平均增长 3.03%。其中柬埔寨增加了 18.13 万公顷，缅甸 6.88 万公顷，泰国 34.46 万公顷，越南 12.24 万公顷。柬埔寨增幅高达 163.04%，缅甸为 24.48%，越南为 20.60%，泰国为 11.69%。中国橡胶开割面积也有所增加，幅度为 4.18%（如图 2.1.4）。

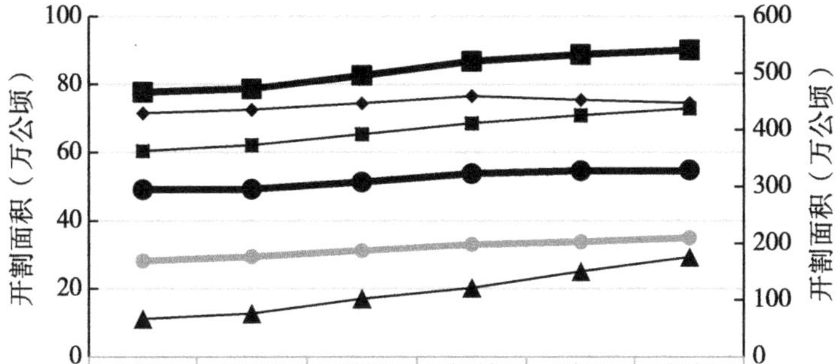


| | 2015 | 2016 | 2017 | 2018 | 2019 | 2020 |
|---|---|---|---|---|---|---|
| 柬埔寨 | 11.12 | 12.70 | 17.02 | 20.19 | 25.03 | 29.25 |
| 中国 | 71.51 | 72.53 | 74.40 | 76.50 | 75.38 | 74.50 |
| 缅甸 | 28.10 | 29.31 | 31.14 | 32.98 | 33.82 | 34.98 |
| 越南 | 60.43 | 62.14 | 65.32 | 68.55 | 70.87 | 72.88 |
| 泰国（右轴） | 294.80 | 295.50 | 307.90 | 322.70 | 327.70 | 329.26 |
| 合计（右轴） | 465.96 | 472.18 | 495.78 | 520.92 | 532.82 | 540.87 |

**图 2.1.4　2015—2020 年澜湄国家天然橡胶开割面积**

数据来源：天然橡胶生产国协会

2015 年，柬埔寨、中国、缅甸、泰国和越南胶园的平均单位产量达 1425 千克 / 公顷，2020 年下降至 1392 千克 / 公顷。2015—2020 年，越南单位面积产量较高，年均单产在 1660 千克 / 公顷以上，泰国保持在 1400 千克 / 公顷以上，柬埔寨单产在 1100 千克 / 公顷左右。中国单产波动下降，2019 年为 1055 千克 / 公顷，2020 年略有增加，为 1109 千克 / 公顷。缅甸单产在 800 千克 / 公顷上下徘徊，2020 年单产为 785 千克 / 公顷（如图 2.1.5）。

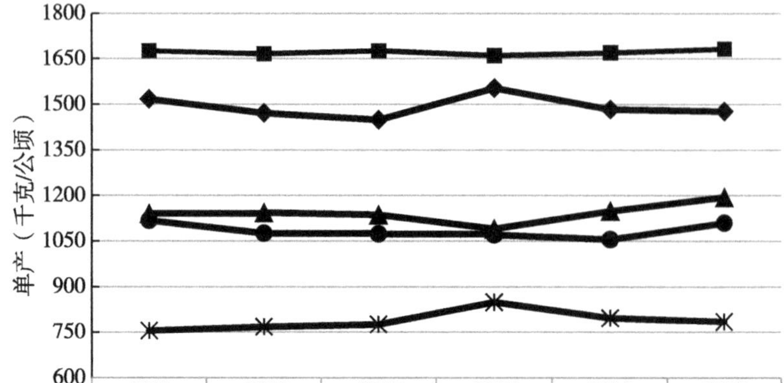


| | 2015 | 2016 | 2017 | 2018 | 2019 | 2020 |
|---|---|---|---|---|---|---|
| 中国 | 1117 | 1075 | 1073 | 1070 | 1055 | 1109 |
| 柬埔寨 | 1140 | 1143 | 1136 | 1090 | 1148 | 1194 |
| 缅甸 | 755 | 768 | 776 | 849 | 797 | 785 |
| 泰国 | 1517 | 1471 | 1449 | 1553 | 1483 | 1477 |
| 越南 | 1676 | 1666 | 1676 | 1660 | 1669 | 1682 |

**图 2.1.5　2015—2020 年澜湄国家天然橡胶单产**

数据来源：天然橡胶生产国协会

## 第三节　产业政策法规

鉴于天然橡胶产业的重要地位，澜湄国家在土地、税收、补贴等方面出台相应的扶持政策，引导支持产业发展，营造了良好的产业发展环境。

### 一、柬埔寨

柬埔寨政府鼓励和支持农业投资，将农业列为优先发展领域，持续改善农业生产及其投资环境，充分挖掘潜力，发挥优势，开拓市场。2021 年 10 月生效的柬埔寨《新投资法》共有 12 章 42 条，旨在吸引投资商和提升柬埔寨的投资环境。其中规定，对开发种植 1000 公顷以上的稻谷、500 公顷以上的经济作物、50 公顷以上的蔬菜项目，畜牧业存栏 1000 头以上、饲养 100 头以上的乳牛项目，饲养 10000 只以上的家禽项目，占地 5 公顷以上的淡水养殖，占地 10 公顷以上的海水养殖项目，均给予支持和优惠待遇。

柬埔寨政府重视天然橡胶产业发展，把天然橡胶产业作为继稻米产业后的第二大农业产业，并确定为振兴国家经济、创造外汇收入、减轻边远乡村贫困和保护生态环境的战略性产业。柬埔寨《国家战略发展规划（2014—2018）》《国家战略发展规划（2019—2023）》《农业发展战略规划》中，天然橡胶产业分别排在规划的第三位和第二位。2021 年，柬埔寨政府制定《2021—2030 年农业发展政策》，提出到 2030 年橡胶种植面积达到 33.10 万公顷，天然橡胶产量 46.30 万吨，出口额达 9.61 亿美元。

## 二、中国

中国遵守世界贸易组织（WTO）规则，积极采用“绿箱”政策推动天然橡胶产业发展。为加快推广天然橡胶优良品种，逐步提高植胶区良种覆盖率，提升橡胶单产水平和天然橡胶生产能力，支持云南、海南和广东三省发展天然橡胶良种苗木生产，提高新植和更新胶园的良种覆盖率。同时，规范种苗市场，培育一批优质种苗基地，提高橡胶种植户的良种意识和技术水平。

中国启动天然橡胶生产保护区建设，并大力开展高标准天然橡胶生产基地建设。2015 年 11 月《中共中央、国务院关于进一步推进农垦改革发展的意见》指出：“广东、广西、海南、云南垦区建设成为国家天然橡胶和糖料基地。”2017 年中央一号文件《中共中央、国务院关于深入推进农业供给侧结构性改革　加快培育农业农村发展新动能的若干意见》明确提出，要以主体功能区规划和优势农产品布局规划为依托，科学合理划定包含天然橡胶在内的重要农产品生产保护区。“功能区和保护区内地块全部建档立册、上图入库，实现信息化精准化管理”，“完善激励机制和支持政策，层层落实建设管护主体责任”。2021 年出台《十四五天然橡胶生产能力建设规划》，旨在促进提升全国天然橡胶产业生产基础建设。

## 三、老挝

老挝鼓励天然橡胶产业投资。2016 年，老挝推行新版《投资促进法》，旨在为投资者扩大特许权范围，最大限度提高在老挝的投资效益。《投资促进法》规定，农业（主要是生态种植、生态养殖、栽培新的植物或动物品种、农产品加工业）为政府鼓励行业。偏远地区的投资将受到最大鼓励，并对鼓励行业实行税收优惠政策。按所处区域和投资行业鼓励等级给予不同年限的利润税减免，其中位于第一区的投资给予 4 年、6 年、10 年减免，第二区的投资给予 2 年、4 年、8 年减免，第三区的给予 1 年、2 年、6 年减免。对于种树行业来说，利润税免收期是从企业开始获利之日算起。除此之外，还可享受其他税收优惠政策。

老挝积极培育天然橡胶产业新型经营主体。老挝政府拟通过扶持培育老挝国内橡胶龙头企业，打造具有国际竞争力的橡胶企业，带动老挝橡胶产业的持续健康发展，增加农民的经济收入，实现脱贫致富，促进农村经济社会发展。

## 四、缅甸

缅甸重视天然橡胶产业发展。1995 年缅甸制订橡胶扩张计划，在市场价格持续上涨的推动下，天然橡胶成为优先发展产业，小农户种植发展积极性提高，取得明显效果。缅甸欢迎国外投资者通过租赁土地种植天然橡胶，兴办综合农场，在边远少数民族地区实施橡胶等作物“罂粟替代工程”。2000 年开始，天然橡胶产量逐年增加，2011 年达 15 万吨，出口额达 3 亿美元，其中 90% 以上的胶园由私营部门所有。缅甸《国家出口战略（2015—2019）》《国家出口战略（2020—2025）》也持续推动天然橡胶产业发展。

缅甸持续优化土地政策。根据《缅甸联邦宪法》第 37 条规定，联邦为所有土地以及地上和地下自然资源、水上和水下资源最终所有者。2012 年颁布的《农用地法》规范了农用土地管理，《闲置地、荒地和未开垦地管理法》批准政府可以授权国有经济组织、合资企业或其他组织和私人基于商业目的耕种或利用土地，如工业作物种植。缅甸法律对土地的所有权作出规定，但使用权、承包经营权等管理制度体系不完善，土地权属不够稳定。天然橡胶生产周期长，政策的不确定性给胶园经营管理带来不利影响。

## 五、泰国

泰国对天然橡胶更新种植给予援助补贴。泰国政府颁布了《橡胶更新条例》，成立了泰国橡胶更新援助基金办公室（ORRAF），以补贴方式为胶园更新的胶农提供良种良苗和技术培训等服务，旨在扩大和优化泰国橡胶种植布局，保障胶园生产潜力和小农生计。对更新或扩种的胶园按 1364.18 美元 / 公顷予以补贴，并于橡胶树开割前 7 年分 5 次支付。资金主要来自于财政预算拨款、橡胶出口征税以及国际机构的资助和贷款等多方筹资，其中橡胶出口税的 90% 均用于更新补贴。

泰国对天然橡胶产业给予临时性生产补贴。泰国政府先后启动生产资料补贴、割胶补贴、胶园补贴等多种方式，缓解价格波动给小农户带来的损失，保障国内天然橡胶的稳定供应。2013 年 10 月实施肥料补贴，按 470.93 美元 / 公顷，每户不超过 4 公顷的标准补贴给胶农。胶园补贴于 2015 年 11 月通过泰国政府批准，按照 280.31 美元 / 公顷，每户最多申请 2.4 公顷，对拥有胶园的小农户进行直接补贴。割胶补贴实施期为 2018 年 12 月至 2019 年 9 月，对割胶的农户给予 336.38 美元 / 公顷的补贴，对雇工割胶的胶园，胶园主和雇工分别可获得 205.56 美元 / 公顷和 130.81 美元 / 公顷的补助，但每人申领的补助面积不超过 2.4 公顷。

泰国建立天然橡胶收储政策。2021 年 4 月，泰国拍卖了 10 万吨国储天然橡胶库存。针对胶农的收入保障计划于 2019 年 10 月开启，针对 2019 年 8 月 12 日前在橡胶管理局备案且树龄在 7 年以上的胶农，按优质胶片 1.79 美元 / 千克、胶乳 1.70 美元 / 千克、杯胶块 0.69 美元 / 千克的价格给予保价补贴，但每户最高可申报保价面积为 4 公顷，每年 1500 千克 / 公顷。目前该计划已实施了两个阶段，分别是 2019 年 10 月至 2020 年 3 月和 2020 年 9 月至 2021 年 9 月，累计惠及农户 300 多万人次。

泰国出台橡胶生产贷款计划。2015 年泰国针对胶农及农民机构推出优惠贷款政策，给予农民机构购买橡胶资金周转贷款 2.99 亿美元预算，给予改善胶园长期贷款 2.99 亿美元预算，每户农民贷款额度不超过 2.99 万美元。2016 年泰国内阁推行新的信贷计划，旨在促进橡胶行业发展和提高机械化程度，由泰国储蓄银行、泰京银行、曼谷银行等 8 家银行受理，面向从事手套、弹性体、轮胎、工业设备等的橡胶生产企业，共发放 0.45 亿美元优惠贷款。

## 六、越南

越南通过制定发展规划引领产业发展。1975—2017 年，越南政府出台了 15 个有关橡胶方面的政策决议，明确了不同时期产业发展目标和规划。2009 年越南国务院 750 号文件决定批准《2015 年橡胶发展规划和 2020 年愿景》，提出通过利用低效农业用地、未利用土地和贫瘠自然林，将越南橡胶面积发展到 80 万公顷、产量达到 120 万吨。

越南通过民间组织服务产业发展。2004 年，越南成立橡胶协会（VRA）。越南橡胶协会是非营利性法人组织，代表越南橡胶行业与各政府部门谈判，提出产业发展战略及各种政策建议，以保护橡胶行业利益。2006 年 12 月，越南橡胶协会成立橡胶出口保险基金会。这项基金主要来源于各会员出口收入，用于帮助会员解决开拓国际市场和出口贸易中遇到的各种困难，减少出口风险，也为橡胶生产商从橡胶树种植到天然胶出口期间的贷款利息提供支持。

越南制定有吸引力的税收政策。2015 年，越南调整种植和加工企业的企业所得税率，对处于非困难经济条件地区的天然橡胶企业，企业所得税率由原来的 22% 降至 15%，对处于困难经济条件地区的企业，由 22% 降至

12%。2013 年 12 月 26 日起，越南将天然橡胶出口关税下调至 1%。为解决橡胶行业困难、提高价格竞争力、鼓励企业多样化出口，2014 年 10 月 2 日起初加工天然橡胶产品出口税率降为零。

澜湄国家天然橡胶产业国际竞争力强，产业优势和特点明显，应实施区域差异化生产与合作策略。中国、泰国、越南三国天然橡胶产业政策、管理和技术水平明显较高，缅甸、柬埔寨和老挝三国具有较强的发展潜力。应在已有天然橡胶产品生产规模基础上，差异化、针对性地投入到特种或高端天然橡胶产品研发与生产中，增强天然橡胶产业风险防控能力。

# 第二章　柬埔寨天然橡胶产业发展概况

柬埔寨位于中南半岛西南部，湄公河自北向南横贯全境，是柬埔寨最主要的水道。柬埔寨全境处于热带地区，具有发展天然橡胶的先天优势，天然橡胶已成为柬埔寨最大的农产品加工产品和出口创汇的主要来源。近年来，柬埔寨积极开展天然橡胶产业国际合作，规模不断扩大、产业生产水平不断提升。柬埔寨在橡胶加工、技术领域有较强合作意愿，是澜湄国家天然橡胶产业投资和合作的重要方向。

## 第一节　种植与生产

### 一、发展历程

1921 年，柬埔寨开始大规模种植橡胶。1959 年，柬埔寨政府成立专门的管理机构柬埔寨橡胶研究所（CRRI），受柬埔寨农林渔业部下属橡胶管理总局（GDR）管辖，总部位于金边市，基地位于特本克蒙省。2001 年，柬埔寨橡胶研究所加入国际橡胶研究与发展委员会（IRRDB）。2008 年，柬埔寨橡胶研究所国家橡胶标准实验室（NSL）成立，并被国际橡胶协会（IRA）确认为标准胶质量标准区域参考实验室。2017 年，柬埔寨橡胶研究所成为橡胶伙伴关系研究平台（HRPP）成员。柬埔寨橡胶研究所主要负责组织开展柬埔寨橡胶研究，参与发展促进橡胶提质节本增效的技术体系；支持橡胶发展计划实施，推动产业发展；开展增殖苗圃和种苗圃认证，为小农和橡胶行业提供高质量种植材料；提供质量评价分析检测服务，研究制定与推广质量标准等。

天然橡胶产业已成为柬埔寨农业经济的重要增长点。柬埔寨政府把支持橡胶产业列为国家四角战略的第二阶段发展重点，并提出橡胶产业发展的六大目标：一是保障橡胶种植的质量和数量；二是研究改良红土地，增加橡胶种植面积；三是鼓励家庭种植橡胶；四是加强橡胶加工业；五是保持橡胶市场价格稳定；六是提高橡胶有关部门工作能力。柬埔寨政府规划显示，2023年天然橡胶种植面积预计将增加至43.90万公顷，产量提高至41.70万吨，平均产量提高至1175千克/公顷。

柬埔寨政府鼓励扩种橡胶。通过提供贷款推动家庭种植橡胶树，成立橡胶种植户合作社，无偿培训种植和管理技术。把经济用地特许权制度作为一项长期稳定政策，对境外及国内企业提供经济用地特许权，允许其对农地进行投资发展农业，为大规模开发种植橡胶创造条件。随着越南、泰国、中国等国企业在柬埔寨投资建设，柬埔寨橡胶业发展快速。

2020年底，柬埔寨已成为全球第八大产胶国。橡胶种植面积达40.42万公顷，开割胶园29.25万公顷，占全国天然橡胶总种植面积的72.37%，总产量34.93万吨（如图2.2.1、图2.2.2）。当前，21世纪初柬埔寨新种的一大批橡胶树将陆续达到开割标准，预计未来天然橡胶产量仍存在较大增长空间。

柬埔寨主要橡胶树栽培品种与生态区域的适应性不断提高。柬埔寨橡胶树的主要种植品种为PB260、PB350、GT1、RRIM600、RRIV4、RRIV124和IRCA130等。RRIV4因树冠过重、苗期易倒伏，现已停止推广。RRIM600和GT1两个老品种仍在袭用。PB260、PB350、RRIV124和IRCA130等高产抗旱品种，因在柬埔寨6个月的旱季中表现良好而大量推广。

柬埔寨胶园所有权结构不断优化。柬埔寨天然橡胶生产主体可按所有制属性划分为三大类：前国有农场、特许经营企业和家庭农户，后两者的种植面积总体上增加较快。以2019年为例，三者面积占比分别为21%、48%和31%。

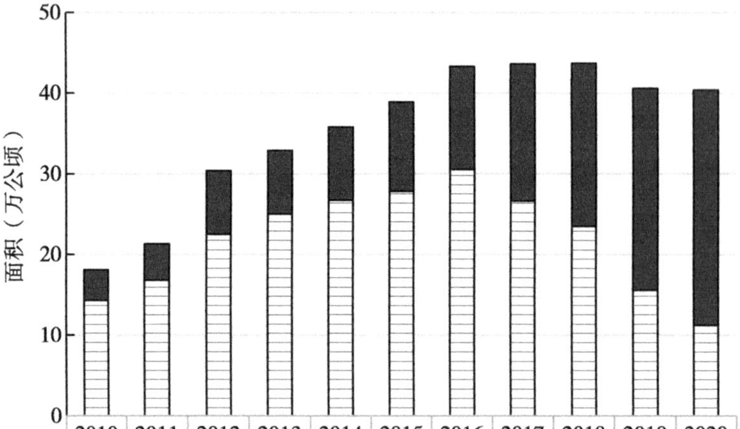


| | 2010 | 2011 | 2012 | 2013 | 2014 | 2015 | 2016 | 2017 | 2018 | 2019 | 2020 |
|---|---|---|---|---|---|---|---|---|---|---|---|
| ■开割面积 | 3.8 | 4.5 | 7.9 | 7.9 | 9.1 | 11.1 | 12.8 | 17.0 | 20.2 | 25.0 | 29.2 |
| □未开割面积 | 14.3 | 16.8 | 22.5 | 25.0 | 26.7 | 27.8 | 30.5 | 26.6 | 23.5 | 15.6 | 11.2 |

**图 2.2.1　2010—2020 年柬埔寨橡胶树开割面积**

数据来源：天然橡胶生产国协会

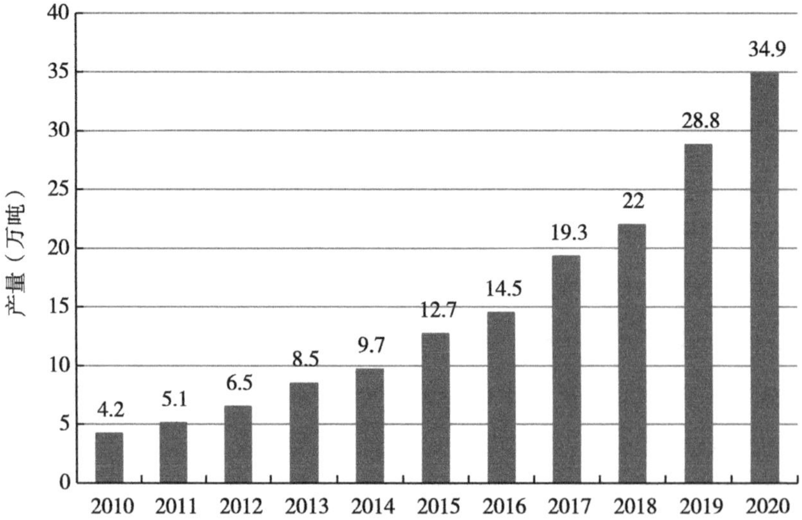


**图 2.2.2　2010—2020 年柬埔寨天然橡胶产量**

数据来源：天然橡胶生产国协会

## 二、区域分布

从区域分布来看，柬埔寨橡胶种植区域主要分布在中部的磅湛省、桔井省和东北部的腊塔纳基里省、特本克蒙省。近年来，柬埔寨橡胶种植业在东部和北部省份发展较快。2018 年，传统植胶省份特本克蒙省橡胶种植面积 8.12 万公顷、桔井省 7.69 万公顷、腊塔纳基里省 6.72 万公顷、磅湛省 3.01 万公顷，合计占全国橡胶种植总面积的 58.5%。在非传统植胶省份中，处于柬埔寨东部和北部的磅同省、蒙多基里省、上丁省、柏威夏省和奥多棉吉省等省份，植胶面积占全国橡胶种植总面积的 35%（如图 2.2.3）。

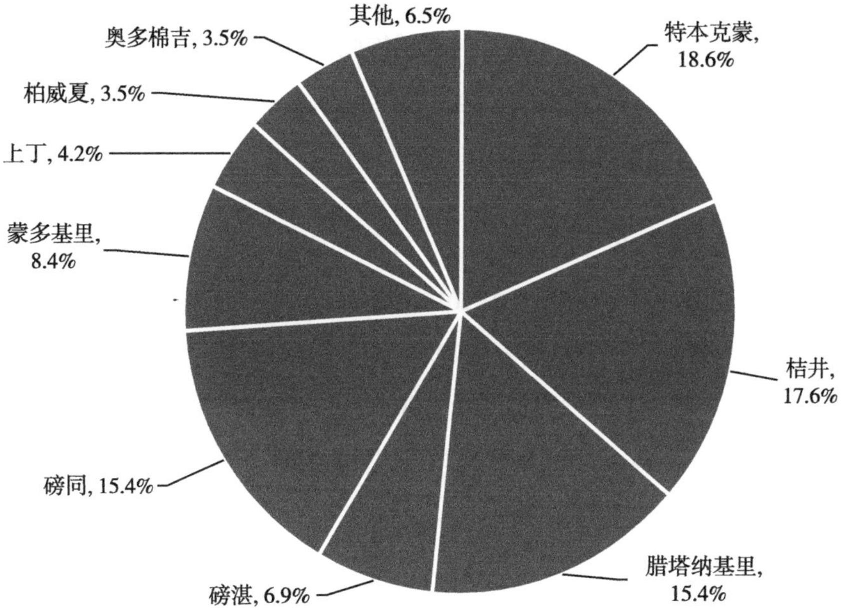


**图 2.2.3　2018 年柬埔寨各省橡胶种植面积分布**

数据来源：天然橡胶生产国协会

## 三、初加工业

柬埔寨橡胶加工业发展仍有待提高。由于缺乏下游工业部门，橡胶加工产品均以原料形式出口。据柬埔寨农林渔业部统计，截至2019年底，柬埔寨11个省（磅湛、特本克蒙、磅同、蒙多基里、桔井、上丁、腊塔纳基里、奥多棉吉、柏威夏、西哈努克和拜林）共有155家橡胶加工厂，比2018年增加了8家。其中包括颗粒胶工厂46家、乳胶浓缩工厂1家、橡胶板厂92家和橡胶木材厂11家。柬埔寨政府高度重视橡胶下游产业链的发展，通过推出2015—2025年产业发展政策促进下游产业发展。

## 第二节　贸易情况

柬埔寨国内橡胶工业体系尚不完善，生产的天然橡胶几乎全部出口，近年来出口量不断增长，是全球重要的天然橡胶出口国之一。

### 一、出口市场变化趋势

柬埔寨橡胶出口以一般贸易为主、补偿贸易为辅。自2010年以来，柬埔寨天然橡胶出口量不断增加，由2010年的4.20万吨提高至2020年的33.83万吨，增加7倍，年平均增长率为29.50%。2020年柬埔寨天然橡胶出口总额达4.79亿美元，平均每吨橡胶价格近1400美元，与2019年平均出口价格（1336美元/吨）相比，上涨4.79%，但橡胶出口均价仍然处于较低水平（如图2.2.4）。

### 二、出口市场

据2019年柬埔寨海关总署统计，柬埔寨天然橡胶主要出口至越南、马来西亚、中国和新加坡等国。其中，68.43%的天然橡胶出口至越南，其次是马来西亚10.17%，中国8.63%，新加坡4.71%，欧盟3.51%，韩国3.20%，其他国家合计1.35%（如图2.2.5）。越南是柬埔寨天然橡胶出口首选目的地，主要是由于大量柬埔寨橡胶种植园位于与越南接壤的边境地区，且越南加工业相对发达，多进口柬埔寨原料进行加工出口贸易。

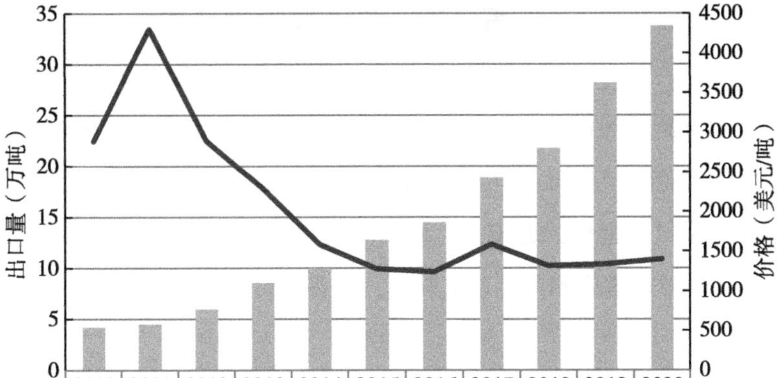


| | 2010 | 2011 | 2012 | 2013 | 2014 | 2015 | 2016 | 2017 | 2018 | 2019 | 2020 |
|---|---|---|---|---|---|---|---|---|---|---|---|
| 出口量 | 4.2 | 4.5 | 6.0 | 8.6 | 10.0 | 12.8 | 14.5 | 18.9 | 21.8 | 28.2 | 33.8 |
| 年出口均价 | 2889 | 4301 | 2893 | 2291 | 1585 | 1278 | 1240 | 1586 | 1315 | 1336 | 1400 |

**图 2.2.4　2010—2020 年柬埔寨天然橡胶出口量与年平均出口价格**

数据来源：天然橡胶生产国协会，柬埔寨农林渔业部

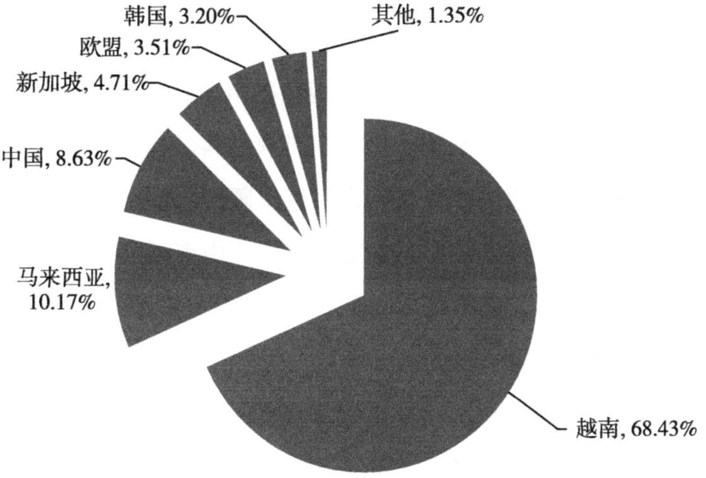


**图 2.2.5　2019 年柬埔寨天然橡胶出口目的国分布**

数据来源：柬埔寨海关总署

为保护本国天然橡胶产业，柬埔寨通过立法禁止生胶、胶乳和未经加工的橡胶原木出口。2013 年开始，按梯度税率征收天然橡胶出口关税。柬埔寨积极推广橡胶质量评价分级系统，积极促进柬埔寨天然橡胶与国际标准接轨。

## 第三节　产业与技术合作

柬埔寨天然橡胶产业国际交流合作较多，从早期橡胶树品种引进、种植园建设到胶乳产品加工和出口创汇均与越南、中国等澜湄国家开展长期合作，合作关系日益密切。近年来，柬埔寨天然橡胶产业发展方式实现转变，从面积扩张向单产提升和产品增值转变，取得了良好的发展成效。

### 一、科技合作

#### （一）天然橡胶良种良苗繁育配套技术

柬埔寨天然橡胶优良品种覆盖率较低，缺少国家认证的种苗供应体系，种苗多从泰国、越南等国引进品种种植。种植企业或农户根据经验繁育，苗木品质不一。中国热带农业科学院橡胶研究所将橡胶树体胚苗规模化繁育技术在柬埔寨植胶区推广种植，可以较常规芽接苗产量提高 20%—30%，可提前 0.5—1 年割胶，经济效益显著。中国热带农业科学院橡胶研究所研发的橡胶树小筒苗育苗技术，比传统育苗技术培育出圃的苗重平均降低 90%，出圃标准化程度高，定植效率是袋装苗的 2 倍以上。中柬两国在橡胶树良种良苗繁育配套技术方面，具有优势互补和合作共利的良好前景。

#### （二）天然橡胶栽培割胶技术

柬埔寨天然橡胶栽培技术标准化程度有待提升，胶园管理措施和割胶技术发展前景广阔。由于柬埔寨橡胶树死皮率达到 15% 以上，导致单位面积产量低，企业和农户割胶收入减少。针对这些问题，中国热带农业科学院橡胶研究所研发的增产素、橡胶树专用肥料、死皮康、电动胶刀等技术和机械化装备，对柬埔寨高产栽培、死皮防控、高效割胶等生产具有显著提升效果。中柬橡胶生产技术合作示范推广可提高柬埔寨胶园产量和经济效益，具有较大的发展潜力。

### （三）天然橡胶初加工技术

柬埔寨天然橡胶加工厂技术落后，产品附加值低，出口产品价格低。中国热带农业科学院橡胶研究所创新天然橡胶初加工技术，开发了全乳胶质量一致性调控技术，生胶塑性初值、塑性保持率，硫化胶拉伸强度、扯断伸长率、疲劳温升、屈挠疲劳寿命等性能指标均得到大幅度提升。中柬加工技术合作有利于提高柬埔寨橡胶加工效率和胶片质量稳定性，促进产业结构优化调整，提升加工企业经济效益。

## 二、合作成果

### （一）橡胶栽培与加工技术示范

柬埔寨通过进行澜湄专项国际合作，提升了当地天然橡胶生产水平。2018—2020年，中国热带农业科学院橡胶研究所与柬埔寨橡胶研究所、广东农垦“柬埔寨”农业科技有限公司在柬埔寨合作建设橡胶育苗、栽培与加工等示范基地，推广适合柬埔寨的橡胶树育苗技术、割胶与死皮防控技术和高产高效综合栽培技术，累计建成示范基地面积29.75公顷，培育新型种苗4万株，推广种植面积达1000公顷（如图2.2.6）。与柬埔寨当地常规袋装苗相比，新型苗木质量优异，具有根系长度统一、苗木重量轻（每株约0.5千克）、出圃根系可视化等特点。

在天然橡胶初加工领域，中国热带农业科学院橡胶研究所对柬埔寨橡胶研究所的高性能胶片（烟胶片）加工生产线改造提供技术指导，并制造了五合一压片机、凝固槽和铝合金板等耗材，帮其解决烟片胶加工过程中的断片和掉片问题，完成五合一压片机及凝固槽的改造，加工效率明显提高，胶片质量均匀稳定。

### （二）天然橡胶技术合作方式

为提升柬埔寨天然橡胶产业技术水平，中国有关方面积极促进天然橡胶生产技术在柬埔寨的熟化推广。中国和柬埔寨天然橡胶科技合作主要采取科

**图 2.2.6 柬埔寨特本克蒙省橡胶育苗示范基地**

研单位与企业联合方式。中国热带农业科学院橡胶研究所与柬埔寨橡胶管理总局、柬埔寨橡胶研究所等管理和科研单位开展技术交流与合作。2018 年，中国热带农业科学院橡胶研究所与柬埔寨橡胶研究所就中国橡胶树育苗技术及质量控制技术在柬埔寨的示范推广，签署了《柬埔寨橡胶苗圃试验示范基地建设合作协议》。2019 年，中国热带农业科学院橡胶研究所与柬埔寨橡胶研究所签订《“一带一路项目”合作协议》《橡胶品种交换协议》。双方认为在种质资源圃、联合实验室、割胶与死皮防控示范基地建设等方面均取得良好进展，在胶乳加工和橡胶机械化方面还需加强合作，并在加工技术与装备、生产管理设备领域达成合作意向。

2020 年，中国热带农业科学院橡胶研究所与柬埔寨橡胶研究所进一步签订《“一带一路项目”合作协议》《“澜沧江—湄公河”合作协议》，在矮化授粉园及品种收集圃建设与维护管理、天然橡胶中柬联合实验室与橡胶树高产高效综合栽培技术示范基地建设、加工生产线改造等方面持续开展交流与合作。

中国与在柬埔寨的“走出去”企业开展合作。广东农垦“柬埔寨”农业科技有限公司是广东省农垦集团公司下属企业，位于柬埔寨桔井省，总投资逾7亿元，占地面积1万公顷，已建设基地近8000公顷，年苗木出圃规模100万株，聘用当地胶工550余人，带动就业5000余人（如图2.2.7）。企业为当地员工提供住房、设立医务室，并开办“胶林学校”，免费提供教学。2018年，公司与中国热带农业科学院橡胶研究所签署了《柬埔寨橡胶苗圃试验示范基地建设合作协议》，开展示范基地建设和技术培训工作。

中国与柬埔寨当地大型天然橡胶生产企业开展合作。柬埔寨索菲克尼卡投资集团有限公司（丘普胶园）位于金边市，在磅湛和磅同省拥有2个胶园，共3万公顷，主要生产CSR5号、CSR10号和CSR20号标准胶，并出口越南、马来西亚和新加坡等国家。2018—2019年，中国热带农业科学院橡胶研究所

**图2.2.7　柬埔寨桔井省广东农垦“柬埔寨”农业科技有限公司苗木基地**

选派橡胶树割胶、加工和智能装备方面的专家，多次在丘普胶园进行现场技术培训和技术指导。电动胶刀技术具有省工、轻便的特点，得到生产企业认可。

（三）天然橡胶科技人才培训

中国对柬埔寨管理、科技人员和胶工开展培训工作。柬埔寨技术培训机构和熟练割胶工人较少。中国热带农业科学院橡胶研究所针对合作内容和柬埔寨需求，多次遴选理论基础扎实、实践经验丰富的科技专家“走出去”提供技术服务，获得了培训班学员的好评。此外，针对新冠肺炎疫情影响，中国通过技术手册、视频等形式进行技术指导，累计培训柬埔寨科技人员和工人 600 人次以上。

中国在柬埔寨的橡胶栽培与加工等技术示范得到了柬埔寨农林渔业部等农业部门的高度认可。同时，中国将这些技术辐射至柬埔寨周边国家，取得了良好的示范效应，带动了缅甸、老挝等湄公河五国合作项目落地。

## 三、天然橡胶合作需求

柬埔寨积极探索发展橡胶产业科技，完善技术推广模式。柬埔寨橡胶管理总局和柬埔寨橡胶研究所分别在橡胶树专用肥料、林下经济、加工和割胶等多个技术领域提出合作需求。计划与中国联合开展天然橡胶全产业链合作，包括建立专家工作站，引进试验和示范推广新品种新技术，创建优质种苗繁育生产基地、割胶技术示范基地、加工技术示范基地和林下经济示范基地等。通过联合推进橡胶高新技术成果转化开发、加强橡胶领域科技人才培训合作，推动中柬两国橡胶产业经济发展。

天然橡胶是柬埔寨重要的出口创汇来源，作为新兴天然橡胶国家，柬埔寨橡胶发展潜力巨大，在橡胶初加工领域和生产技术领域有较强合作愿望，是澜湄国家天然橡胶产业投资和合作的首选方向。

# 第三章　中国天然橡胶产业发展概况

2020 年，中国天然橡胶种植面积和产量分别位居全球第三位和第五位，同时中国也是全球最大的天然橡胶消费和进口市场，在全球天然橡胶技术研发、生产设备、贸易物流、橡胶工业制造等方面处于较高水平，橡胶产业链、要素链、创新链相对健全。近年来，随着共建“一带一路”倡议实施，中国与湄公河五国在天然橡胶投资生产、进出口贸易、技术交流等领域合作取得实质性进展。在全球天然橡胶市场形势低迷的情况下，中国充分利用澜湄国家合作平台，深入开展国际交流合作，推进澜湄国家产业互利共赢，引领促进全球天然橡胶产业高质量发展。

## 第一节　种植与生产

### 一、生产区域分布

中国于 20 世纪初期引进橡胶树种植，1951 年开始大规模发展橡胶栽培。经过科研人员和广大胶农的共同努力，打破了“橡胶树只能种植在南纬 10°到北纬 15°之间”的论断，在北纬 17°以北大面积成功种植，创造了世界奇迹。

1978—2014 年，中国橡胶种植面积快速扩张。自 2014 年以来，受天然橡胶价格持续低迷、产业比较效益低的影响，增长速度放缓。2017 年，种植面积开始逐年减少。2020 年，中国橡胶种植面积 114.74 万公顷，其中云南省 57.50 万公顷、海南省 54.70 万公顷、广东省 4.50 万公顷（如图 2.3.1）。广西壮族自治区和福建省有零星种植。

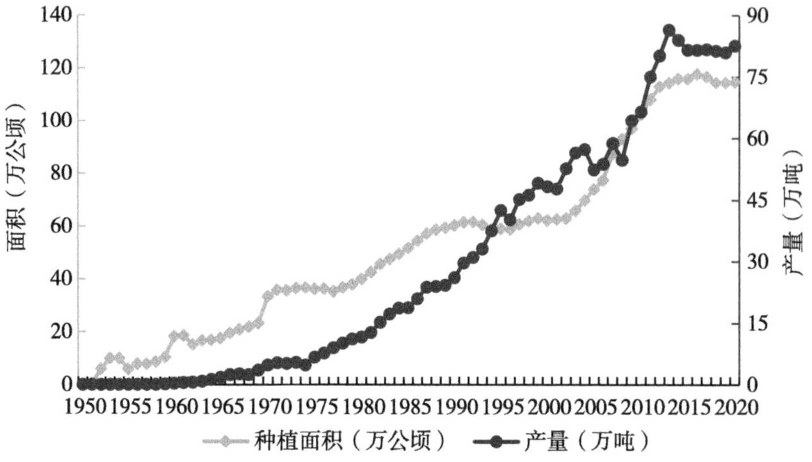


**图 2.3.1　1950—2020 年中国天然橡胶种植面积与产量**

数据来源：中国农业农村部

2000 年以来，云南省橡胶种植面积快速增长，海南省增长相对缓慢，广东省相对稳定。云南省橡胶种植主要分布在西双版纳州、普洱市等西南地区，海南省主要在儋州、白沙、琼中等中西部市县，广东省主要是茂名等粤西市县。2010 年云南和海南两省橡胶种植面积几乎相同，2013 年后海南省植胶面积保持相对稳定，云南省仍小幅增长。2017 年以来，云南省和海南省橡胶种植面积均有所下降（如图 2.3.2）。

中国天然橡胶单产低于越南、泰国和柬埔寨等三个澜湄国家。中国产胶区地处热带北缘，光热条件不足，冬春季常有低温、干旱危害，夏秋常遇台风和暴雨，橡胶树割胶时间比国外典型热带地区少 2—4 个月，单产相对较低。2014 年以前，中国天然橡胶产量一直呈波动上升趋势，个别年份受台风等重大灾害影响，产量有所下降，但总体呈增长趋势。2014 年产量出现明显下降，2015 年产量继续下降，2016—2018 年基本稳定，2019 年又开始略有下降。2020 年中国天然橡胶产量 82.63 万吨，云南省、海南省和广东省的天然橡胶产量分别为 47.21 万吨、33.78 万吨和 1.64 万吨，比重分别为 57.13%、

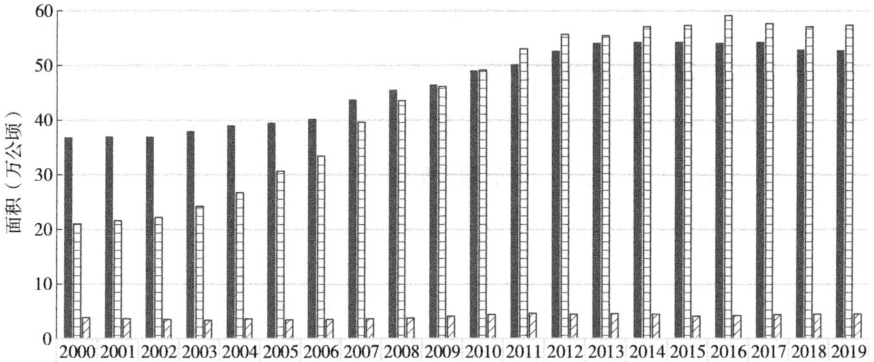


| | 2000 | 2001 | 2002 | 2003 | 2004 | 2005 | 2006 | 2007 | 2008 | 2009 | 2010 | 2011 | 2012 | 2013 | 2014 | 2015 | 2016 | 2017 | 2018 | 2019 |
|---|---|---|---|---|---|---|---|---|---|---|---|---|---|---|---|---|---|---|---|---|
| ■海南 | 36.7 | 36.9 | 36.8 | 37.9 | 39.0 | 39.5 | 40.2 | 43.7 | 45.4 | 46.4 | 49.0 | 50.1 | 52.5 | 54.0 | 54.2 | 54.2 | 54.0 | 54.2 | 52.8 | 52.7 |
| □云南 | 21.0 | 21.6 | 22.1 | 24.2 | 26.7 | 30.6 | 33.4 | 39.6 | 43.5 | 46.1 | 49.1 | 53.0 | 55.6 | 55.4 | 57.1 | 57.3 | 59.1 | 57.7 | 57.1 | 57.4 |
| ▨广东 | 3.87 | 3.67 | 3.52 | 3.38 | 3.64 | 3.46 | 3.54 | 3.66 | 3.77 | 4.13 | 4.40 | 4.61 | 4.48 | 4.59 | 4.53 | 4.19 | 4.26 | 4.50 | 4.52 | 4.59 |

**图 2.3.2　2000—2019 年中国天然橡胶种植面积地区分布**

数据来源：中国农业农村部

40.88% 和 1.98%。2000—2020 年，云南植胶区产量整体呈增长趋势。2005 年海南植胶区受“达维”台风影响，产量大幅度下降，2006—2013 年逐步增长，此后逐年波动减少（如图 2.3.3）。

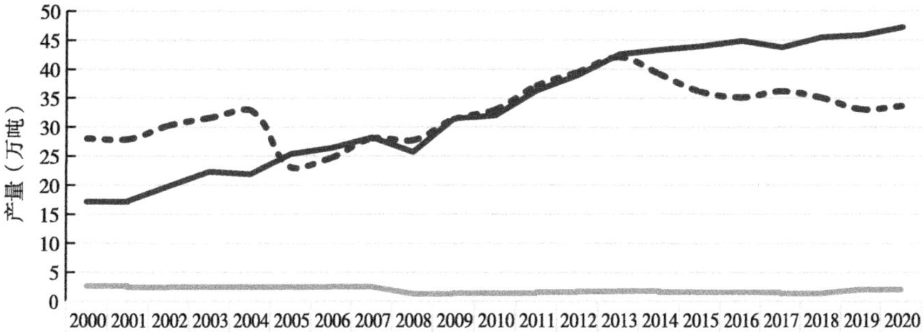


| | 2000 | 2001 | 2002 | 2003 | 2004 | 2005 | 2006 | 2007 | 2008 | 2009 | 2010 | 2011 | 2012 | 2013 | 2014 | 2015 | 2016 | 2017 | 2018 | 2019 | 2020 |
|---|---|---|---|---|---|---|---|---|---|---|---|---|---|---|---|---|---|---|---|---|---|
| 海南 | 28.0 | 27.9 | 30.3 | 31.6 | 32.9 | 23.0 | 24.7 | 28.0 | 27.7 | 31.4 | 33.0 | 37.1 | 39.5 | 42.0 | 39.1 | 36.1 | 35.1 | 36.2 | 35.0 | 33.0 | 33.6 |
| 云南 | 17.1 | 17.3 | 19.8 | 22.3 | 21.9 | 25.4 | 26.4 | 28.2 | 25.7 | 31.4 | 32.0 | 36.3 | 38.9 | 42.5 | 43.3 | 43.9 | 44.8 | 43.7 | 45.4 | 45.8 | 47.2 |
| 广东 | 2.62 | 2.39 | 2.44 | 2.45 | 2.44 | 2.48 | 2.54 | 2.48 | 1.29 | 1.38 | 1.36 | 1.55 | 1.71 | 1.74 | 1.55 | 1.56 | 1.57 | 1.4 | 1.39 | 2.06 | 1.76 |

**图 2.3.3　2000—2020 年中国天然橡胶产量地区分布**

数据来源：海南省统计局，云南省统计局

## 二、生产部门格局

中国橡胶种植起步于国有农场，发展于民营胶园，两者都是中国橡胶种植的重要组成部分。近年，民营和农垦胶园种植面积都出现了收缩趋势，但总体相对稳定，没有大幅波动（如图 2.3.4）。产量受自然条件和市场等因素影响，近年来出现小幅波动（如图 2.3.5）。近年来受劳动力价格快速上涨影响，天然橡胶生产成本尤其是人工成本增长较快。

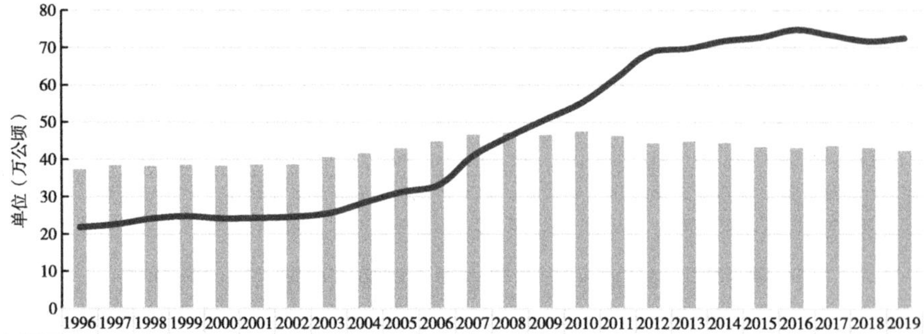


| | 1996 | 1997 | 1998 | 1999 | 2000 | 2001 | 2002 | 2003 | 2004 | 2005 | 2006 | 2007 | 2008 | 2009 | 2010 | 2011 | 2012 | 2013 | 2014 | 2015 | 2016 | 2017 | 2018 | 2019 |
|---|---|---|---|---|---|---|---|---|---|---|---|---|---|---|---|---|---|---|---|---|---|---|---|---|
| 农垦 | 37.1 | 38.2 | 37.9 | 38.3 | 38.1 | 38.4 | 38.4 | 40.4 | 41.4 | 42.8 | 44.6 | 46.4 | 47.0 | 46.3 | 47.2 | 46.0 | 44.1 | 44.6 | 44.2 | 43.1 | 42.9 | 43.4 | 42.8 | 42.1 |
| 民营 | 21.8 | 22.6 | 24.1 | 24.7 | 24.2 | 24.3 | 24.6 | 25.6 | 28.4 | 31.2 | 32.9 | 41.0 | 46.2 | 50.7 | 55.2 | 62.0 | 68.9 | 69.7 | 71.8 | 72.8 | 74.8 | 73.2 | 71.6 | 72.4 |

**图 2.3.4　1996—2019 年中国天然橡胶种植面积部门分布**

数据来源：中国农业农村部

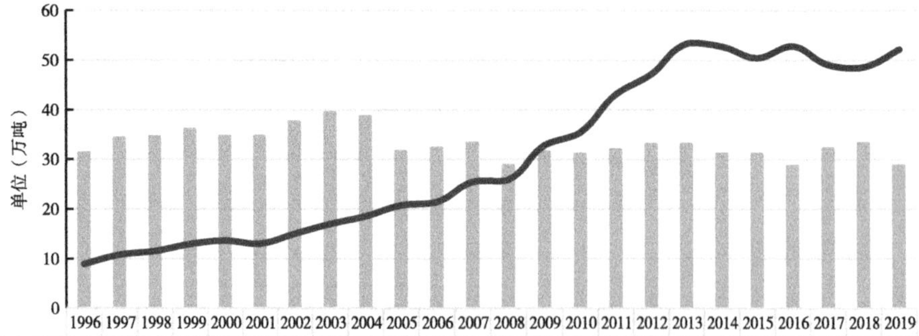


| | 1996 | 1997 | 1998 | 1999 | 2000 | 2001 | 2002 | 2003 | 2004 | 2005 | 2006 | 2007 | 2008 | 2009 | 2010 | 2011 | 2012 | 2013 | 2014 | 2015 | 2016 | 2017 | 2018 | 2019 |
|---|---|---|---|---|---|---|---|---|---|---|---|---|---|---|---|---|---|---|---|---|---|---|---|---|
| 农垦 | 31.3 | 34.3 | 34.7 | 36.2 | 34.6 | 34.7 | 37.6 | 39.5 | 38.7 | 31.6 | 32.3 | 33.3 | 28.8 | 31.5 | 31.1 | 32.0 | 33.0 | 33.1 | 31.2 | 31.1 | 28.7 | 32.3 | 33.3 | 28.8 |
| 民营 | 8.91 | 10.7 | 11.5 | 12.9 | 13.6 | 13.0 | 15.0 | 16.9 | 18.5 | 20.7 | 21.4 | 25.4 | 25.9 | 32.7 | 35.3 | 43.0 | 47.1 | 53.3 | 52.7 | 50.4 | 52.8 | 49.0 | 48.6 | 52.1 |

**图 2.3.5　1996—2019 年中国天然橡胶产量部门分布**

数据来源：中国农业农村部

## 第二节　贸易情况

中国是全球天然橡胶制品第一大出口国，这意味着中国需要大量的天然橡胶原料作为支撑。除国内天然橡胶用于生产外，进口贸易是满足国内天然橡胶消费的重要来源。21 世纪以来，中国天然橡胶进口一直快速增长，进口量由 2000 年的不足 92.51 万吨（含复合橡胶）增长至 2020 年的 590.22 万吨（含复合橡胶与混合橡胶）。中国天然橡胶进口的旺盛需求对澜湄国家天然橡胶产业发展和合作的带动作用明显。

## 一、天然橡胶进口贸易地位

中国是全球天然橡胶最大进口国。2000 年，中国进口天然橡胶（含复合橡胶）92.51 万吨，2010 年达 286.40 万吨，是 2000 年的 3.1 倍。2020 年，中国进口天然橡胶（含复合橡胶与混合橡胶）590.22 万吨，比 2010 年增加了 106.08%（如图 2.3.6）。

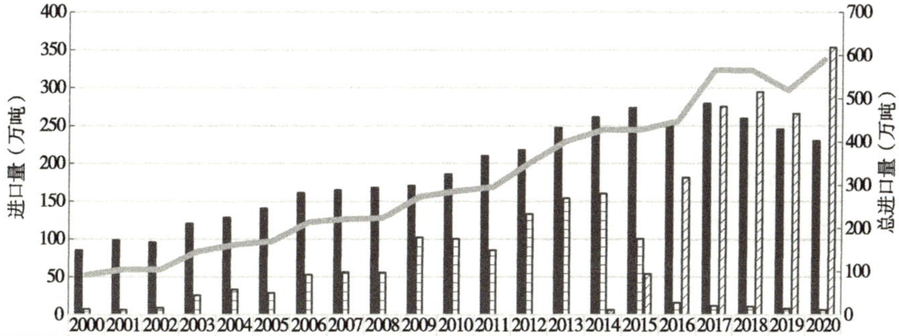


| | 2000 | 2001 | 2002 | 2003 | 2004 | 2005 | 2006 | 2007 | 2008 | 2009 | 2010 | 2011 | 2012 | 2013 | 2014 | 2015 | 2016 | 2017 | 2018 | 2019 | 2020 |
|---|---|---|---|---|---|---|---|---|---|---|---|---|---|---|---|---|---|---|---|---|---|
| 天然橡胶 | 85 | 98 | 95 | 120 | 128 | 140 | 161 | 164 | 168 | 171 | 186 | 210 | 218 | 247 | 261 | 273 | 250 | 279 | 260 | 245 | 230 |
| 复合橡胶 | 7 | 6 | 9 | 26 | 34 | 29 | 53 | 56 | 55 | 102 | 100 | 85 | 133 | 154 | 160 | 100 | 16 | 12 | 11 | 8 | 6 |
| 混合橡胶 | — | — | — | — | — | — | — | — | — | — | — | — | — | — | 6 | 54 | 181 | 275 | 295 | 266 | 354 |
| 合计 | 92 | 104 | 104 | 146 | 162 | 169 | 214 | 220 | 223 | 273 | 286 | 295 | 351 | 401 | 427 | 427 | 447 | 566 | 566 | 519 | 590 |

**图 2.3.6　2000—2020 年中国天然橡胶进口情况**

数据来源：中国海关总署

中国天然橡胶出口量少。近 10 年，中国每年天然橡胶出口量在 0.5 万—2.6 万吨，复合橡胶出口量在 2 万—4 万吨。据中国海关总署数据统计，2020 年中国出口各类天然橡胶共 3.05 万吨，出口额 7491 万美元，其中天然橡胶 0.60 万吨，复合橡胶 2.41 万吨，混合橡胶 0.04 万吨。天然橡胶主要出口目的国有朝鲜、肯尼亚、伊朗、乌兹别克斯坦、俄罗斯等，复合橡胶出口目的国有马来西亚、泰国、越南、朝鲜、日本等，混合橡胶出口目的国有越南、多米尼加、朝鲜、泰国等。

## 二、进口来源结构

中国天然橡胶、复合橡胶和混合橡胶进口主要来源于东南亚产胶国，如泰国、印度尼西亚、马来西亚、越南、缅甸、柬埔寨、老挝等，尤其是泰国、马来西亚、印度尼西亚和越南四国。2010 年中国自泰国、马来西亚、印度尼西亚和越南进口的天然橡胶占比分别为 48.43%、19.26%、22.18% 和 6.29%，占中国天然橡胶进口总量的 96.17%。自泰国、马来西亚、印度尼西亚和越南进口的复合橡胶占比分别为 43%、6%、5% 和 37%，合计占进口总量的 91%。

2020 年，自泰国、印度尼西亚、马来西亚和越南进口的天然橡胶，分别占进口总量的 41.35%、13.67%、12.30% 和 9.28%，合计占进口总量的 76.60%，较 2010 年有所降低。自泰国、马来西亚、印度尼西亚和越南进口的混合橡胶，占比分别为 46.81%、14.29%、31.49% 和 4.50%，共计 97.09%。自泰国、越南、马来西亚和印度尼西亚进口的三种橡胶，共占进口总量的 88.36%（如图 2.3.7）。

## 三、进口产品结构

中国进口天然橡胶主要包括天然橡胶乳、烟胶片、技术分类橡胶和其他形状的天然橡胶。复合橡胶和混合橡胶是在天然橡胶中添加了部分硬脂酸、炭黑、合成胶等化学物质的橡胶。巴拉塔树胶、银胶菊胶等天然树胶进口量极少。2000 年以来，中国烟胶片进口比例不断下降，2000 年占比 45.78%，2020 年占比仅 7.20%。2015—2020 年，天然橡胶乳进口比重逐年增加，由 2015 年的 13.93% 增至 2020 年的 24.81%，年进口量也由 37.69 万吨增至 57.03 万吨。

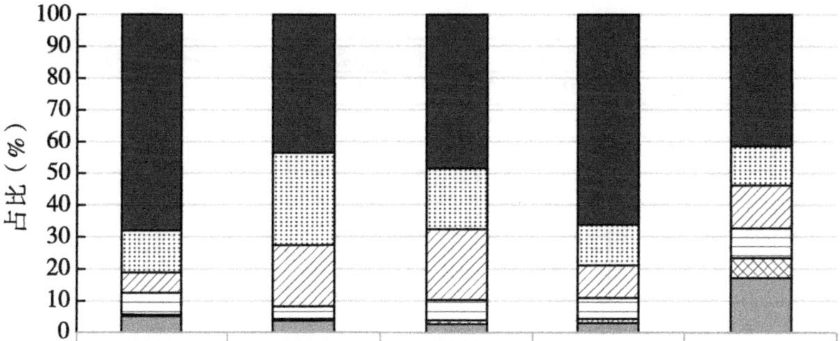


| | 2000 | 2005 | 2010 | 2015 | 2020 |
|---|---|---|---|---|---|
| ■泰国 | 67.95 | 43.47 | 48.43 | 66.23 | 41.37 |
| ▫马来西亚 | 13.17 | 29.06 | 19.26 | 12.69 | 12.31 |
| ▫印度尼西亚 | 6.41 | 19.29 | 22.18 | 10.23 | 13.66 |
| □越南 | 7.44 | 3.92 | 6.29 | 6.59 | 9.26 |
| ▫缅甸 | 0.06 | 0.60 | 1.29 | 1.35 | 6.35 |
| ■其他 | 4.97 | 3.66 | 2.55 | 2.92 | 17.05 |

**图 2.3.7　2000—2020 年中国天然橡胶进口来源国**

数据来源：中国海关总署

中国轮胎产业的快速发展增加了对技术分类橡胶的消费需求。技术分类橡胶进口比例不断增加，2000 年其进口占比仅 37.61%，进口量 32.03 万吨，2011 年该比重已达 75.60%，进口量 158.84 万吨。2016 年开始，技术分类橡胶的进口量和占比下降，因为部分进口以混合橡胶类目进口到中国（见表 2.3.1）。

**表 2.3.1　2000—2020 年中国天然橡胶进口品种占比**

单位：%

| 年份 | 天然橡胶乳 | 烟胶片 | 技术分类橡胶 | 其他形状天然橡胶 | 天然树胶 |
|---|---|---|---|---|---|
| 2000 | 8.99 | 45.78 | 37.61 | 7.57 | 0.06 |
| 2001 | 10.15 | 38.03 | 44.80 | 7.00 | 0.02 |
| 2002 | 10.36 | 41.43 | 40.34 | 7.87 | 0.01 |
| 2003 | 10.78 | 36.51 | 45.81 | 6.90 | 0.00 |
| 2004 | 14.76 | 24.51 | 54.34 | 6.38 | 0.00 |
| 2005 | 12.91 | 18.76 | 64.70 | 3.63 | 0.01 |
| 2006 | 15.95 | 17.40 | 63.64 | 3.01 | 0.00 |
| 2007 | 14.58 | 13.15 | 69.68 | 2.59 | 0.00 |
| 2008 | 14.64 | 14.54 | 67.88 | 2.94 | 0.00 |
| 2009 | 17.54 | 13.52 | 66.89 | 2.04 | 0.00 |
| 2010 | 13.50 | 11.66 | 72.70 | 2.13 | 0.01 |
| 2011 | 12.87 | 10.19 | 75.60 | 1.33 | 0.00 |
| 2012 | 14.59 | 9.56 | 74.71 | 1.14 | 0.00 |
| 2013 | 13.57 | 13.18 | 72.54 | 0.70 | 0.00 |

续表

| 年份 | 天然橡胶乳 | 烟胶片 | 技术分类橡胶 | 其他形状天然橡胶 | 天然树胶 |
| --- | --- | --- | --- | --- | --- |
| 2014 | 14.02 | 11.95 | 73.32 | 0.71 | 0.00 |
| 2015 | 13.78 | 9.34 | 72.15 | 4.73 | 0.00 |
| 2016 | 14.87 | 8.96 | 66.09 | 10.08 | 0.00 |
| 2017 | 17.69 | 11.85 | 60.15 | 10.31 | 0.00 |
| 2018 | 22.75 | 9.17 | 61.99 | 6.09 | 0.00 |
| 2019 | 22.58 | 6.61 | 62.10 | 8.71 | 0.00 |
| 2020 | 24.81 | 7.20 | 57.93 | 10.06 | 0.00 |

数据来源：联合国贸易数据库

## 第三节　产业与技术合作

### 一、合作现状

中国与湄公河五国一衣带水，基于天然橡胶产业优势差异性和互补性建立起了长期合作关系，促进了互利共赢，取得了显著成效。中国对外天然橡胶合作主要有两种模式：一是与传统植胶国主要采取“种植起步，加工为主”的合作模式，二是与柬埔寨、老挝、缅甸等新兴植胶国主要采取“种植为主，配套加工”的合作模式。中国支持国内橡胶企业积极开展国际交流合作，在澜湄国家开展橡胶合作的三大农垦企业分别为云南农垦集团有限责任公司（以下简称云南农垦）、海南天然橡胶产业集团股份有限公司（以下简称海胶集团）和广东省农垦集团公司（以下简称广东农垦）。此外，中化国际（控股）股份有限公司（以下简称中化国际）和其他企业在老挝、缅甸等湄公河国家天然橡胶资源开发方面也取得了一定成绩。

（一）云南农垦天然橡胶产业对外合作

在老挝建设现代农业示范园。云南农垦先后与老挝北部上寮地区的琅南塔、乌多姆塞、琅勃拉邦、沙耶武里、波乔等省份展开了深层次的天然橡胶相关合作。2015年，云南农垦与老挝国家农林部签署《关于老挝天然橡胶产业发展及农产品检验检疫合作项目谅解备忘录》。同年，云南农垦在老挝万象成立云橡投资有限公司，作为云南天然橡胶产业集团有限公司全资控股的海外投资平台，负责云南农垦在老挝的产业推进。受中国农业农村部委托，云南农垦组织完成《中老现代农业产业合作示范园区总体规划》编制工作。2017 年，云橡投资有限公司与云南云锰集团有限公司签署并购老挝普卡制胶厂协议。2019 年底，云橡投资有限公司与老挝万象省政府签署新河胶厂项目，标志着中国与老挝的天然橡胶产业合作愈发成熟。

在缅甸开展罂粟替代种植。2017 年 9 月，云南农垦与缅甸天然橡胶龙头企业福兴兄弟集团合作，共同拓展缅甸天然橡胶资源市场，双方签署了《战略合作谅解备忘录》《关于在缅成立合资公司的股权合作框架协议》，天然橡胶产业合作发展向好。云南农垦对于缅甸北部的天然橡胶资源开发已有效辐射至传统罂粟替代种植区，天然橡胶辐射面积超过 13.33 万公顷，罂粟替代种植成效卓著。

在缅甸和老挝合资办厂。云南农垦先后与缅甸东北部的掸邦以及缅北第二经济特区的佤邦，合资成立了从事天然橡胶种植、收购、加工、销售的合资企业。在缅甸托管胶林 1.33 万公顷，并建立 5 个天然橡胶加工厂。至 2020 年，云橡投资有限公司累计在缅甸、老挝天然橡胶产业投资 10 亿余元、种植面积超过 0.67 万公顷。

在泰国建设加工厂和开展贸易。2017 年，云橡投资有限公司与泰国相关天然橡胶企业签订产业合作协议，建成了年产量可达数万吨的天然橡胶加工厂，并与世界 500 强企业泰国正大集团达成贸易合作意向，在贸易、物流、农业、林业等领域开拓国内外市场，实现天然橡胶种植、加工和贸易的优势互补和互利双赢的局面。

### （二）海南农垦天然橡胶产业对外合作

海南农垦旗下海胶集团与湄公河五国的天然橡胶产业合作，主要集中在种植、加工、技术及贸易等领域。2011 年，海胶集团在云南省西双版纳成立云南海胶橡胶产业有限公司，主要以天然橡胶种植和加工基地的形式与湄公河五国展开产业合作。2015 年，海胶集团与泰国橡胶种植园组织（REO）共同参与天然橡胶采购项目，并签订 20 余万吨的天然橡胶采购合同，为与泰国天然橡胶企业的长期合作发展奠定了基础。2015 年，云南海胶橡胶产业有限公司在老挝开展天然橡胶种植、加工、销售和贸易等相关业务，并享受国家相关优惠政策。

海南农垦拓宽国际合作渠道。2017 年 11 月，第五届国际天然橡胶产业（博鳌）论坛在海南博鳌召开，海胶集团与中国天然橡胶协会、全球橡胶研究组织、泰国橡胶局和合盛农业集团公司共同签署了战略文件，共同发起成立天然橡胶全球创新研发中心，拟通过进一步创新合作为产业发展创造新的市场空间。2018 年 2 月，首届“一带一路”中老合作论坛在老挝万象举行，海胶集团与老中诚信橡胶厂独资有限公司签署全面交换生产技术合作意向书。

（三）广东农垦天然橡胶产业对外合作

广东农垦天然橡胶产业国际合作起步早，成效显著。广东农垦在国内外共拥有 62 家天然橡胶种植、加工、贸易企业，2 所科研机构，32 个橡胶种植基地农场，37 座橡胶加工厂，境内外自有天然橡胶种植面积 7.33 万公顷，产能达 150 万吨，干胶销量和营业收入分别突破 100 万吨和 100 亿元，天然橡胶产业规模跃居全球前列，是全球唯一一家产品同时获得新加坡、东京、上海期货交易所交割认证的天然橡胶企业。由广东农垦橡胶厂生产的 CSR20 号标准胶，成为上海期货交易所国际市场现货交割的重要定价参考。

广东农垦海外业务分布在湄公河五国的泰国、柬埔寨和老挝。2005 年，广东农垦在泰国沙敦府成立了第一家天然橡胶海外加工厂。2016 年 8 月，广东农垦与泰国泰华树胶有限公司正式签署投资协议，成为全球大型天然橡胶全产业链经营企业。

此外，一些实力雄厚的民营企业积极参与对外合作，如中策橡胶集团股份有限公司、山东玲珑轮胎股份有限公司等轮胎企业加大了在湄公河五国的投资力度。2015 年，中策橡胶集团股份有限公司投资 7.18 亿美元在泰国建设了面积逾 56.67 公顷的橡胶加工厂，成为泰国最大的轮胎厂基地。

总之，中国天然橡胶产业链逐步延伸拓展，初步形成种苗繁育、种植、加工、贸易、物流配送等一体化全产业链合作体系，推动了全球天然橡胶产业的生产和供给。中国橡胶企业与湄公河五国共同进行技术开发、产业配套、基地建设、物流商贸等合作，实现合作共赢，带动了全球天然橡胶产业的持续发展。

## 二、澜湄国家合作的国际组织平台

天然橡胶国际合作平台主要有国际橡胶研究与发展委员会、天然橡胶生产国协会。国际橡胶研究与发展委员会是国际三大天然橡胶组织之一，属于学术型非官方组织，致力于全球天然橡胶的科学研究，共有包括泰国、马来西亚、尼日利亚、缅甸、印度尼西亚、越南和中国在内的20个成员国家。1980年，经国家科委、财政部、农业部批准，中国热带农业科学院代表中国正式加入国际橡胶研究与发展委员会。自加入国际橡胶研究与发展委员会以来，中国参加了天然橡胶相关的合作研究、人才培养、种质交换、资料互通等一系列活动，并积极参加年会及各专题研讨会。至今，中国已主办国际橡胶研究与发展委员会年会五次，均取得圆满成功。

天然橡胶生产国协会是天然橡胶领域最高层次的政府间国际组织，主要开展天然橡胶的生产统计、政策交流与合作。天然橡胶生产国协会成员国的天然橡胶产量占全球的89%，消费量占64%，在天然橡胶生产和消费领域发挥着越来越重要的作用。2007年，中国农业部代表国家加入该组织。目前，主要工作由中国农业农村部农垦局执行，中国热带农业科学院橡胶研究所配合开展相关国际合作工作。通过参加天然橡胶生产国协会相关工作和会议，中国履行成员国职责，及时掌握全球天然橡胶的生产、消费、贸易和政策发展形势，为政府制定产业政策提供了重要的参考依据。

## 三、中国与湄公河五国天然橡胶技术合作

中国建立了贯穿橡胶树品系培育、种苗生产、栽培抚管、肥料开发、割

胶技术、病虫害防控、加工与产品流通等全产业链的技术体系。自2018年开始，在农业农村部“一带一路”热带国家农业资源联合调查与开发评价项目、澜湄合作专项项目支持下，中国热带农业科学院橡胶研究所与柬埔寨橡胶研究所、缅甸多年生作物司、缅甸橡胶种植和生产商协会、云南农垦云橡投资有限公司、泰国橡胶局和越南橡胶研究所等橡胶研究与生产单位建立合作关系，主要围绕橡胶树的栽培技术和加工技术，采取建立示范基地和开展技术培训等方式开展合作。

中国在橡胶树遗传育种方法与技术、抗逆栽培、营养与施肥、采胶制度与技术装备、死皮防控等领域处于全球先进地位。在澜湄国家天然橡胶技术合作中，主要示范4GXJ-2型锂电无刷电动割胶刀、4CJX-303B充电式锂电旋切采胶机、橡胶树高效割面营养增产素、“死皮康”死皮防控技术、橡胶树轻简化栽培技术、橡胶树缓控释配方肥技术和胶乳初加工技术等。如培训当地胶工熟练使用4GXJ-2型锂电无刷电动割胶刀后，割胶效率可提升20%—30%，劳动强度降低40%—50%。每个胶工按一天割500株的工作量，每天可节约1小时左右，大幅提高了工人生产效率和企业经济效益。

死皮康复缓释颗粒采用根部条施与割面涂施胶状制剂相结合的方式使用，示范死皮康水剂的胶乳增产效果是对照组的3.32倍，土壤颗粒剂的增产效果是对照组的2.76倍。利用天然橡胶初加工技术对澜湄国家的高性能胶片（烟胶片）生产线进行改造，达到了加工效率提高明显、胶片质量保持均匀稳定的效果。

# 第四章　老挝天然橡胶产业发展概况

老挝属热带、亚热带季风气候，日照时间长、雨水充足，为典型的天然橡胶优势种植区。其天然橡胶产业发展尚在初级阶段，农业人口富集、具有劳动力成本优势，产业改造升级潜力较大。近年来，依据共建“一带一路”倡议等，老挝实施多个国际交流合作项目取得显著成果。未来，澜湄国家可通过罂粟替代种植、产业扶贫减贫示范项目等多种方式，与老挝开展产业合作，支持老挝经济社会发展。

## 第一节　种植与生产

### 一、种植区域分布

老挝橡胶种植始于20世纪30年代，在老挝北部橡胶种植成功的示范带动下，随着土地租赁和特许经营权等政策放松，橡胶种植业大规模发展，许多外国公司在老挝投资橡胶种植园，天然橡胶产业逐渐实现规模化发展。2003年，老挝橡胶种植面积0.09万公顷，2020年达到30万公顷，是2003年的近300倍。近年来，种植的橡胶园逐步开割投产，2018年开割面积达12.14万公顷，2020年投产面积达15万公顷。

老挝橡胶种植主要集中在北部，北部九省包括丰沙里省、琅南塔省、波乔省、川圹省、华潘省、琅勃拉邦省、乌多姆塞省、沙耶武里省、万象及万象直辖市，土地总面积为13.25万平方公里，人口为305.50万人。2018年北部种植面积为15.09万公顷，占比54.85%；中部占比17.34%，南部占比27.81%（见表2.4.1）。主要种植品种为PB260、GT1、RRIM600、RRIV4、RRIV121和RRIV124。

**表2.4.1　老挝各省市橡胶种植情况**

单位：公顷

| 省（市） | 2007 | 2008 | 2010 | 2013 | 2018 |
|---|---|---|---|---|---|
| 丰沙里 | 13 | 12600 | 26400 | 17841 | 22173 |
| 乌多姆塞 | 4530 | 17100 | 21000 | 28293 | 29190 |
| 波乔 | 701 | 9800 | 25000 | 25222 | 19150 |
| 琅南塔 | 8770 | 21700 | 20000 | 33264 | 35493 |
| 沙耶武里 | 66 | 5200 | 50000 | 1213 | 13718 |
| 琅勃拉邦 | 2467 | 9500 | 22000 | 17652 | 18191 |
| 华潘 | — | 0 | 2100 | 3 | — |
| 川圹 | — | 50 | 0 | 124 | — |
| 万象省 | 100 | 9200 | 10000 | 23248 | 12984 |
| 万象市 | 474 | 600 | 0 | 1466 | 1330 |
| 赛宋本特区 | — | — | — | — | 7707 |
| 博利坎赛 | 1026 | 5100 | 4000 | 12627 | 14000 |
| 甘蒙 | 1447 | 6100 | 6300 | 5519 | 7480 |
| 沙湾拿吉 | 243 | 4600 | 14000 | 13192 | 18181 |
| 占巴塞 | 6719 | 20100 | 33500 | 33853 | 28824 |
| 色贡 | 100 | 6200 | 5000 | 7468 | 6466 |
| 沙拉湾 | 1418 | 4700 | 6500 | 5853 | 6000 |
| 阿速坡 | 500 | 8000 | 3500 | 22008 | 1700 |
| 合 计 | 28574 | 140550 | 249300 | 248846 | 257887 |

数据来源：Hilary Smith, et al（2020），《老挝橡胶种植价值链：政策、法制与木材加工的机遇与制约》，http://laoplantation.org/wp-content/uploads/2020/07/Rubber-Plantation-Value-Chains-in-Laos-30-June-.pdf

随着种植面积快速增加，老挝天然橡胶产量也快速提高。据国际橡胶研究组织统计，2008年，老挝全国天然橡胶产量仅为0.42万吨，2012年已增至 2.05 万吨，2015 年达到了 6.64 万吨，2018 年达到 10.15 万吨。2020 年，产量已达到 15.42 万吨，是 2008 年的 36.71 倍，年平均增长率达 35%（如图 2.4.1）。据老挝工商部报告，2016 年天然橡胶单产 1360 千克 / 公顷。老挝北部单产 1860 千克 / 公顷，中部约 2000 千克 / 公顷，南部约 700 千克 / 公顷。

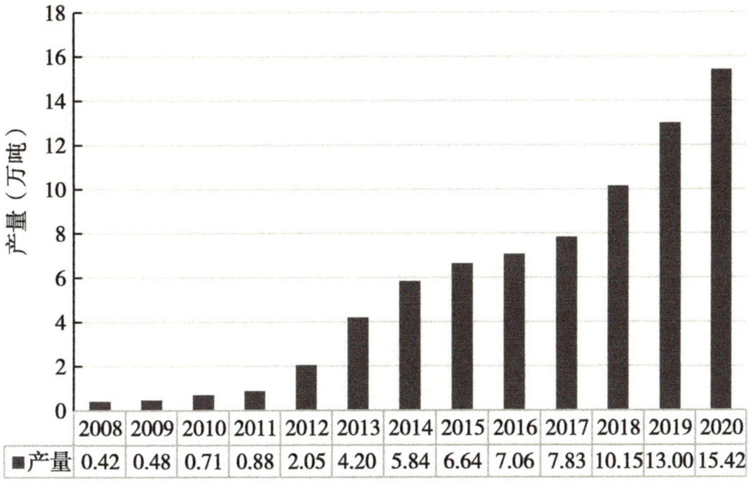


**图 2.4.1　2008—2020 年老挝天然橡胶产量**

数据来源：天然橡胶生产国协会，国际橡胶研究组织

据不完全统计，老挝现有的 16 家加工厂年产能约 14 万吨。老挝初加工产品以技术分类橡胶为主，北部和中部的外资加工厂主要生产二级标胶，南部外资企业主要收购鲜胶乳，生产一级标胶。老挝本土企业大多是以家庭作坊式生产绉片胶。

## 二、生产投资来源

老挝主要以合作和租赁形式，将土地租赁给外资企业进行橡胶种植生产。老挝投资种植橡胶主要有三种模式：一是土地特许权开发，即企业租赁政府土地开发种植；二是农户自种；三是合作开发，即投资者与农户合作种植，也称为合同形式（如图 2.4.2）。合作开发又分为两种模式，即“2+3”和“1+4”。

“2+3”模式是指农民提供土地和劳动力，由公司提供资金、技术和市场准入。“1+4”模式是指农民只提供土地，其余由公司提供。越南公司主要是在老挝南部和中部以特许经营权方式投资橡胶园，中国公司主要是在老挝北部以合同承包方式投资，农户自种多分布在北部地区。

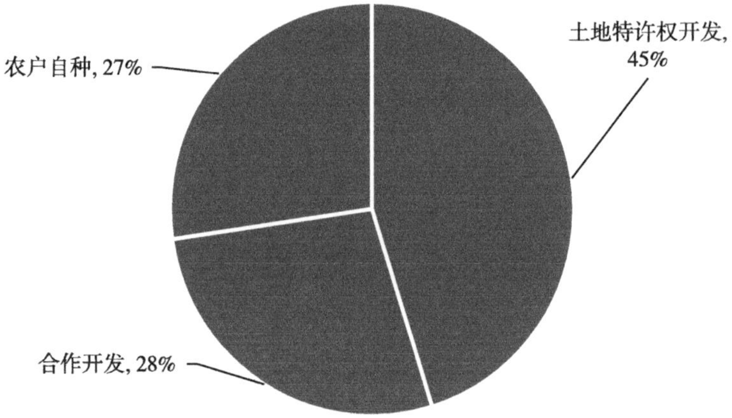


**图 2.4.2　老挝橡胶园投资经营模式组成**

数据来源：Hilary Smith, et al（2020），《老挝橡胶种植价值链：政策、法制与木材加工的机遇与制约》，http://laoplantation.org/wp-content/uploads/2020/07/Rubber-Plantation-Value-Chains-in-Laos-30-June-.pdf

## 三、产业发展潜力

老挝天然橡胶种植业具有较大发展潜力。据研究，老挝橡胶园每公顷产值高于咖啡、柚木、玉米、旱稻和木薯等其他热带作物。老挝土地资源丰富，农村人口比重大，劳动力供应充足。2020 年，农村人口占比达 63.71%。老挝劳动力成本低廉，公司员工平均月工资约为 200 美元。老挝农业和林业部于 2015 年 2 月颁布了《老挝农业 2025 年发展战略和 2030 年愿景》提出通过扶持培育老挝国内橡胶龙头企业，打造具有国际竞争力的橡胶企业，带动橡胶产业持续健康发展，增加胶农经济收入，实现脱贫致富，促进农村经济社会发展。

# 第二节　贸易情况

## 一、进出口贸易趋势

据世界银行统计，2020 年老挝农业总产值增长 3.20%，农业增加值占 GDP 的比重为 16.20%。近年来，老挝天然橡胶出口量快速增加，在全球天然橡胶出口市场中的地位不断提高，2010 年出口量 0.03 万吨，出口额 61.36 万美元，出口额占全部商品出口额的比重仅为 0.03%；2019 年出口量 15.50 万吨，出口额 21748.64 万美元，占比 3.74%。2010—2019 年，出口量年均增长率高达 98.98%（如图 2.4.3）。老挝进口天然橡胶少，2010 年天然橡胶进口量 206.35 吨，2019 年 1601.62 吨。

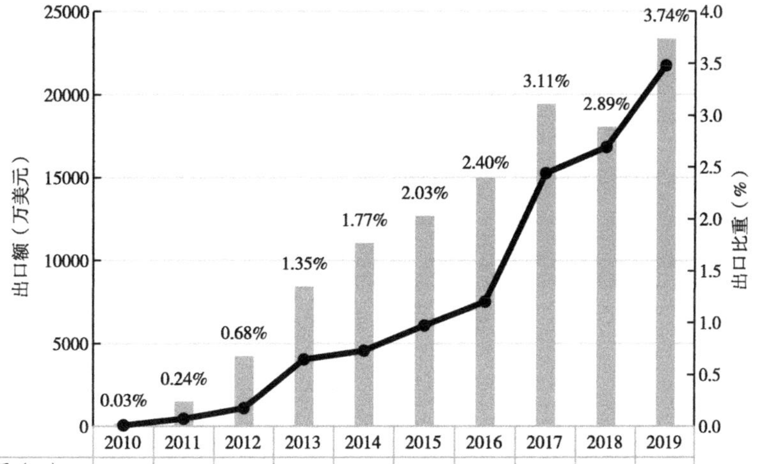


| | 2010 | 2011 | 2012 | 2013 | 2014 | 2015 | 2016 | 2017 | 2018 | 2019 |
|---|---|---|---|---|---|---|---|---|---|---|
| 出口比重（%） | 0.03 | 0.24 | 0.68 | 1.35 | 1.77 | 2.03 | 2.40 | 3.11 | 2.89 | 3.74 |
| 出口额（万美元） | 61 | 455 | 1089 | 4038 | 4561 | 6070 | 7504 | 15252 | 16815 | 21748 |

**图 2.4.3　2010—2019 年老挝天然橡胶出口额与出口比重**

数据来源：联合国商品贸易统计数据库

## 二、出口市场

中国和越南是老挝天然橡胶最主要的进口国。中国和越南在老挝种植并进口了大量橡胶，两国从老挝进口的天然橡胶占老挝天然橡胶出口总量的比重超过 90%。2014 年老挝出口到中国的天然橡胶占比为 42.85%，2015—2016 年有所下降，2017 年又增至 53.29%，2018 年又下降，2019 年再次增加。2015 年后，老挝对中国和越南两国出口占比不断增加（如图 2.4.4）。

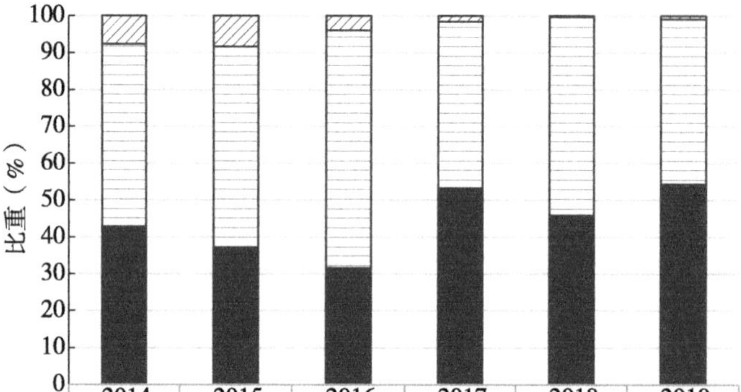


| | 2014 | 2015 | 2016 | 2017 | 2018 | 2019 |
|---|---|---|---|---|---|---|
| ▨其他国家 | 7.63 | 8.34 | 3.92 | 1.61 | 0.30 | 0.93 |
| □越南 | 49.52 | 54.37 | 64.55 | 45.1 | 53.79 | 44.69 |
| ■中国 | 42.85 | 37.29 | 31.53 | 53.29 | 45.91 | 54.38 |

**图 2.4.4　2014—2019 年老挝天然橡胶出口主要目的地与比重**

数据来源：联合国商品贸易统计数据库

## 第三节　产业与技术合作

### 一、产业合作

老挝国内政局相对稳定，与澜湄国家持续稳定交好，天然橡胶国际合作较多，主要包括以下合作方式。

中国和老挝共建农业示范园。2017 年 11 月 13 日，中国国家主席习近平访问老挝期间，中老两国政府正式签署《关于共同建设中老现代化农业产业合作示范园区的谅解备忘录》，明确提出中老双方共同推进中老现代农业产业合作示范园区规划编制工作，建立双方合作协调机制，统筹发展天然橡胶、水稻、畜牧、木薯、果蔬等产业。中老天然橡胶产业合作项目是“一带一路”倡议沿线国家发展的重要项目。2017年，中国云南农垦与老挝农林部正式签订老挝橡胶产业研究院项目合作协议，该项目是中老双方签署的谅解备忘录中首个落地项目。老挝橡胶产业研究院包含“一馆三中心”：罂粟替代种植成果展览馆、橡胶和农产品检验检疫中心、技术标准中心、技术培训中心，承担着老挝农林部、国家禁毒委的政府职能。

中国和老挝共同创建生产标准。2015年5月，中国云南农垦与老挝国家农林部签署《关于老挝天然橡胶产业发展及农产品检验检疫合作项目谅解备忘录》。随着橡胶产品检验标准中心设计和设备安装工作的推进，将助力老挝橡胶和农产品行业技术标准、检验检疫体系建设和项目正式运营向前迈进关键一步。中国在老挝中南部发展橡胶加工业，开发橡胶资源，应用中国橡胶初加工的先进工艺和技术，提高当地产品质量，提高产品市场竞争力。

中国在老挝开展罂粟替代种植工作。近年来，中国向老挝提供品种引进、农业技术培训、农业设备等帮助。罂粟替代种植务工搬迁示范区是中国云南农垦在老挝首创的橡胶产业扶贫减贫示范点，是中国援助老挝扶贫减贫的第一批示范合作项目之一。该项目在老挝琅南塔、波乔、琅勃拉邦、沙耶武里、丰沙里5省12县免费提供割胶技术培训和病虫害防治咨询指导，增强了广大胶农科学管理意识，促进了老挝橡胶生产技术水平提升，稳定了农民收入，帮助他们彻底摆脱贫困，成果显著。

中国在老挝开展技术培训与示范工作。中国与老挝橡胶产业研究院合作建设割胶技术示范基地1个，面积2公顷，示范橡胶树“死皮康”、电动胶刀、高效割面营养增产素、干胶含量测定仪等技术和设备，显著提升了当地橡胶种植水平。在橡胶加工技术方面，指导老挝橡胶加工厂生产TSR20号和TSR9710号标准胶，用于普通汽车轮胎、工程车大型轮胎和高级防爆胎生产，具有摩擦力强、坚固耐用的特点。标准胶生产线的建设提高了老挝橡胶加工厂的生产效率和产品一致性，降低了企业的生产成本。

## 二、合作成果

老挝农林部是其天然橡胶管理机构。农林部积极响应中国提出的“一带一路”倡议，加强农业产业领域合作，促进绿色优质农产品有效出口，推动老挝社会经济发展、农民脱贫致富。重点推进的合作项目包括云南农垦的老挝橡胶研究院项目、炫烨（老挝）有限公司 / 中国航空技术北京有限公司联营体的老挝万象市现代农业产业园项目等。

中国、老挝政府积极推进旨在加强陆运的中国—老挝国际铁路项目。2021 年 12 月 3 日，中共中央总书记、国家主席习近平同老挝人民革命党中央总书记、国家主席通伦举行视频会晤，并以视频连线形式共同见证中老铁路通车。中老铁路项目必将促进老挝交通条件改善、区域经济发展、双方经济文化交流合作。

## 三、天然橡胶合作需求

老挝天然橡胶产业存在的问题主要包括：一是天然橡胶生产技术成果推广应用水平低；二是缺乏培训机构和培训能力；三是缺少熟练的割胶工人；四是小胶农生产技术落后，导致产能无法全部发挥、胶园死皮发生率高。老挝天然橡胶缺少统一标准体系，在老外资企业生产过程中都各自采用本国标准。

老挝农林部拟通过加强政府引导，开展国家间技术交流合作，提升胶农整体割胶技术水平，推动天然橡胶产业健康发展。提出希望云南农垦等外资企业履行社会责任，并制定下一步橡胶产业发展规划，通过建设老挝橡胶产业研究院、新河县年产 6 万吨的橡胶加工厂、丰沙里省替代种植项目等，促进地方经济发展，改善民生。

总之，老挝天然橡胶产业发展尚在初级阶段，亟须提升天然橡胶产业管理水平和组建专业技术人员队伍。老挝天然橡胶产业改造升级潜力巨大，值得关注。中国等澜湄国家可通过罂粟替代种植和橡胶产业扶贫减贫示范项目等多种方式，开展产业和项目合作，支持老挝经济社会发展。

# 第五章　缅甸天然橡胶产业发展概况

缅甸的地理位置和气候适宜橡胶树生长，橡胶是缅甸第五大作物和第二大出口农产品。缅甸橡胶产业发展具有一定规模，劳动力成本低廉，具有比较优势，2020 年橡胶产量居全球第九位。缅甸天然橡胶生产和管理水平不高，单位面积产量较低，未来具有较大发展潜力，有待于进一步加强国际交流合作和技术培训等工作。

## 第一节　种植与生产

### 一、发展历程

缅甸地处北纬 9° 58′ 至 28° 31′ 之间，属于热带季风气候。环绕缅甸东、北、西三面的群山和高原宛如一道道屏障，阻挡了冬季亚洲大陆寒冷空气的南下，而南部由于没有山脉阻挡，来自印度洋的暖湿气流可畅通无阻。缅甸各地气温相差不大，雨量丰沛，自然气候适宜橡胶树生长。

缅甸是东南亚最早种植橡胶的国家之一，据调查适宜种植橡胶的土地面积约 100 万公顷。20 世纪 20 年代橡胶种植面积仅 3 万公顷，70 年代初达到 9 万公顷，产量 1 万吨。20 世纪八九十年代天然橡胶产业出现了萎缩，产量在低位波动（如图 2.5.1）。20 世纪 90 年代中后期，缅甸政府开始鼓励私人投资橡胶业，在毒品替代种植项目、世界银行扶贫项目等的支持下，种植面积由 1989 年的 7.80 万公顷增加至 2010 年的 46.30 万公顷，产量由 1.60 万吨提高至 12.80 万吨，成为缅甸第五大作物，仅次于水稻、豆类、芝麻和花生（如表 2.5.1），也是缅甸重要的出口创汇来源。

**表 2.5.1　2019 年缅甸土地利用现状**

| 项目 | 面积（万公顷） |
|---|---|
| 全国土地面积 | 6527.00 |
| 农用地 | 1279.84 |
| 农田 | 1250.04 |
| 其中：短期作物种植面积 | 1048.84 |
| 临时性休耕面积 | 50.20 |
| 长期作物种植面积 | 151.00 |
| 实际灌溉面积 | 138.85 |
| 耕地 | 1099.04 |
| 水稻收获面积 | 692.09 |
| 豆类收获面积 | 320.11 |
| 芝麻籽收获面积 | 150.52 |
| 花生收获面积 | 110.87 |
| 橡胶收获面积 | 33.77 |
| 林地 | 2883.36 |
| 生物量中的碳储量 | 21.78 亿吨 |

数据来源：联合国粮农组织

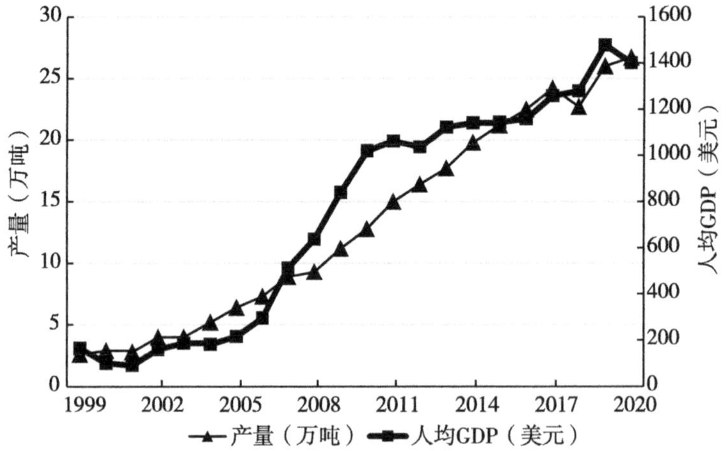


**图 2.5.1　1999—2020 年缅甸天然橡胶产量与人均 GDP**

数据来源：天然橡胶生产国协会，国际橡胶研究组织，世界银行

2020 年，缅甸橡胶种植业提供了约 40 万个工作岗位。据天然橡胶生产国协会统计，2020 年，缅甸橡胶种植面积 66.32 万公顷，开割面积 34.98 万公

顷，产量 26.73 万吨，主要产品是烟片胶和标准胶。

## 二、种植区域分布

缅甸大部分邦、省都有橡胶种植。靠近泰国的孟邦、德林达依省和克伦邦最为集中，种植面积占全国天然橡胶种植面积的 68.62%，产量占 83.31%，但单产均不超过 900 千克 / 公顷，远低于泰国平均单产 1477 千克 / 公顷，生产水平还有较大提升空间。缅甸与中国接壤的克钦邦和掸邦也有一定种植面积，开割率较低。缅甸全国平均开割率仅为 51.02%，预计未来几年产量仍将继续增长（如表 2.5.2）。

**表 2.5.2　缅甸橡胶种植区域分布**

| 省份 / 邦 | 种植面积（公顷） | | 开割面积（公顷） | | 单产（千克 / 公顷） | | 产量（吨） | |
|---|---|---|---|---|---|---|---|---|
| | 2014/2015 | 2019/2020 | 2014/2015 | 2019/2020 | 2014/2015 | 2014/2015 | 2014/2015 | 2019/2020 |
| 内比都 | — | — | — | — | — | — | — | — |
| 克钦邦 | 30973 | 33293 | 747 | 2175 | 572.37 | 1002.30 | 428 | 2180 |
| 克耶邦 | 15 | 27 | — | — | — | — | — | — |
| 克伦邦 | 105557 | 109715 | 49262 | 85279 | 854.69 | 771.22 | 42103 | 65769 |
| 钦邦 | 4 | 4 | — | — | — | — | — | — |
| 实皆省 | 5108 | 5072 | 115 | 250 | 475.38 | 503.48 | 54 | 126 |
| 德林达依省 | 135186 | 141227 | 49280 | 68936 | 621.18 | 645.30 | 30612 | 44485 |
| 勃固省 | 46591 | 47770 | 15804 | 15288 | 694.83 | 1063.35 | 10981 | 16257 |
| 马圭省 | 32 | — | — | — | — | — | — | — |
| 曼德勒省 | 46 | 46 | — | — | — | — | — | — |
| 孟邦 | 197913 | 203210 | 127028 | 133029 | 818.96 | 845.21 | 104031 | 112437 |
| 若开邦 | 14780 | 13887 | 809 | 921 | 625.70 | 385.33 | 506 | 355 |
| 仰光地区 | 17091 | 17898 | 3921 | 3410 | 475.40 | 360.92 | 1864 | 1231 |
| 掸邦 | 74187 | 74933 | 11500 | 28245 | 626.87 | 863.30 | 7209 | 24384 |
| 掸邦（南） | 456 | 396 | 40 | 56 | 776.54 | 280.96 | 31 | 16 |
| 掸邦（北） | 32904 | 32425 | 8536 | 17134 | 600.79 | 525.77 | 5128 | 9008 |
| 掸邦（东） | 40826 | 42112 | 2924 | 11056 | 699.41 | 1389.26 | 2045 | 15360 |
| 伊洛瓦底省 | 13585 | 14720 | 283 | 146 | 817.97 | 514.88 | 232 | 75 |
| 合计 | 641069 | 661802 | 258748 | 337679 | 765.30 | 791.57 | 198020 | 267298 |

数据来源：2014/2015 年数据来自泰国驻缅甸大使馆 https://yangon.thaiembassy.org；2019/2020 各地区的产量数据，利用天然橡胶生产国协会 2021 年 8 月统计月报的产量。2019/2020 年各地区的产量份额分配到各地区，使用 Seine, et al（2021），《缅甸天然橡胶工业的主要经济政策：农业生产、土地利用和投资政策》，https://ap.fftc.org.tw/article/2740

### 三、生产潜力

缅甸天然橡胶生产潜力大。一是缅甸农村人口比重大，2020年农村人口占总人口的68.86%，割胶劳动力供给充足。二是自2018年5月起，除10人以下的小型企业和家族企业外，缅甸全国统一执行日薪约合3.50美元的最低基本工资标准，劳动力成本相对较低，非技术型工人月薪100美元左右。三是约35万公顷适宜种植橡胶的土地有待开发为橡胶园。

缅甸政府十分重视农业发展，颁布系列法规鼓励农民利用空地、闲地、荒地从事种植、养殖业及相关经济发展。缅甸重视科技创新、技术培训和交易市场。2018年6月，缅甸颁布《缅甸科技创新法》。《缅甸实现2018—2030可持续发展规划》把科技创新作为重点发展领域之一。2019年3月，缅甸成立国家科学、技术与创新委员会，加快构建全国科技创新体系。缅甸成立农业研究机构9个、综合性农业大学1所、专业农业学校7所，农业研究中心的研究实力不断提升。缅甸政府计划在南部的孟邦首府毛淡棉海港中心建立一个橡胶交易市场，协同促进产业发展。

## 第二节　贸易情况

### 一、贸易趋势

农产品是缅甸商品和服务出口的重要组成部分，天然橡胶是缅甸出口发展战略中的优先行业。2019年，缅甸农产品出口额37.53亿美元，其中天然橡胶2.56亿美元，占缅甸农产品出口额的5.10%，占缅甸商品和服务出口额的1.15%。2020年，天然橡胶出口额3.26亿美元，占比进一步提升（如图2.5.2）。

缅甸橡胶制品业发展滞后，进口量非常少，2020年进口天然橡胶仅487吨，进口额48.7万美元。

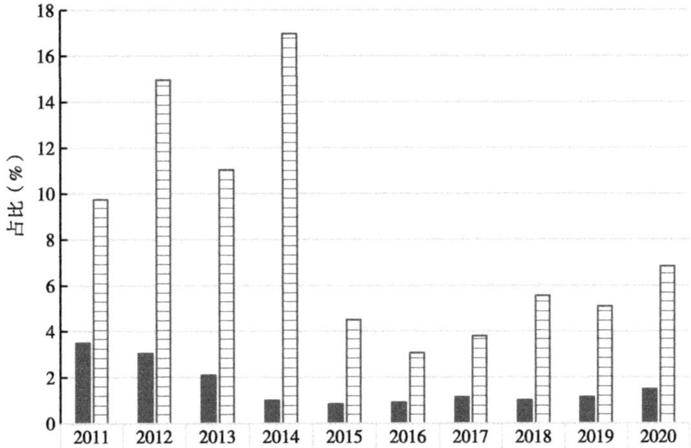


| | 2011 | 2012 | 2013 | 2014 | 2015 | 2016 | 2017 | 2018 | 2019 | 2020 |
|---|---|---|---|---|---|---|---|---|---|---|
| ■占商品与服务出口总额的比重（%） | 3.50 | 3.05 | 2.10 | 1.00 | 0.84 | 0.91 | 1.14 | 1.01 | 1.15 | 1.48 |
| □占农产品出口总额的比重（%） | 9.74 | 14.95 | 11.04 | 16.98 | 4.52 | 3.06 | 3.80 | 5.56 | 5.10 | 6.84 |

**图 2.5.2　2011—2020 年天然橡胶在缅甸出口的地位**

数据来源：联合国商品贸易统计数据库，世界银行，联合国粮农组织

## 二、出口产品

缅甸天然橡胶出口产品价格低。由于缅甸国内天然橡胶初加工业发展相对滞后，只消费少量天然橡胶，其余绝大部分以原料形式出口到中国、马来西亚等国家，且产品质量不高，因此缅甸天然橡胶出口的平均价格较低（如图 2.5.3）。

## 三、出口市场

缅甸在全球天然橡胶出口市场中的地位不断提高。2016 年缅甸出口天然橡胶（含复合橡胶与混合橡胶）9.85 万吨，出口额 1.45 亿美元；2020 年出口量提高至 21.97 万吨，出口额达 3.26 亿美元。预计未来几年内，缅甸天然橡胶出口量将继续增长（如图 2.5.4）。

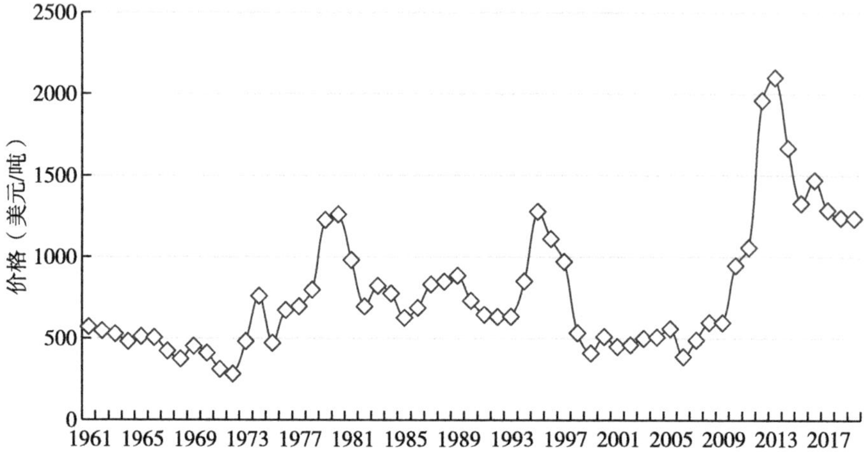


**图 2.5.3　1961—2019 年缅甸天然橡胶出口平均价格**

数据来源：联合国粮农组织，联合国商品贸易统计数据库

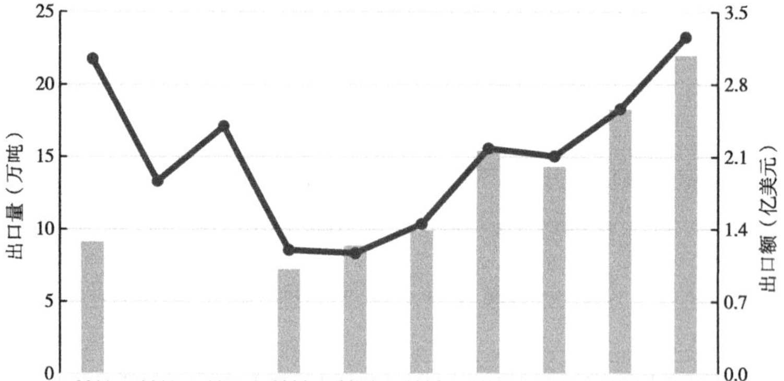


| | 2011 | 2012 | 2013 | 2014 | 2015 | 2016 | 2017 | 2018 | 2019 | 2020 |
|---|---|---|---|---|---|---|---|---|---|---|
| 出口量（万吨） | 9.08 | — | — | 7.18 | 8.79 | 9.85 | 15.35 | 14.27 | 18.23 | 21.97 |
| 出口额（亿美元） | 3.05 | 1.87 | 2.39 | 1.20 | 1.17 | 1.45 | 2.18 | 2.11 | 2.56 | 3.26 |

**图 2.5.4　2011—2020 年缅甸天然橡胶年度出口量与出口额**

数据来源：联合国商品贸易数据库（含复合橡胶与混合橡胶，2012、2013 年缺出口量）

中国是缅甸最大的出口目的地，2017 年占缅甸出口总量的 75.18%，2020 年下降至 67.46%（见表 2.5.3）。中国与缅甸边境线长达 2186 公里，又是最大的天然橡胶消费国，具有天然的市场和贸易便利条件。

**表 2.5.3　2016—2020 年缅甸天然橡胶排名前 10 的出口目的地与数量**

单位：万吨

| 2016 年 | | 2017 年 | | 2018 年 | | 2019 年 | | 2020 年 | |
|---|---|---|---|---|---|---|---|---|---|
| 目的地 | 数量 | 目的地 | 数量 | 目的地 | 数量 | 目的地 | 数量 | 目的地 | 数量 |
| 中国 | 6.52 | 中国 | 11.54 | 中国 | 8.93 | 中国 | 10.89 | 中国 | 14.82 |
| 马来西亚 | 1.64 | 马来西亚 | 1.61 | 马来西亚 | 2.54 | 马来西亚 | 4.05 | 马来西亚 | 3.36 |
| 泰国 | 0.64 | 日本 | 0.92 | 日本 | 0.73 | 印度 | 1.05 | 韩国 | 0.99 |
| 新加坡 | 0.45 | 泰国 | 0.67 | 韩国 | 0.51 | 韩国 | 0.70 | 印度 | 0.86 |
| 日本 | 0.37 | 韩国 | 0.37 | 印度 | 0.44 | 日本 | 0.59 | 日本 | 0.76 |
| 韩国 | 0.12 | 新加坡 | 0.14 | 泰国 | 0.43 | 泰国 | 0.51 | 泰国 | 0.59 |
| 印度 | 0.08 | 印度 | 0.05 | 越南 | 0.27 | 越南 | 0.32 | 越南 | 0.34 |
| 柬埔寨 | 0.01 | 澳大利亚 | 0.04 | 新加坡 | 0.24 | 巴基斯坦 | 0.03 | 巴基斯坦 | 0.08 |
| 印度尼西亚 | 0.01 | 越南 | 0.01 | 瑞士 | 0.05 | 斯里兰卡 | 0.02 | 斯里兰卡 | 0.06 |
| 巴基斯坦 | 0.01 | 美国 | 0.01 | 印度尼西亚 | 0.03 | 孟加拉 | 0.02 | 捷克 | 0.02 |

数据来源：联合国商品贸易统计数据库（含复合橡胶与混合橡胶）

## 第三节　产业与技术合作

### 一、产业合作

缅甸天然橡胶主管机构是农业、畜牧与灌溉部（MALI）下属的多年生作物司（PCD）。缅甸橡胶种植和生产者协会（MRPPA）是代表缅甸天然橡胶生产加工行业的国家级非政府组织。中国和缅甸在天然橡胶栽培示范基地建设和加工管理领域开展长期合作。

中国和缅甸开展质量管理培训。2016 年 12 月，来自缅甸掸邦东部的 30 名橡胶管理人员参加了在中国云南西双版纳州举办的橡胶生产加工企业质量管理培训班。质量管理培训的主要目的是促进缅甸橡胶生产企业提升橡胶产品质量，引导企业加强质量管理，保障其产品质量安全，提高其产品附加值，改善缅甸橡胶的产业结构，进一步帮助缅甸发展和提高橡胶初加工水平，为出口合格优质的橡胶初加工产品奠定坚实的基础。

中国和缅甸开展技术培训和示范。2020 年，中国热带农业科学院橡胶研究所与缅甸橡胶种植和生产者协会签署《澜沧江—湄公河合作协议》，在缅甸仰光省合作建设示范基地 3.33 公顷，集成示范中国的增产素、电动胶刀、干胶测定仪和橡胶树专用肥等新型天然橡胶科技，为提升老挝当地天然橡胶的种植和生产水平提供了技术支持。

## 二、天然橡胶合作需求

缅甸橡胶主要产自孟邦、克伦邦、德林达依省、勃固省和仰光省，主栽品种为 JVP80、GT1、PB260 和 BPM24 等。缅甸天然橡胶技术和资金匮乏，缺少熟练割胶工人，小胶农生产技术落后，导致产量低下、胶园死皮危害严重。其橡胶加工设备和技术缺乏、产品结构单一，亟须进一步加强在橡胶新品种新技术引进，优质种苗繁育生产基地、割胶技术示范基地、加工技术示范基地建设等领域的国际交流合作。加强橡胶科技人才联合培养，提升橡胶产业技术水平，加强国外产业投资和先进经验引进，合作开发天然橡胶产业。

# 第六章　泰国天然橡胶产业发展概况

泰国的橡胶种植环境优越，天然橡胶产业发展历史悠久。1991 年泰国成为全球第一大天然橡胶生产国和出口国，天然橡胶产业管理规范、技术先进，具有明显的竞争优势。近年来，泰国的天然橡胶产业链不断延伸、深加工体系不断完善，已成为全球第三大橡胶制品生产国。泰国持续打造橡胶制造加工业区域中心，将在澜湄国家天然橡胶产业的交流合作中继续发挥积极作用。

## 第一节　种植与生产

### 一、发展历程

泰国具有得天独厚的天然橡胶种植环境，大部分地区属热带季风气候，沿海平原为热带雨林气候，光照时间长，全年雨量丰沛，土地资源丰富、土壤肥力高，具有发展农业的先天优势。

泰国橡胶种植至今已有 120 多年的历史。随着全球天然橡胶的需求增长推高了天然橡胶价格，泰国橡胶种植面积迅速增加。1991 年起，泰国天然橡胶产量超越了印度尼西亚和马来西亚，成为全球第一大天然橡胶生产国和出口国。受全球天然橡胶价格周期性上涨的影响，2010—2013 年泰国迎来一波新植高峰，新种面积累计达 91.66 万公顷，占 2006—2020 年新增面积的 47.33%。然而，橡胶产业的高速增长势头并未持续，随着全球天然橡胶市场陷入低迷，泰国橡胶新增种植和胶园更新速度大幅放缓。2006—2020 年，泰国橡胶种植面积以年均 3.10% 的速度增加。近年来，泰国胶园逐步开割，割胶面积趋近总面积，2020 年种植面积 352 万公顷，开割面积 329.3 万公顷，开割率达到 93.54%（如图 2.6.1）。2020 年天然橡胶产量 486.25 万吨，出口量 387.51 万吨。

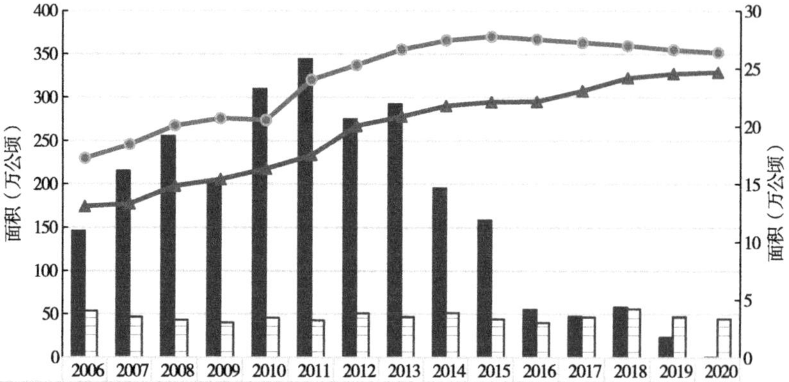


| | 2006 | 2007 | 2008 | 2009 | 2010 | 2011 | 2012 | 2013 | 2014 | 2015 | 2016 | 2017 | 2018 | 2019 | 2020 |
|---|---|---|---|---|---|---|---|---|---|---|---|---|---|---|---|
| 新种（右轴） | 10.96 | 16.14 | 19.18 | 15.29 | 23.24 | 25.82 | 20.65 | 21.95 | 14.66 | 11.89 | 4.16 | 3.57 | 4.37 | 1.76 | 0.04 |
| 更新种植（右轴） | 4.03 | 3.52 | 3.25 | 3.02 | 3.46 | 3.24 | 3.83 | 3.52 | 3.86 | 3.35 | 3.01 | 3.51 | 4.22 | 3.55 | 3.36 |
| 总面积 | 229.7 | 245.8 | 267.5 | 276.1 | 274.0 | 320.5 | 337.4 | 355.4 | 365.9 | 370.3 | 367.0 | 363.4 | 359.9 | 355.1 | 352.0 |
| 割胶面积 | 174.3 | 177.4 | 197.9 | 205.5 | 217.6 | 233.4 | 267.4 | 278.2 | 290.5 | 294.8 | 295.5 | 307.9 | 322.7 | 327.7 | 329.3 |

**图 2.6.1　2006—2020 年泰国橡胶种植业发展趋势**

数据来源：天然橡胶生产国协会

## 二、区域分布

泰国橡胶适宜种植地区广阔。泰国植胶区大致可划分为南部、中部、东北和北部四大部分，其中，南部地区气候环境和土壤条件较为优越，是泰国传统植胶区。2010 年，四大植胶区种植面积占全国总面积的比重分别为 69.42%、10.83%、16.35% 和 3.41%，产量占比分别为 81.63%、9.28%、8.33% 和 0.75%。随着种植结构的调整，南部地区种植面积有所缩减，东北部地区资源潜力开发充分。2020 年四大植胶区种植面积占比依次为 59.46%、10.76%、23.61% 和 6.16%，产量占比分别为 62.17%、9.44%、23.60% 和 4.79%。

泰国共 67 个省府种植橡胶。种植面积大于 10 万公顷的省府有素叻他尼、董里、洛坤、博他仑、宋卡、惹拉、那拉提瓦、黎府、汶干等，除黎府、汶干位于东北地区外，其余 7 个省府均位于南部地区。

2019 年起，泰国天然橡胶产量呈现下滑趋势。2020 年天然橡胶总量 486.25 万吨，相较于 2018 年的 497.40 万吨，减少了 11.15 万吨。泰国天然橡胶单产水平高，可达 1477 千克 / 公顷，高于马来西亚的 1415 千克 / 公顷、印度尼西亚的 1018 千克 / 公顷，低于越南的 1682 千克 / 公顷。

## 三、产品结构

泰国天然橡胶生产以出口为导向，根据进口国贸易政策以及需求变动及时调整产品结构。泰国主要生产烟片胶、标准胶、浓缩胶乳以及混合胶。标准胶是主导产品，占天然橡胶总产量的 36.90%。烟片胶产量下滑明显，混合胶增长快速。2020 年泰国烟片胶产量 53.60 万吨，相较于 2011 年减少了 35.60 万吨，混合胶产量由 2011 年的 42.80 万吨增加至 2020 年的 112.00 万吨（如图 2.6.2）。

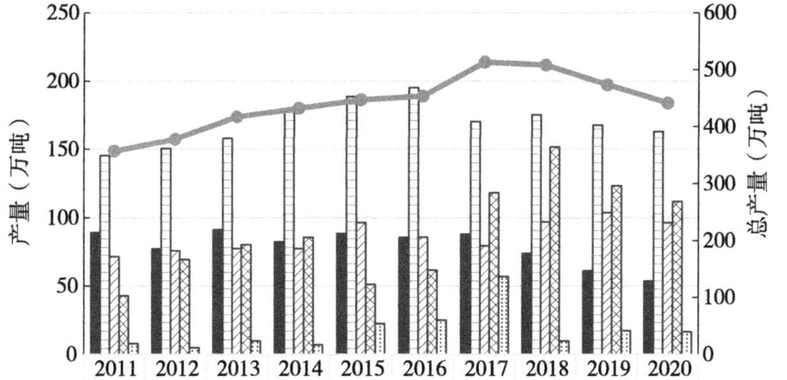


| | 2011 | 2012 | 2013 | 2014 | 2015 | 2016 | 2017 | 2018 | 2019 | 2020 |
|---|---|---|---|---|---|---|---|---|---|---|
| 烟胶片 | 89.2 | 77.2 | 91.3 | 82.4 | 88.4 | 85.7 | 88.0 | 74.0 | 61.2 | 53.6 |
| 标准胶 | 145.5 | 150.6 | 158.0 | 179.4 | 188.8 | 195.3 | 170.2 | 175.4 | 167.6 | 163.1 |
| 浓缩胶乳 | 71.4 | 75.7 | 77.6 | 77.7 | 96.4 | 86.1 | 79.7 | 97.1 | 103.9 | 96.5 |
| 混合胶 | 42.8 | 69.3 | 80.5 | 85.9 | 51.1 | 61.6 | 118.2 | 151.8 | 123.6 | 112.0 |
| 其他 | 8.0 | 5.0 | 9.8 | 7.1 | 22.6 | 25.1 | 57.1 | 9.9 | 17.4 | 16.8 |
| 总产量（右轴） | 356.9 | 377.8 | 417.0 | 432.4 | 447.3 | 453.7 | 513.2 | 508.3 | 473.6 | 441.9 |

**图 2.6.2　2011—2020 年泰国天然橡胶生产情况**

数据来源：泰国农业与合作社部

泰国注重夯实橡胶种植业发展基础。泰国橡胶种植以小农户为主，天然橡胶产业涉及600万人的生计，其中95%是小农户。泰国通过货币补贴、收储、合作社发展等方式，对小农户提供支持。泰国为农户种植或更新种植胶园提供补贴、贴息贷款等，促进农户加强未成龄胶园管理，提高全国生产产量。

泰国出台政策保障橡胶产业发展。2019年，泰国启动《国家橡胶产业20年发展战略》，拟提高生产效率，健全市场体系，支持研究开发和产品创新。泰国农产品交易所（AFET）上市交易以RSS3号烟片胶、STR20号标准胶为交割品的标准合约。泰国中央市场为天然橡胶原料交易提供平台，并对外公布交易价格，促进全国原料公平交易。

泰国注重推动天然橡胶产业高质量发展。泰国拥有宏曼历、泰华、诗董、联益等全球橡胶生产知名企业，泰华和黄春发牌的浓缩乳胶在中国具有较高知名度，其价格折合干胶后比国内产品每吨高153.85美元。泰国积极推动全产业链发展，整合上中下游行政资源，成立橡胶局协调产业各环节发展。泰中罗勇工业园、宋卡府橡胶城、立盛橡胶工业园等园区，吸引国内外企业投资橡胶制品制造业。泰中罗勇工业园企业生产的轮胎销往美国、巴西等50多个国家和地区。宋卡府橡胶城以橡胶创新产业（如海绵胶、枕头）、乳胶制品产业（如乳胶手套、安全套）、复合胶产品以及运输包装等配套产业为主。中国青岛森麒麟轮胎股份有限公司、广东农垦等企业在立盛橡胶工业园投资。另外，中国双钱轮胎集团有限公司、浦林成山（山东）轮胎有限公司、玲珑轮胎、中策橡胶等企业在泰国投资橡胶制品业。

## 第二节　贸易情况

泰国系全球最大的天然橡胶出口国，在全球天然橡胶出口贸易中占据重要地位，在天然橡胶原材料生产仓储领域具有较强竞争力。

## 一、出口贸易

泰国天然橡胶出口量增价跌。泰国天然橡胶出口量总体呈上升趋势，虽然 2019—2020 年受全球新冠肺炎疫情影响，出口量有所下滑，但 2011—2020 年均增长率仍保持在 2.85% 的水平。受价格持续低迷的影响，泰国天然橡胶出口额严重缩水，由 2011 年的 126 亿美元下降至 2020 年的 34.80 亿美元，年均增长率为 -13.32%（如图 2.6.3）。

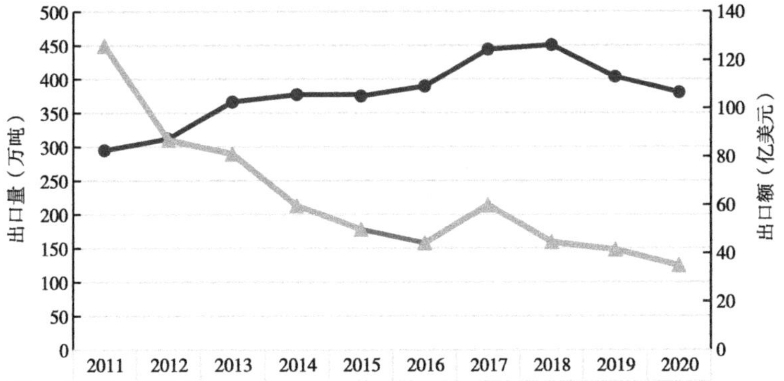


| | 2011 | 2012 | 2013 | 2014 | 2015 | 2016 | 2017 | 2018 | 2019 | 2020 |
|---|---|---|---|---|---|---|---|---|---|---|
| 出口量（万吨） | 295.24 | 312.13 | 366.49 | 377.06 | 374.95 | 389.41 | 444.33 | 450.75 | 403.58 | 380.13 |
| 出口额（亿美元） | 125.97 | 86.92 | 81.15 | 59.69 | 49.76 | 44.13 | 59.97 | 44.47 | 41.34 | 34.80 |

**图 2.6.3　2011—2020 年泰国天然橡胶出口**

数据来源：泰国海关总署

## 二、出口产品

泰国天然橡胶出口产品持续优化。烟胶片、标准胶、浓缩胶乳和复合胶是泰国主要的出口产品，出口量随国际市场需求的变化不断调整。2011 年泰国以烟胶片、标准胶为主导产品，两者出口量占比依次为 25.31% 和 44.06%。2020 年泰国烟胶片、标准胶出口量大幅减少，混合胶出口量迅速增加，三者出口占比依次为 9.93%、29.14 和 41.06%（如图 2.6.4）。

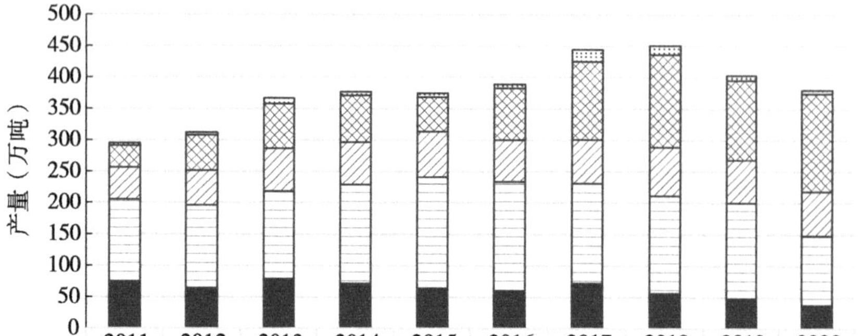


| | 2011 | 2012 | 2013 | 2014 | 2015 | 2016 | 2017 | 2018 | 2019 | 2020 |
|---|---|---|---|---|---|---|---|---|---|---|
| ■烟胶片 | 74.73 | 64.22 | 79.36 | 71.54 | 64.24 | 60.78 | 71.92 | 56.58 | 48.60 | 37.75 |
| □技术分类橡胶 | 130.08 | 131.84 | 139.23 | 157.46 | 176.71 | 172.94 | 159.18 | 154.63 | 151.86 | 110.76 |
| ▨浓缩胶乳 | 51.96 | 55.49 | 68.20 | 67.49 | 73.04 | 66.59 | 70.04 | 78.18 | 68.21 | 69.84 |
| ⊞混合胶 | 33.99 | 56.52 | 71.33 | 74.47 | 54.38 | 82.81 | 124.27 | 147.29 | 126.93 | 156.08 |
| □其他 | 4.47 | 4.06 | 8.38 | 6.10 | 6.59 | 6.28 | 18.92 | 14.06 | 7.99 | 5.71 |

**图 2.6.4　2011—2020 年泰国天然橡胶出口**

数据来源：泰国海关总署

## 三、出口市场

泰国是中国等多个国家的天然橡胶贸易伙伴。中国、马来西亚、欧盟、美国、日本、韩国等是泰国天然橡胶出口的主要贸易伙伴。中国是泰国最大的天然橡胶出口目的国，2020 年泰国对中国出口量为 234.97 万吨，相较于 2011 年的 127.42 万吨，出口规模几近翻番。中国在泰国出口市场的份额由 2011 年的 43%（如图 2.6.5）提升至 2020 年的 62%（如图 2.6.6）。随着中国市场份额的提升，日本、韩国、美国在泰国天然橡胶出口市场的份额相应减少。2011 年，泰国对日、美、韩天然橡胶出口占泰国出口总量的比重分别为 11%、7% 和 6%，2020 年减少为 4%、4% 和 2%，泰国天然橡胶出口目的地呈现更加集中的趋势。

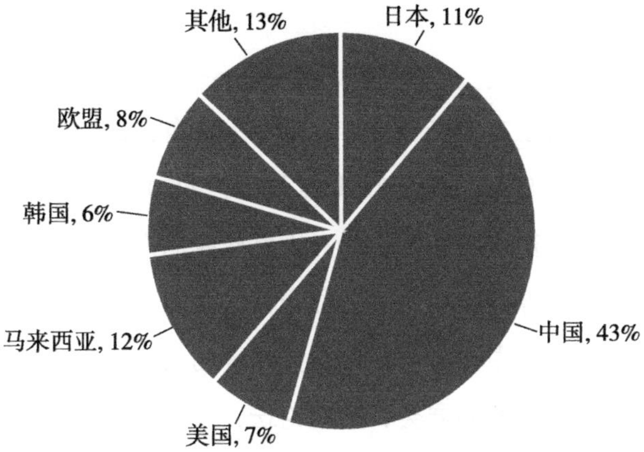


**图 2.6.5　2011 年泰国天然橡胶出口目的地分布**

数据来源：泰国海关总署

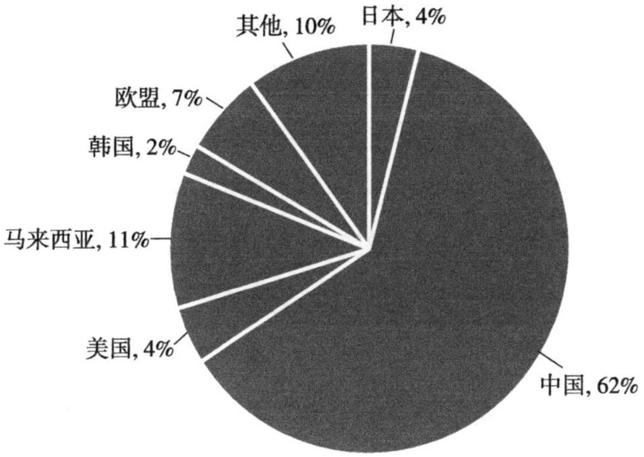


**图 2.6.6　2020 年泰国天然橡胶出口目的地分布**

数据来源：泰国海关总署

## 第三节　产业与技术合作

泰国建立了较为完整的天然橡胶产业链，与中国、越南等澜湄国家有着广泛合作，未来深化天然橡胶投资和技术合作的空间很大。

## 一、产业合作

中国和泰国开展全方位产业合作。近年来，自泰国进口的天然橡胶占中国天然橡胶进口市场的比例稳定在 40% 以上，2020 年占比 44.40%。中国市场对天然橡胶的巨大需求与泰国市场对天然橡胶的充分供给之间形成了互补关系，也推动了中泰橡胶产业的多方位合作。两国从政府到民间在橡胶行业领域的合作日益密切，中国—东盟自由贸易区的成立促进了两国天然橡胶贸易的发展。橡胶行业的贸易展会、产业论坛、学术交流、投资办厂等交往与合作，都给泰国橡胶产业的发展带来了积极深远的影响。

泰国设有专门的管理机构服务橡胶产业。泰国橡胶局是泰国农业与合作社部（MOAC）下设的橡胶行业行政管理组织。此外，还有橡胶更新扶助基金办公室、小胶园合作组织和泰国橡胶研究中心（RRIT），以及非官方的泰国橡胶协会（TRA）等，共同促进天然橡胶产业发展。2001 年，由全球最重要的橡胶进出口国家泰国、马来西亚和印度尼西亚合作成立了国际三方橡胶协会（ITRC），旨在解决橡胶价格下降问题，稳定橡胶价格。在国际三方橡胶协会框架下，三国达成了促进橡胶产业发展的共识与合作，包括加强橡胶创新研究和开发，增加橡胶消费量；邀请更多成员国买方和卖方加入，发展国内橡胶市场；平衡供需，保证价格合理，促进橡胶产业可持续发展。

中国和泰国合作开展示范基地建设。中国热带农业科学院橡胶研究所与泰国橡胶局签署《澜沧江—湄公河橡胶种植技术合作项目谅解备忘录》（MOU）。泰国橡胶局将在北柳府橡胶研究中心和廊开府橡胶研究中心建设 2 公顷橡胶树示范基地，提供示范基地建设所需场地，指定专门人员负责基地建设，管理维护示范基地。中国热带农业科学院橡胶研究所将在泰国示范自主研发的籽苗芽接、高效刺激剂、死皮防控剂、电动胶刀和干胶测定仪等新型技术和装备，向泰国橡胶局提供技术培训、技术视频和电动胶刀等设备用于示范基地建设。

中国和泰国天然橡胶的合作领域主要集中在投资建厂和产品贸易方面，

在技术领域的合作亟待提升。泰国橡胶局与中国热带农业科学院橡胶研究所签署的备忘录是中泰天然橡胶合作的落地项目，将为促进双方农业合作发挥重要作用（如图 2.6.7）。

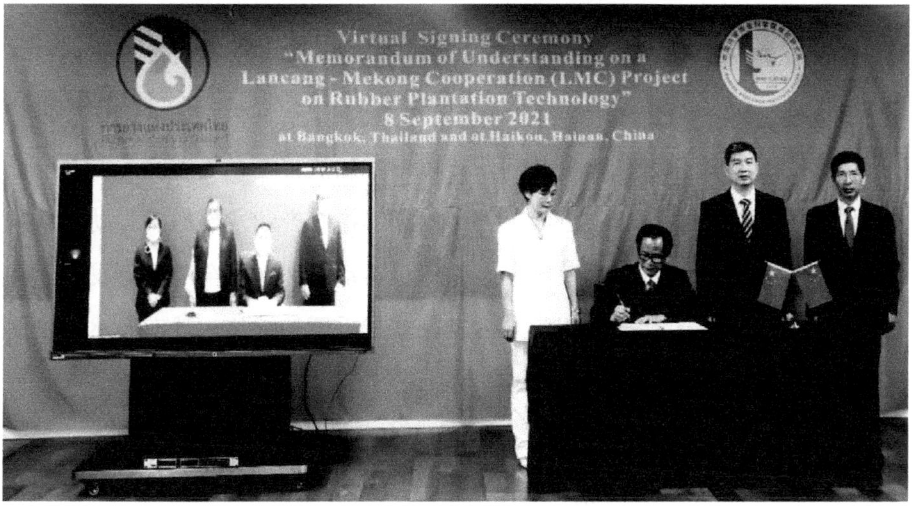


**图 2.6.7　中泰签署澜湄合作备忘录**

## 二、天然橡胶合作需求

由于泰国在天然橡胶下游产业如汽车轮胎、橡胶医疗用具、健康用品、运动橡胶工具等加工领域，存在缺乏资金、技术及国际信任度不高等问题，导致泰国天然橡胶下游产业尚未充分发挥潜能。泰国鼓励和支持对制造产业扩大投资和技术创新，着力提升泰国天然橡胶产业的结构层次，也是今后开展产业投资合作的方向。从技术方面来看，泰国在割胶技术、栽培技术等方面比较成熟，可与他国广泛开展天然橡胶产业技术交流与合作，共同提升生产技术水平。

# 第七章 越南天然橡胶产业发展概况

越南为新兴产胶国，地处北回归线以南，属热带季风气候区，热量雨量充足，十分适宜种植橡胶。近年来，越南天然橡胶产业发展势头强劲，单产水平高，成为全球第三大产胶国。越南积极推动天然橡胶全产业链发展，加工能力强，在全球天然橡胶贸易中占据越来越重要的地位。越南天然橡胶贸易投资和国际交流合作活跃，在澜湄国家天然橡胶合作中发挥积极作用。

## 第一节 种植与生产

### 一、区域分布

越南为天然橡胶适宜种植区。越南位于中南半岛东部，北与中国接壤，西与老挝、柬埔寨交界，陆地面积 32.90 万平方公里。地势西北高，东南低，境内 3/4 为山地和高原。红河三角洲和九龙江平原等两大平原是主要农业产区。地处北回归线以南，属热带季风气候区。北部四季分明，多数地区年平均气温为 23℃—25℃。空气湿润，雨量充足，全国年平均降雨量 1500—2000 毫米。越南农业土地面积 1239 万公顷，其中耕地面积 687.40 万公顷，占全国土地面积的 20.62%。

越南橡胶种植区域覆盖面广。根据越南农业与农村发展部统计，2017 年南部地区橡胶种植面积 54.89 万公顷，收获面积 41.72 万公顷。越南 58 个省和 5 个直辖市中，30 个省市均种植橡胶。南部地区主要覆盖平福、平阳、同奈、西宁、巴地头顿和胡志明 6 个省市。中部高原地区覆盖昆嵩、嘉莱、得乐、得农、林同 5 个省，种植面积 24.90 万公顷，收获面积 15.25 万公顷。

越南中部地区覆盖清化、义安、河静、广平、广治、承天顺化、广南、广义、平定、富安、庆和、宁顺、平顺 13 个省，种植面积 14.15 万公顷，收获面积 8.09 万公顷。北部地区包含河江、老街、安沛、奠边、莱州、山罗 6 个省，种植面积 3.03 万公顷，收获面积 0.26 万公顷（如表 2.7.1）。

**表 2.7.1　2015—2017 年越南主要植胶区橡胶生产情况**

| 地区 | 年份 | 种植面积（万公顷） | 开割面积（万公顷） | 产量（万吨） | 单产（千克 / 公顷） |
| --- | --- | --- | --- | --- | --- |
| 南部 | 2015 | 54.61 | 39.54 | 72.88 | 1843 |
| | 2016 | 54.30 | 40.42 | 74.80 | 1850 |
| | 2017 | 54.89 | 41.72 | 77.72 | 1863 |
| 中部高原 | 2015 | 25.89 | 13.52 | 19.38 | 1433 |
| | 2016 | 25.29 | 14.02 | 19.37 | 1382 |
| | 2017 | 24.90 | 15.25 | 21.54 | 1412 |
| 中部 | 2015 | 15.00 | 7.37 | 9.01 | 1223 |
| | 2016 | 14.71 | 7.69 | 9.36 | 1218 |
| | 2017 | 14.15 | 8.09 | 10.00 | 1237 |
| 北部 | 2015 | 3.06 | 0.00 | 0.0001 | 121 |
| | 2016 | 3.05 | 0.01 | 0.004 | 600 |
| | 2017 | 3.03 | 0.26 | 0.19 | 732 |
| 全国 | 2015 | 98.56 | 60.43 | 101.27 | 1676 |
| | 2016 | 97.35 | 62.14 | 103.53 | 1666 |
| | 2017 | 96.97 | 65.32 | 109.45 | 1676 |

数据来源：越南统计局，越南农业与农村发展部，越南橡胶协会

## 二、种植面积与产量

越南天然橡胶种植面积呈现先增后减趋势。2010 年，越南天然橡胶种植面积 74.87 万公顷，2012 年超过 90 万公顷，2015 年达到 98.56 万公顷，为历年最高。此后，越南天然橡胶种植面积逐年减少，2020 年种植面积 93.24 万公顷，相比峰值减少 5.32 万公顷。

越南天然橡胶产量逐渐递增。2015—2020 年，越南开割面积逐年增长，由 2010 年的 43.91 万公顷增加至 2020 年的 72.88 万公顷，平均每年增加 2.90 万公顷，年均复合增长率 5.21%，开割面积占种植面积的比重由 58.60% 逐步

增加至 78.22%。2010 年产量 75.45 万吨，2015 年首次超过 100 万吨，达到 101.27 万吨，2020 年产量达到 122.61 万吨，平均每年橡胶产量增加 4.72 万吨，年均复合增长率 5%（如图 2.7.1）。

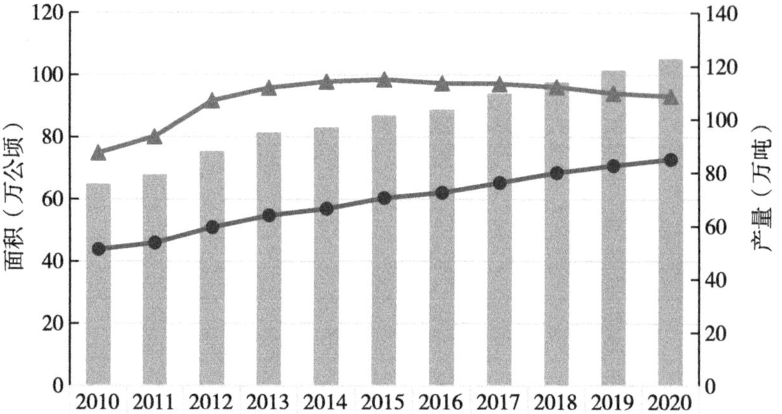


| | 2010 | 2011 | 2012 | 2013 | 2014 | 2015 | 2016 | 2017 | 2018 | 2019 | 2020 |
|---|---|---|---|---|---|---|---|---|---|---|---|
| 产量 | 75.5 | 78.9 | 87.7 | 94.7 | 96.7 | 101.3 | 103.5 | 109.5 | 113.8 | 118.3 | 122.6 |
| 开割面积 | 43.91 | 46.00 | 51.00 | 54.81 | 57.00 | 60.43 | 62.14 | 65.32 | 68.55 | 70.87 | 72.88 |
| 种植面积 | 74.87 | 80.16 | 91.79 | 95.88 | 97.89 | 98.56 | 97.35 | 97.16 | 96.18 | 94.18 | 93.20 |

**图 2.7.1　2010—2020 年越南天然橡胶种植面积与产量**

数据来源：天然橡胶生产国协会

## 三、单位面积产量

越南天然橡胶单位面积产量高。越南积极采用优良品种和先进技术，天然橡胶单产大幅提升，由 20 世纪 80 年代的 700 千克 / 公顷增加至 1600 千克 / 公顷以上，成为亚洲橡胶单产水平较高的国家之一。2010—2013 年越南天然橡胶单产保持稳定增长，由 1712 千克 / 公顷增加至 1728 千克 / 公顷。但受价格持续下跌因素影响，近年来越南橡胶单产出现一定幅度下降。2013—2016 年橡胶树单产下降幅度明显，由 1728 千克 / 公顷减少至 1666 千克 / 公顷，此后单产基本保持在 1600 千克 / 公顷以上，是天然橡胶生产国协会成员国中天然橡胶单产最高的国家（如图 2.7.2）。

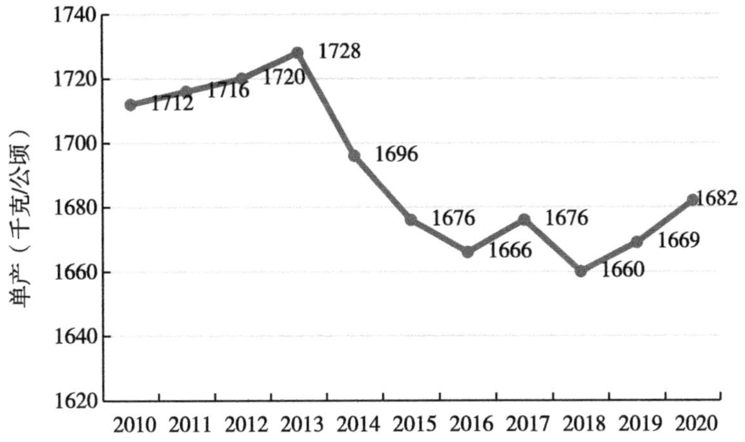


**图 2.7.2　2010—2020 年越南天然橡胶单产**

数据来源：天然橡胶生产国协会

越南橡胶产业以国有橡胶园为主。1975 年，越南橡胶种植面积 7.52 万公顷，其中 5.58 万公顷属于越南橡胶集团管辖。在国有力量支撑下，20 世纪 90 年代越南政府推动橡胶种植业发展的政策得以有效实施，2010 年种植面积达 74.87 万公顷。2016 年以后，政府政策重点在于控制橡胶种植面积，此后逐年减少，2020 年末实有面积比 2016 年减少了 4.11 万公顷。除了国有企业，越南还有一批私人橡胶种植企业。

越南天然橡胶生产比较效益高。越南天然橡胶单产在澜湄国家中位居首位，2020 年其单产水平是中国的 1.81 倍。越南国有胶园比重大，种植规划、种苗、非生产期抚管、割胶技术、胶园管理等方面具有较高的标准化程度。农业劳动力成本仅约相当于中国天然橡胶主产区的一半，为 7.69 美元 / 天，即使天然橡胶市场价格持续多年低迷，越南割胶生产依然具有比较效益优势。越南相关研究团队在 2018 年初期对越南 14 家橡胶企业进行商业调查发现，橡胶企业平均年收入为 0.29 亿美元。

越南积极推动天然橡胶全产业链发展。越南国有加工企业具有较高水平的技术装备，管理较为规范，自柬埔寨、老挝等进口天然橡胶原料加工后再出口。越南以大种植园为主，加工业由国有橡胶公司主导，生产加工能力较大，可以接受大量全球订单。

越南吸引外资力度加大。越南通过工业园区吸引外国企业投资橡胶制品业，中国赛轮集团股份有限公司在2011年就在越南投资建厂，2019年又建立了ACTR智能化轮胎工厂。贵州轮胎股份有限公司、双星集团有限责任公司、山东金宇轮胎有限公司等也在越南投资建厂。越南紧邻日本和中国，具有市场贸易优势。

## 第二节　贸易情况

### 一、出口贸易趋势

近10年来，越南天然橡胶出口量持续增长，在全球天然橡胶贸易中的地位不断提高。2020年，越南天然橡胶出口量由2011年的76.61万吨增加至169.46万吨，年均出口量122.22万吨，年均增速9.22%，高于国内产量。特别是2016年后出口量快速上升，年均增加13.13万吨。受价格持续下行影响，2011—2015年天然橡胶出口额不增反降，2016年之后出口额逐步回升（如图2.7.3）。

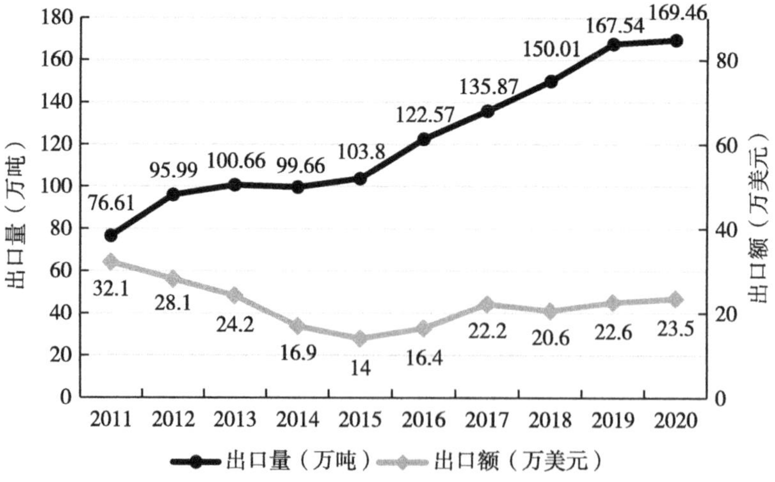


**图2.7.3　2011—2020年越南天然橡胶出口量与出口额**

数据来源：联合国商品贸易统计数据库

## 二、出口市场

越南天然橡胶出口目的地较为集中。越南天然橡胶主要出口至中国、印度、韩国、美国和德国等国。2020 年越南天然橡胶出口量为 169.46 万吨，其中对中国出口 133.17 万吨，占越南天然橡胶出口总量的 78.40%（如图 2.7.4）。越南对中国出口的天然橡胶主要品种包括复合胶和混合胶、3L 橡胶、胶乳、10 号标胶、烟片胶等。

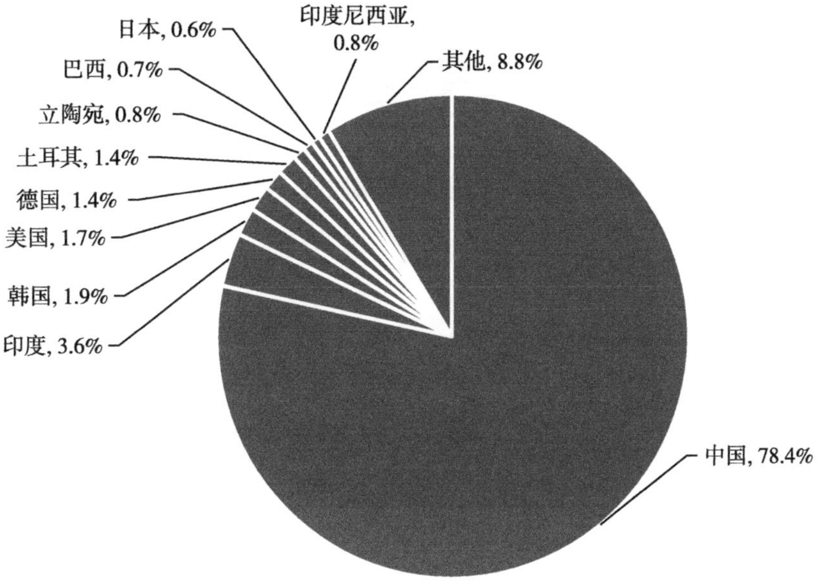


**图 2.7.4　2020 年越南天然橡胶出口目的地分布**

数据来源：联合国商品贸易统计数据库

## 三、进口来源国

越南天然橡胶进口主要以原料胶为主，大力发展加工转口贸易，自柬埔寨和老挝等邻国进口原料胶后，加工成标准胶后再出口（如图 2.7.5）。

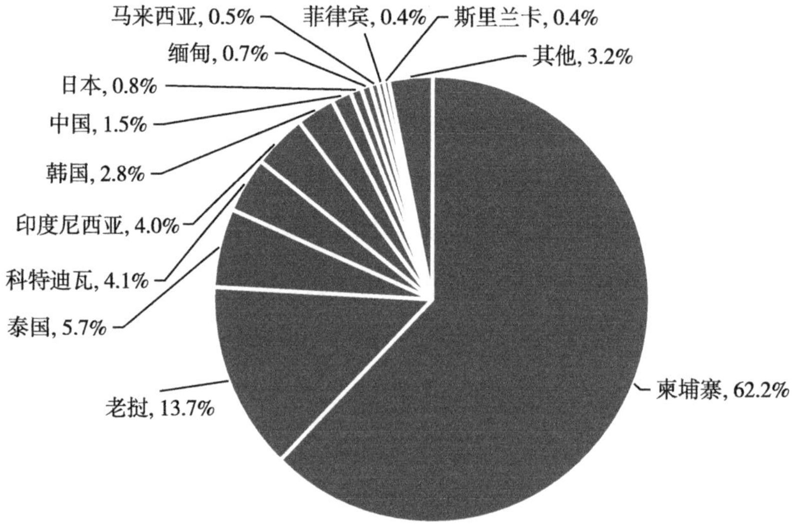


**图 2.7.5　2020 年越南天然橡胶进口目的地分布**

数据来源：联合国商品贸易统计数据库

## 第三节　产业与技术合作

### 一、产业合作

越南设有专门的天然橡胶管理机构。越南橡胶总公司（GERUCO）负责组织全国天然橡胶的生产和科研工作，下设若干植胶公司、工业公司、越南橡胶研究所（RRIV）等单位。2004 年越南正式成立橡胶协会，该协会由越南橡胶总公司牵头，有 17 个生产单位和加工企业参加，主要职能是维护橡胶行业利益，制订越南橡胶进出口计划，建立国内外橡胶商务关系等。

越南天然橡胶产品出口竞争力强。越南天然橡胶获得中国市场青睐，中国已成为越南天然橡胶的重要贸易伙伴。2020 年，越南出口中国的天然橡胶占越南全年出口量的 78.40%，近五年年均增长 5.60%。越南橡胶的产量和销量都出现质的飞跃，在中国力车胎、管带、鞋材等橡胶制品领域应用广泛，其价格和性能优势也得到中国客户认可，在中国市场的地位与日俱增。

越南和中国在天然橡胶全领域开展合作。中越双方就“两廊一圈”构想与“一带一路”倡议的战略对接合作达成共识，自然条件及发展水平的差异造就了两国农产品、农业科技及农业生产要素等方面的互补性。2015年，中国与越南签署农业合作谅解备忘录，标志着两国在农业领域开展多方面合作，将合作范围拓展至农业研究、技术、贸易和动植物品种的培育、追踪和疾病防控，农业机械设备生产，农产品加工，专家交流和信息互通领域。两国通过专家、科研人员与培训学员代表团交流等形式开展合作，为中越天然橡胶合作打下了良好基础。

## 二、天然橡胶合作需求

越南在天然橡胶相关标准制定及规范化方面尚有发展空间，国家标准体系不够完善，种苗质量参差不齐，出口产品在生产、运输、销售等环节竞争力仍不高。越南天然橡胶行业在联合建立研究中心、建设种苗基地、技术革新及推广培训、帮助企业提高能效和产品质量、加强深加工与高质量产品生产等方面，有合作需求。

# 第八章　澜湄国家天然橡胶产业发展建议

澜沧江—湄公河流域是全球天然橡胶优势产区，澜湄国家拥有全球最大的天然橡胶消费市场。澜湄国家具有天然橡胶产业合作发展的共同愿景，在人力、资金、技术等方面优势互补、形成梯度差异，产业合作前景广阔。为推动澜湄国家天然橡胶产业升级和高质量发展，结合各国天然橡胶产业发展实际，对促进澜湄国家天然橡胶产业共同发展提出如下建议。

## 第一节　完善产业结构

### 一、推广应用橡胶树良种苗木

良种苗木是天然橡胶产业发展的基础，影响橡胶树长达30—40年的生产周期。要建设良种苗木繁育基地，大力推广良种苗木，应用组培苗、袋装苗、大型全苗等先进繁育技术，提高新植和更新胶园的优良品种纯度、种苗质量，提升林相和长势，合理优化配置品种布局，因地制宜选取高产抗逆品种。

### 二、推动天然橡胶初加工升级

依托资本和技术，进一步密切初加工企业和植胶者之间的关系，严把原料关，提高原料质量。整合初加工企业，建立健全产品质量标准体系，提高产品质量一致性，打造知名品牌。升级加工设备工艺，强化清洁生产。优化产品结构，加强高端胶生产。

### 三、促进三产融合发展

本着天然橡胶全产业链一体化发展理念，不断促进产业资源集聚和业态升级。打造生态胶园和高标准胶园，发展胶园林下经济，稳定第一产业；发展高端产品和乳胶制品深加工，拓展加工链条，开发第二产业；培育橡胶木制品、环保新材料等新兴产业，大力发展社会化专业服务、旅游康养、贸易物流等产业，实现三产融合发展。

## 第二节 强化科技创新

澜湄国家均设有天然橡胶专业研发和管理机构，以柬埔寨橡胶研究所、中国热带农业科学院橡胶研究所、老挝国家农林研究院、缅甸多年生作物司、泰国橡胶局、越南橡胶研究所和越南国家农业大学等为代表，分别牵头开展本国天然橡胶科技创新和技术推广工作。今后要进一步完善技术体系，加大科技研发力度，加快先进适用技术的推广应用，提高产业技术含量。

### 一、强化科技创新

针对制约产业转型升级的重大技术难题联合开展攻关，在品种改良、基因组学、质量调控机制、病虫害防控、生态学、割胶技术与装备、绿色加工技术、初加工生产线自动化、木材材质调控、天然橡胶高性能化改良、大数据等关键技术领域，实现重大突破。

### 二、加快技术推广

以市场需求和产业问题为导向，围绕良种苗木推广应用、抗逆栽培、胶乳采收、保鲜凝固、初加工、新材料推广应用等环节，集成一批科技成果和技术模式，加快转化应用。完善产业技术体系，拓展多元化的技术扩散渠道，形成“科研单位 + 推广机构 / 企业 + 农户”等灵活多样的技术推广模式和机制，提高技术转化效率。

### 三、加快应用信息技术推广

利用物联网、大数据等现代科学技术，打造集智能检测、分析预警、信息交流、综合会商、辅助决策、应急处置、展示示范、技术评估等于一体的标准化、系统化、智能化的现代胶园管理平台，实现胶园“四情”的动态实时监测，为橡胶生产提供气象灾害、病虫害、胶树长势等信息预警服务。

## 第三节　创新合作机制

建议澜湄国家进一步加强产业联合联盟，以人才交流、项目合作、技术培训、检测标准为重点，开展联合研发、投资合作，促进互利共赢，共同提升本区域天然橡胶产业的整体水平和综合效益。

### 一、发挥天然橡胶国际组织作用

国际橡胶研究与发展委员会、天然橡胶生产国协会等是全球重要的天然橡胶国际组织，对促进全球天然橡胶产业联合研究及合作发展具有重要作用。澜湄国家要积极参与天然橡胶国际组织的相关事务，协调一致、相互促进，积极学习先进的技术成果，提高产业发展水平，提升国际影响力。

### 二、构建澜湄国家天然橡胶产业技术联盟

在澜湄国家合作框架下，由澜湄国家天然橡胶科研机构和企业合作建立技术联盟，旨在统一技术标准和规范，推进构建区域内天然橡胶产业合作和

仲裁机制，加快产业技术交流、全面开展产业合作。联盟建立定期对话交流机制，联合制定澜湄国家产业合作规划，开展资源调查和共享利用，共同制定产品标准，共建天然橡胶实验室、技术试验示范基地，联合承担国际合作研发专项工作，推进澜湄国家天然橡胶市场建设。

## 三、实施澜湄国家天然橡胶产业合作项目

### （一）橡胶联合加工中心项目

针对湄公河五国天然橡胶加工标准落后、加工产品一致性较低、价格水平较低等问题，为提升当地胶农、加工厂和出口商效益，建议在湄公河五国主要省份的农户橡胶种植园附近，投资建立橡胶联合加工中心，以提高规模效益、降低加工成本、促进加工升级、引领加工技术示范、生产质量稳定的天然橡胶并扩大出口、积极创造就业机会、增加农户收入。

### （二）橡胶树专用肥生产项目

针对湄公河五国橡胶园土壤养分流失和胶园退化问题，为提升胶园环境和生态效益，建议在湄公河五国大型胶园建立橡胶树专用肥料生产基地。针对湄公河五国当地土壤类型，采用测土配方技术，生产专用有机肥和化肥，为胶园潜力持续释放和水土保持提供支持。

### （三）市场化准入和栽培技术示范项目

基于澜湄国家天然橡胶贸易量巨大和栽培技术优势互补的现状，建议澜湄国家有关部门和机构就天然橡胶产品标准、市场拓展等问题开展联合调研，建立互通互用标准体系、交易规则及交易仲裁机制，畅通要素和市场流通渠道，提高澜湄国家投资者、贸易商、制造商合作效率。结合澜湄国家需求，联合开展天然橡胶栽培技术示范项目，促进先进天然橡胶技术推广。

### （四）天然橡胶加工厂废水处理技术项目

针对橡胶加工存在的环保问题，建议采用新型微生物处理方法，对废水中的橡胶烃、蛋白质、天然树脂类、糖类、无机盐等进行处理，升级废气治

理设备，达到澜湄国家当地排放标准，促进循环利用。

（五）产业扶贫合作项目

针对湄公河五国农民收入较低问题，建议联合开展橡胶种植户可持续生计研究，通过提高技术扩散效率、提升人力资源、优化社区治理体系、改革经营体制等，提高胶农自我发展能力。通过探索碳汇购买服务、提高机械化水平、促进胶园多样化经营和全产业链发展，提高胶农家庭收入。

（六）木材加工示范项目

中国拥有先进的橡胶木材防腐、干燥、综合利用和深加工技术，生产橡胶木工艺品和家具等具有广阔市场。中国热带农业科学院橡胶研究所研发的高温热改性碳化木工艺，是中国—南亚国际合作主推技术。海南农垦橡胶木材加工获得 FSC 森林经营认证（FM），正式获准开展木材对外贸易，并与宜家贸易（中国）有限公司、龙洋木业有限公司、松源木业有限责任公司等企业开展合作。木材加工合作将推进澜湄国家橡胶园木材更新和高效利用，推进橡胶木上下游一体化产业链，提高加工产品附加值，提升产业效益。

（七）罂粟替代种植项目

20 世纪 90 年代，中国协助“金三角”及与中国接壤的缅甸、老挝的边境地区开展罂粟替代种植项目。以中老丰沙里省罂粟替代发展综合示范项目为代表的合作项目，对减少当地罂粟面积、促进农民增收和改善生产生活条件起到重要作用。建议利用天然橡胶种植和收益长期稳定的特点，大力开发优良植胶资源，提高当地农民思想认识，改善村寨基础设施，提高产业效益。

# 第三篇 澜湄国家饲料产业发展报告

饲料产业上承种植业，下接畜牧水产养殖业，涵盖饲料原料、饲料添加剂、添加剂预混合饲料、浓缩饲料和配合饲料等生产技术、饲料机械设备制造、饲料质量安全以及围绕饲料产品的物流、营销和贸易等。饲料产业的发展在拉动种植生产、提高养殖效率、促进生产方式转变等方面发挥了重要作用，是为人类提供安全卫生和营养丰富的动物性食品的基本保障，也是增加农民收入、提高农业生产竞争力的重要途径。

# 第一章　澜湄国家饲料产业政策

饲料产业是现代畜牧业和水产养殖业发展的基础保障，是农业产业链中连接种植业与畜牧、水产养殖业的重要环节，也是目前澜湄国家政府重点扶持的基础产业。因此农业、饲料产业、种植业和养殖业相关产业政策环境，均为影响饲料产业发展的重要因素。鉴于产业管理体制与法律法规是产业发展的重要政策基础，质量安全标准体系是产业管理和法律法规实施的重要技术保障，本章节重点围绕全球饲料产业发展大环境、澜湄国家饲料产业管理体制与政策规划、澜湄国家饲料产业法律法规与标准体系三方面，对澜湄国家饲料产业政策环境进行较为系统全面的分析梳理。

## 第一节　全球饲料产业发展概况

经过两百多年的饲料工业化发展，全球饲料生产历经变革，饲料产量不断攀升。1995 年，全球饲料产量 5.60 亿吨，之后年平均增长率约为 3.13%。2019 年底以来，受新冠肺炎疫情影响，全球各国饲料生产均受到冲击，但产量仍然保持增长态势，2020 年全球饲料产量达 11.88 亿吨（如表 3.1.1）。

**表 3.1.1　1995—2020 年全球饲料产量**

单位：亿吨

| 年份 | 1995 | 1996 | 1997 | 1998 | 1999 | 2000 | 2001 | 2002 | 2003 | 2004 | 2005 | 2006 | 2007 |
|---|---|---|---|---|---|---|---|---|---|---|---|---|---|
| 产量 | 5.60 | 5.97 | 6.05 | 5.95 | 6.06 | 6.11 | 6.17 | 6.24 | 6.32 | 6.34 | 6.46 | 6.56 | 6.80 |
| 年份 | 2008 | 2009 | 2010 | 2011 | 2012 | 2013 | 2014 | 2015 | 2016 | 2017 | 2018 | 2019 | 2020 |
| 产量 | 7.00 | 7.08 | 7.25 | 8.73 | 9.59 | 9.63 | 9.80 | 9.95 | 10.32 | 10.70 | 11.03 | 11.27 | 11.88 |

数据来源：联合国粮农组织

2020年亚太地区饲料产量最高，约占全球饲料产量的36.53%；其次为欧洲和北美地区，饲料产量分别占全球饲料产量的22.05%和19.97%；拉丁美洲饲料产量占比约为14.86%；非洲、中东和大洋洲饲料产量相对较少（如图3.1.1）。作为全球饲料主要生产地，亚太地区一直保持着较大的饲料生产规模。2016—2020年，亚太地区饲料产量占全球比重一直保持在30%以上。从各国饲料生产情况看，自2012年开始，中国饲料产量跃居全球第一，2020年中国饲料总产量约为2.53亿吨，占全球饲料产量的21.30%；其次是美国，饲料产量在全球的比重约为18.18%；2020年饲料产量排在前5位的国家还有墨西哥、巴西和印度，占比分别为8.19%、6.53%和3.31%（如图3.1.2）。

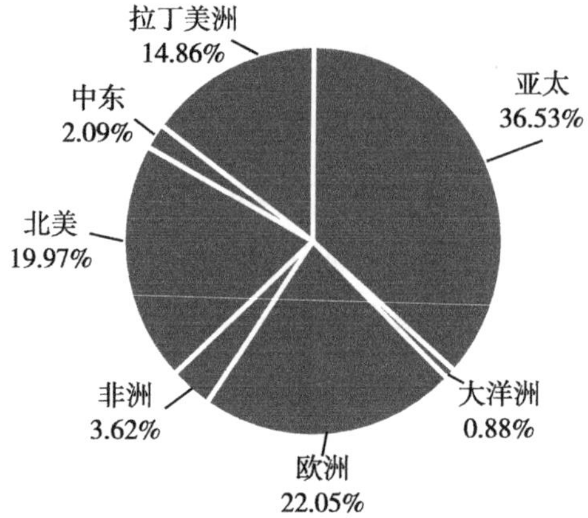


**图3.1.1　2020年全球饲料产量地区分布**

数据来源：联合国粮农组织

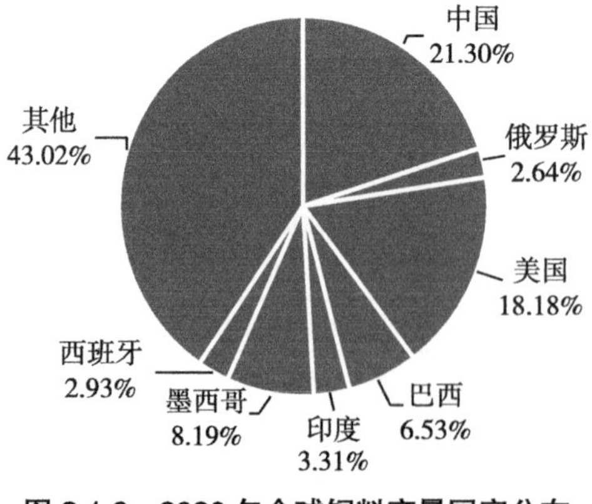


**图3.1.2　2020年全球饲料产量国家分布**

数据来源：联合国粮农组织

2020 年肉鸡饲料、猪饲料和蛋鸡饲料产量排名前 3，分别为 33457 万吨、28636 万吨和 16048 万吨，累计占比 65.79%（如图 3.1.3）。近年来，宠物饲料和水产饲料的产量增长迅速。2020 年宠物饲料产量相比于 2019 年增长了约 7.63%，其中欧洲增长率最高，达 14.01%；随着全球水产养殖业的发展速度加快，2020 年水产饲料产量相比于 2019 年增长了约 2.81%。

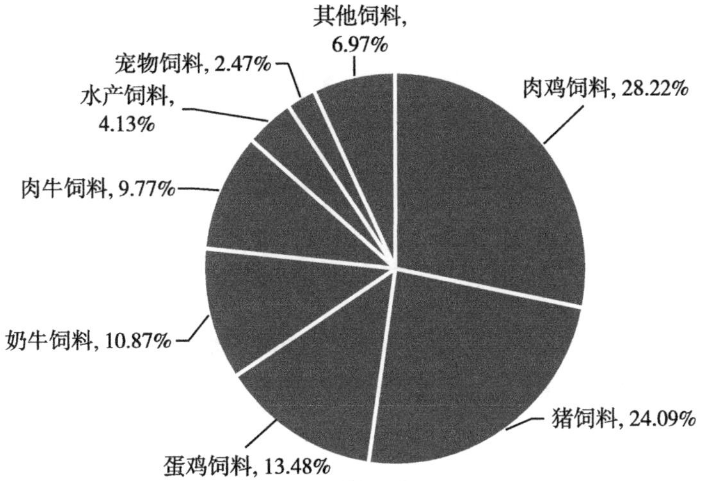


**图 3.1.3　2020 年全球饲料种类与产量比例**

数据来源：联合国粮农组织

2016 年全球约有 30090 家饲料厂，到 2020 年饲料企业减少为 28414 家。2016 年全球饲料产量集中度 CR5（市场占有率排名前 5 的公司的市场占有率之和）为 47.52%，2020 年提高至 51.42%（如图 3.1.4）。随着饲料产业市场竞争日趋激烈，相比于小型饲料加工企业分散式、区域化的经营模式，大型饲料加工企业在采购成本控制、质量控制、品牌体系建设等方面表现出更为明显的优势。全球饲料产业呈现整合和并购趋势，行业生产集中度不断提高，同时饲料产业化发展也使得饲料供应商越来越专业化。

## 第二节　澜湄国家饲料产业管理体制与政策

饲料产业管理体制和相关政策规划是实施饲料产业建设、优化完善饲料

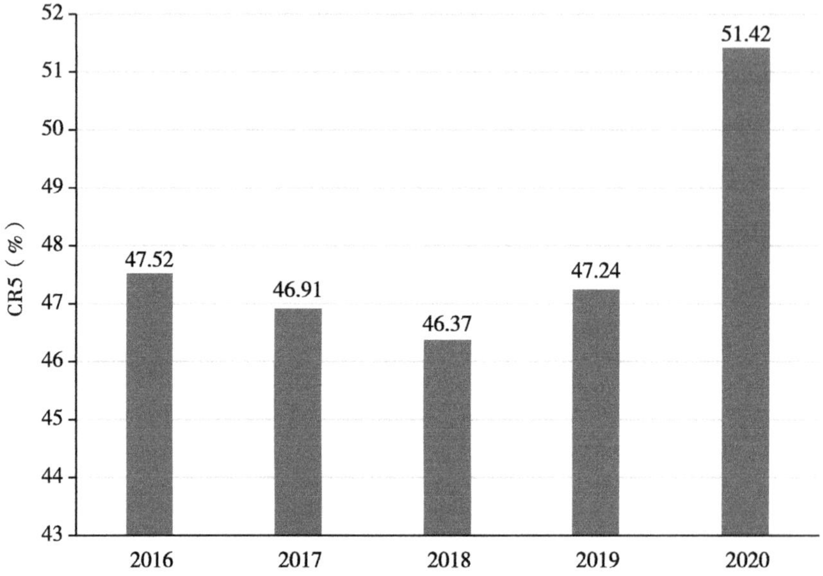


**图 3.1.4　2016—2020 年全球饲料产量集中度 CR5**

数据来源：联合国粮农组织

产业结构、推动饲料产业合理有序发展的重要基石和指导。基于本国国情，澜湄国家针对种植业、饲料业和畜牧业、水产养殖业等整个农业产业链的发展，制定了一系列相关管理体制和产业发展政策。

## 一、柬埔寨饲料产业管理体制与政策

柬埔寨的饲料产业主管部门为柬埔寨农林渔业部，该部门下设动物健康与动物生产总局负责畜禽水产饲料管理工作，而且各省均有对应的省农林渔业部门负责当地饲料管理工作。柬埔寨与饲料产业相关的民间组织有柬埔寨家禽协会、柬埔寨牲畜饲养者协会、柬埔寨农业研究与发展中心、渔业行动联盟和世界渔业中心（WorldFish）。这些组织致力于促进柬埔寨饲料产业相关政策的制定与完善、开展学术性研究和维护饲料企业与养殖户的权益。

柬埔寨政府近年来相继颁布《农业发展战略规划（2014—2018）》《渔

业战略规划框架（2010—2019年）》《农业战略发展规划（2019—2023）》等，提出了提高动物养殖健康与生产水平、保障可持续渔业发展等系列政策规划，以促进柬埔寨畜牧业、水产养殖业以及饲料产业的发展。

## 二、中国饲料产业管理体制与政策

2011年中国修订了《饲料和饲料添加剂管理条例》，这是中国专门针对饲料和饲料添加剂管理制定的法规。该条例明确规定国务院农业行政主管部门负责全国饲料、饲料添加剂的监督管理工作，县级以上地方人民政府负责饲料、饲料添加剂管理的部门负责本行政区域饲料、饲料添加剂的监督管理工作。

中国饲料质量安全监管体系由1个国家中心（北京）、10个部级中心、34个省级饲料监察所（包括4个计划单列市大连、青岛、深圳、宁波）组成。全国畜牧总站（中国饲料工业协会）成立于1985年，是联系政府、饲料行业企事业单位、社会团体和个人的非营利性社会中介组织和自律性行业管理组织，协助畜牧行政主管部门拟定畜牧业相关法律法规和政策建议、受委托承担饲料行业相关的工作、提出行业重大技术进步措施建议、组织开展饲料行业自律性管理和行业评价、指导企业改革与管理。

从1983年开始，中国相继颁布了一系列的发展纲要、规划和意见等，大力支持和推动饲料产业的发展（见表3.1.2）。1983年2月国务院办公厅转发国家计划委员会《关于发展我国饲料工业问题的报告》，这是国务院办公厅关于发展饲料产业的第一个文件，表明了政府对饲料产业的重视。1984年12月国务院办公厅转发国家经委《1984—2000年全国饲料工业发展纲要（试行草案）》，提出中国饲料行业建设分两步走："1990年前主要是打好基础，创造条件；后十年要健全饲料工业体系。"这标志着中国已经把饲料行业正式纳入国民经济和社会发展序列。1985年国务院正式发文，批准国家经委成立全国饲料工业办公室、中国饲料工业协会和中国饲料工业技术开发总公司，负责领导全国饲料工业和全行业的组织管理工作。总体来说，1983—2000年，这一阶段是饲料产业的起步和成长阶段，2000 年左右，经过 20 多年的改革与发展，中国饲料产业已经形成门类比较齐全、功能比较完备的产业体系，成为国民经济中的重要基础产业。

**表 3.1.2　中国饲料产业相关发展规划文件**

| 日期 | 文件名称 |
| --- | --- |
| 1983 年 2 月 | 《关于发展我国饲料工业问题的报告》 |
| 1984 年 12 月 | 《1984—2000 年全国饲料工业发展纲要（试行草案）》 |
| 2001 年 12 月 | 《饲料工业“十五”计划和 2015 年远景目标规划》 |
| 2002 年 7 月 | 《关于饲料业持续健康发展的若干意见》 |
| 2016 年 4 月 | 《全国生猪生产发展规划（2016—2020 年）》 |
| 2016 年 7 月 | 《全国草食畜牧业发展规划 (2016—2020 年 )》 |
| 2016 年 10 月 | 《全国饲料工业“十三五”发展规划》 |
| 2019 年 3 月 | 《全国饲料工业统计调查制度》 |
| 2020 年 9 月 | 《关于促进畜牧业高质量发展的意见》 |
| 2021 年 9 月 | 《“十四五”全国农业绿色发展规划》 |
| 2021 年 12 月 | 《“十四五”全国畜牧兽医行业发展规划》 |

2000 年至今，中国饲料产业主要从产业结构、生产布局以及质量监管方面进行了调整。2001 年《饲料工业“十五”计划和 2015 年远景目标规划》和 2002 年《关于饲料业持续健康发展的若干意见》均明确提出：“发展饲料业是推进农业和农村经济结构战略性调整的重要方面。”2016 年《全国饲料工业“十三五”发展规划》指出，中国饲料工业经过 30 多年的快速发展，形成了饲料加工、饲料原料、饲料添加剂、饲料机械等门类齐全的产业体系。同时该规划指出“十三五”时期养殖业进入了生产减速、结构优化、质量升级、布局调整、产业整合的新阶段，饲料工业发展面临着市场空间拓展更难、质量安全要求更严、资源环境约束更紧等诸多挑战。2020 年 9 月国务院发布《关于促进畜牧业高质量发展的意见》，明确指出要调整优化饲料配方结构，促进玉米、豆粕的减量替代。2021 年 9 月出台《“十四五”全国农业绿色发展规划》，指出国家鼓励养殖场和饲料企业结合，开发生物质基饲料。2021 年 12 月发布《“十四五”全国畜牧兽医行业发展规划》，提出 2025 年饲料工业

产值 1 万亿元的发展目标，做强现代饲料工业，构建现代饲草产业体系。

## 三、老挝饲料产业管理体制与政策

老挝饲料产业主管部门为老挝农林部。该部门下设畜牧渔业司负责畜禽饲料和水产饲料的管理工作，具体职责包括制定饲料产业的国家战略、政策和相关法规，收集饲料产业相关信息以及与国际组织联络合作推动饲料产业发展。畜牧渔业司直属设有国家动物饲料实验室 (AFL)，负责对老挝境内的饲料和饲料添加剂产品进行质量安全监管与检测检验。同时，老挝各省都有对应的农林部门负责当地的饲料产业管理工作。

近年来，老挝政府颁布了一系列与饲料产业相关的政策规划，包括《关于推动黄牛、水牛养殖以出口中国的相关规定》《老挝农业发展战略规划（2011—2020）》《老挝渔业发展战略规划（2015—2020）》等。2021 年 1 月老挝农林部部长发布加速推进 50 万头生牛出口中国的部长令，明确提出向中国市场提供高品质、多数量的牛类产品的规划。该部长令指出将大力推动老挝的水牛和黄牛养殖工程，特别是注重发展地方专业养殖农场，同时将大力推动各类牧草生产作为牲畜饲料，以促进饲料生产的多样化发展。

## 四、缅甸饲料产业管理体制与政策

缅甸的饲料产业主管部门为缅甸农业畜牧与灌溉部（MOALI），该部门下设 13 个部门，其中畜牧与兽医部、渔业部分管畜禽饲料和水产饲料相关工作。畜牧业联合总会是成立于 1999 年的非政府组织，拥有约 14000 余名注册会员，遍布全国。该组织的主要职责是宣传畜禽养殖、饲料相关技术知识，促进缅甸国内外产业技术交流与合作。

为满足缅甸国内外消费者日益增长的需求，缅甸近年来颁布了《农业发展第二个五年短期计划（2016—2020 年）》，明确提出了系列政策，以促进缅甸畜禽养殖和水产养殖业生产更多元化的优质动物产品，也对饲料产业的产品质量安全提出要求。

## 五、泰国饲料产业管理体制与政策

泰国农业与合作社部主管饲料产业、养殖业和加工业等。农业与合作社部直属的畜牧发展司分管饲料产业并负责饲料质量安全的监管，下属有76家检测机构，负责对泰国境内的饲料和饲料添加剂产品进行检测检验（如图3.1.5）。泰国饲料厂协会（TFMA）拥有30多家企业会员，企业会员的饲料年生产量占泰国饲料年产量的90%以上。泰国饲料厂协会与政府主管部门密切合作，在诸如原料进口、贸易壁垒、对外谈判、技术交流合作、资金方面给予企业有力帮助，以维护饲料企业的合法权益。

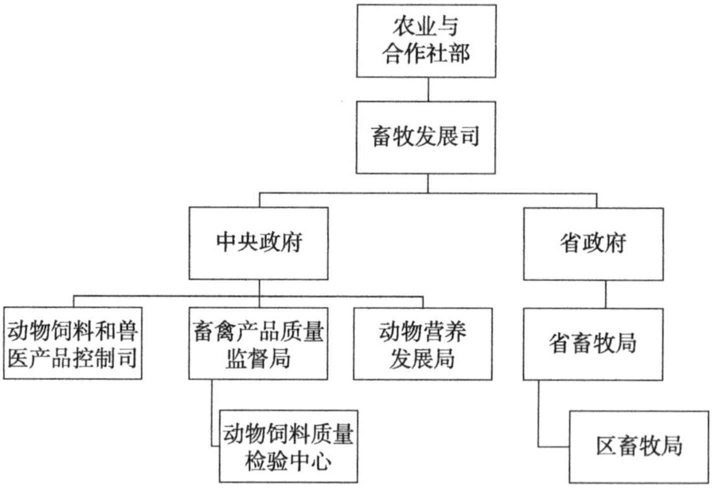


**图 3.1.5 泰国饲料产业管理部门组织框架**

资料来源：泰国农业与合作社部

泰国农业与合作社部根据本国国情，制定《有机农作物发展规划（2017—2021年）》《农业发展规划（2017—2036年）》等，明确规定充分利用自然资源，发展环境友好的饲料原料种植和生产，坚持“创新、清洁、安全、环保”的原则，实施饲料标准化和标准认证生产，加强饲料加工技术研发。同时，泰国政府对饲料市场有一套完整的扶持政策，包括通过给予适当补贴或者免税政策，鼓励玉米、木薯等饲料原料种植；通过征收饲料原料进出口税，支持饲料原料生产；实施收储政策、信贷支持政策以及设置外资准入门槛等。

### 六、越南饲料产业管理体制与政策

越南饲料产业主管部门为农业与农村发展部（MARD），该部门下设养殖局和水产局分别负责畜禽饲料和水产饲料的管理工作。越南与饲料产业相关的协会包括畜禽养殖协会、水产加工和出口协会、家畜协会。这些协会的主要职责是为行业企业在动物养殖、产品加工、进出口流通等领域提供技术咨询和培训，并积极向政府有关部门反映行业诉求、协助政府制定行业政策和法律法规等。

越南农业与农村发展部最新发布了《越南渔业发展总体规划（2020—2030年）》《2021—2030年畜牧发展战略和2045年愿景》等，明确提出大力推广畜禽和水产养殖业，发展规模化、专业化、多元化和高质量化动物养殖生产模式。同时，越南政府也出台了一系列与饲料产业相关的支持政策，包括价格支持、鼓励农业农村投资、优惠信贷以及进出口税收优惠等。2021年，越南农业与农村发展部启动了2021—2030年饲料产业发展专项项目，规划在2030年越南饲料年产量达到3000万—3200万吨。

## 第三节　澜湄国家饲料产业法律法规与标准体系

目前澜湄国家均针对饲料产业制定了相关法律法规和标准体系，针对饲料质量安全管理、进出口管控以及饲料添加剂使用等方面，构建了各自的饲料产业管理规范体系。饲料质量安全标准体系是保障饲料产业管理和法律法规实施的重要技术基础，主要以国家和行业标准为主导、以地方和企业标准为补充。目前，澜湄国家均基于各自产业的发展情况，制定了相应的饲料质量安全标准。除此之外，饲料企业的认证标准方面，中国、越国的饲料企业主要实施危害分析与关键控制点体系认证、良好作业规范认证以及 ISO：9001—2018 认证标准，泰国的饲料企业推行危害分析与关键控制点体系认证和良好作业规范认证。

## 一、柬埔寨饲料产业法律法规与标准体系

柬埔寨颁布的饲料产业相关的法律法规包括《动物卫生及生产法》《渔业法》《关于鱼和鱼制品中使用的添加剂的第（4/98）号指令》《动物饲料、饲料成分和添加剂注册的程序及标准要求》（见表 3.1.3）。其中《动物卫生及生产法》规定所有种类的动物养殖、动物产品、饲料生产、动物运输、生产原材料及设备等必须遵守相应的法令条款。《渔业法》对柬埔寨境内的水产养殖业进行了系统而全面的规范。2018 年 1 月柬埔寨农林渔业部颁布第 51 号法令《动物饲料、饲料成分和添加剂注册的程序及标准要求》，旨在确定动物饲料、饲料原料及添加剂注册的程序和标准要求，以确保这些产品在获得柬埔寨进口 / 出口、交易、生产、混合及使用授权前，其质量、效能及安全符合标准要求。该法令也列明了猪、鸡、牛等动物养殖的复方饲料标准，以及动物饲料成分和禁用添加剂的标准。

**表 3.1.3　柬埔寨饲料产业法律法规与标准体系**

| 类别 | 内容 |
|---|---|
| 法律法规 | 《动物卫生及生产法》 |
| | 《关于鱼和鱼制品中使用的添加剂的第（4/98）号指令》 |
| | 《动物饲料、饲料成分和添加剂注册的程序及标准要求》 |
| | 《渔业法》 |
| 标准体系 | 动物养殖的复方饲料标准 |
| | 动物饲料成分和禁用添加剂的标准 |
| | 水产养殖饲料规范 |
| | 饲料生产标准 |

## 二、中国饲料产业法律法规与标准体系

中国饲料法规体系包含 1 个基础法规、6 个部门规章、20 个规范性文件和 4 个禁止性文件（见表 3.1.4）。根据国务院 2011 年第 609 号令，自 2012 年 5 月 1 日起实施的《饲料和饲料添加剂管理条例》是中国饲料法规体系中的基础法规。6 个部门规章包括《饲料和饲料添加剂生产许可管理办法》《新饲料和新饲料添加剂管理办法》《饲料添加剂和添加剂预混合饲料产品批准文号管理办法》《饲料质量安全管理规范》《进口饲料和饲料添加剂登记管理办法》《宠物饲料管理办法》。20 个规范性文件主要由"两大目录""两个规定"和其他规范文件组成。"两大目录"指《饲料原料目录》《饲料添加剂品种目录》，"两个规定"指《宠物饲料卫生规定》《宠物饲料标签规定》。4 个禁止性文件包括《禁止在饲料和动物饮用水中使用的药物品种目录》《食品动物禁用的兽药及其他化合物清单》《禁止在饲料和动物饮用水中添加的物质》《饲料原料和饲料产品中三聚氰胺限量值的规定》。

**表 3.1.4　中国饲料产业法律法规**

| 法规种类 | 法规名称 |
|---|---|
| 基础法规 | 《饲料和饲料添加剂管理条例》 |
| 部门规章 | 《饲料和饲料添加剂生产许可管理办法》 |
| | 《新饲料和新饲料添加剂管理办法》 |
| | 《饲料添加剂和添加剂预混合饲料产品批准文号管理办法》 |
| | 《饲料质量安全管理规范》 |
| | 《进口饲料和饲料添加剂登记管理办法》 |
| | 《宠物饲料管理办法》 |
| 规范性文件"两大目录" | 《饲料原料目录》 |
| | 《饲料添加剂品种目录》 |
| 规范性文件"两个规定" | 《宠物饲料卫生规定》 |
| | 《宠物饲料标签规定》 |
| 禁止性文件 | 《禁止在饲料和动物饮用水中使用的药物品种目录》 |
| | 《食品动物禁用的兽药及其他化合物清单》 |
| | 《禁止在饲料和动物饮用水中添加的物质》 |
| | 《饲料原料和饲料产品中三聚氰胺限量值的规定》 |

中国饲料行业标准包括两项针对整体产品的国家强制性标准和 600 多项基础规范标准、检测方法标准和饲料原料标准等饲料工业相关标准（见表 3.1.5）。其中两个强制性标准分别是《饲料标签》（GB 10648—2013）《饲料卫生标准》（GB 13078—2017）。《饲料标签》规定了包括进口的所有商品饲料、饲料添加剂和饲料原料产品标签设计制作原则、要求以及标签内容，没有标签的饲料产品不符合国家要求。《饲料标签》的贯彻执行推动了饲料产品向标准化、规格化和科学化方向发展。《饲料卫生标准》是从保证饲料质量安全的角度出发，规定了饲料原料和饲料产品中有毒有害物质和微生物的限量以及试验方法。

**表 3.1.5　中国饲料产业标准体系**

| 标准种类 | 标准名称 | 数量 |
|---|---|---|
| 强制性标准 | 《饲料标签》《饲料卫生标准》 | 2 |
| 基础规范标准 | 《饲料采样》《饲料中水分的测定》《饲料粗脂肪的测定》等 | 12 |
| 检测方法标准 | 《饲料中黄曲霉毒素 B1、B2、G1、G2 的测定—高效液相色谱法》等 | 289 |
| 评价方法标准 | 《饲料安全性评价》《饲草营养品质评定》《饲料混合机质量评价技术规范》等 | 22 |
| 饲料添加剂标准 | 《饲料添加剂　维生素 E》《饲料添加剂　L—抗坏血酸（维生素 C）》等 | 117 |
| 饲料原料标准 | 《饲料用玉米》《饲料原料豆粕》《饲料原料米糠粕》等 | 71 |
| 饲料产品标准 | 《仔猪、生长育肥猪配合饲料》《奶牛复合微量元素维生素预混合饲料》等 | 90 |
| 其他相关标准 | 《饲料产品混合均匀度的测定》等 | 59 |

除了两项强制性标准，基础规范标准是规定饲料采样、饲料中水分、粗蛋白、粗纤维、粗脂肪、粗灰分和总磷等基础性成分的检测方法，确保操作规范、结果可靠；检测方法标准是对 200 多项饲料质量和安全指标的具体检测方法进行规范，包括对所用仪器设备、试验条件、方法、操作步骤、数据处理、结果分析、合格标准及复验规则等方面进行规定；评价方法标准是对饲料产品的安全性、有效性，饲草营养品质评定和饲料加工设备质量评价等进行技术规范；饲料添加剂标准规定了饲料添加剂的技术要求、试验方法、检验规则以及标签、包装、运输和存储要求等；饲料原料标准规定了玉米、鱼粉、豆粕等饲料原料的品质分级方法，同时对于饲料原料在生产、运输和存储等方面也作出

详细的要求，确保从源头控制饲料品质；饲料产品标准规定了所有注册的饲料产品的技术要求、采样、试验方法、检验规则以及标签、包装、运输和存储要求。

## 三、老挝饲料产业法律法规与标准体系

老挝农林部颁布了《动物饲料法令》《第 85 号关于全国畜牧业管理法令》《老挝人民民主共和国畜牧、兽医法》《老挝人民民主共和国渔业法》《第 369 号关于饲料质量管理法令》等法律法规，对饲料产业进行管理。其中，《老挝人民民主共和国畜牧、兽医法》从畜牧业的发展与经营、饲料生产、饲料抽检、饲料机械的销售、农场建设、种苗的管理与供应、牲畜买卖及肉制品的生产加工和销售等方面进行规定，并从畜牧和兽医两方面对畜牧从业者和兽医的权利义务进行规定和管理。《动物饲料法令》规定了管理和检测检验动物饲料的原则及方法，旨在确保饲料质量安全。《老挝人民民主共和国渔业法》则从老挝的渔业资源、渔业生产模式、水产养殖动物的饲养经营、渔业经营的条件、违规渔业经营的取缔等多方面，对商业性质的渔业生产进行了规定。

《老挝人民民主共和国畜牧、兽医法》针对饲料生产、饲料抽检和饲料机械的销售等方面，提出了相关规范。《动物饲料法令》针对动物饲料的检测检验方法进行了规范。同时《畜牧饲料及各类副食质量标准手册》详细规定了畜牧饲料的质量标准（见表 3.1.6）。老挝农林部的国家饲料检测实验室根据 ISO/IEC 17025:2005 和 ISO/AOAC 标准，检测饲料标签的准确性、饲料包装材料的安全性、饲料或饲料环境中的食源性病原体等。

**表 3.1.6　老挝饲料产业法律法规与标准体系**

| 类别 | 内容 |
| --- | --- |
| 法律法规 | 《动物饲料法令》 |
| | 《第 85 号关于全国畜牧业管理法令》 |
| | 《老挝人民民主共和国畜牧、兽医法》 |
| | 《老挝人民民主共和国渔业法》 |
| | 《第 369 号关于饲料质量管理法令》 |

续表

| 类别 | 内容 |
| --- | --- |
| 标准体系 | 《饲料生产、饲料抽检、饲料机械的销售规范》 |
| | 《畜牧饲料的质量标准》 |
| | 《动物饲料的检测检验方法》 |
| | 《畜牧饲料及各类副食质量标准手册》 |

## 四、缅甸饲料产业法律法规与标准体系

缅甸政府自 1990 年相继出台了《缅甸动物健康和发展法》《缅甸植物检验检疫法》《动物健康和畜牧业发展法草案》《动物发育健康法》《国家食品法》等一系列法律法规，以促进缅甸的饲料产业发展。其中《缅甸动物健康和发展法》就促进家畜生长，防止和控制动物传染性疾病，规范兽医行医资格，规范动物、动物产品和饲料的国际贸易、进出口检验检疫监督管理，防止虐待动物等方面作了综合性规定。《动物发育健康法》《国家食品法》分别规定了畜禽动物养殖过程中的饲料、饲料添加剂的营养作用与饲用规范，保证食品安全的畜禽产品加工的相关技术规范。

《动物健康和发展法》针对动物、动物产品和饲料的国际贸易、进出口检验检疫要求，制定了相应的质量规范。《国家食品法》覆盖了食品从农场到餐桌全过程的监管政策，其中包括畜禽产品加工的系列技术规范。《勃固绿化工程》制定饲料草料标准，同时通过退耕还林还草等手段，扩增草地面积，以确保饲养牲畜有充足草场可以活动（见表 3.1.7）。

**表 3.1.7　缅甸饲料产业法律法规与标准体系**

| 类别 | 内容 |
| --- | --- |
| 法律法规 | 《缅甸动物健康和发展法》 |
| | 《缅甸植物检验检疫法》 |
| | 《动物健康和畜牧业发展法草案》 |
| | 《国家食品法》 |
| | 饲料与饲料添加剂标准、饲用规范 |

续表

| 类别 | 内容 |
| --- | --- |
| 标准体系 | 饲料草料标准 |
| | 动物、动物产品和饲料质量规范 |
| | 畜禽产品加工技术规范 |

## 五、泰国饲料法律法规与标准体系

目前，泰国的饲料产业管理相关法律法规包括《动物饲料质量控制法案》《特殊管制动物饲料进口销售管理条例》《动物和动物产品源性动物饲料进口管理条例》《禁止进口有禽流感风险的动物饲料管理条例》《良好动物饲养规程法典》《饲料品质控制法》《肉品加工和市场控制法》等。

《动物饲料质量控制法案》规定了畜禽养殖中使用的动物饲料和有害物质的检测。《动物屠宰控制法》《动物饲料质量控制法》严格禁止在泰国动物养殖农场和屠宰场使用莱克多巴胺（瘦肉精）。《良好动物饲养规程法典》通过规定动物饲喂措施和动物饲料生产规范，确保食品安全性。《泰国政府为促进出口的金融扶持手段》规定对 23 种农产品包括玉米、大豆、豆饼等饲料原料实行关税配额管理。

目前，泰国饲料质量安全标准体系相对完善，包括《饲料和饲料成分标准》《饲料中有毒有害物质限量标准》《饲料添加剂国家标准》《特殊管制动物饲料成分目录》《饲料质量控制实验室部门的分析方法》等（见表 3.1.8）。该标准体系分别对泰国饲料产品的品质组成、饲料添加剂的技术要求、试验方法、检验规则等进行规范，同时规定了饲料中有毒有害物质的限量标准、饲料产品和饲料添加剂进行质量检测检验的分析方法标准等。其中，《饲料和饲料成分标准》详细规定了饲料（豆粕、鱼粉、鱼骨粉、肉粉、肉骨粉、米糠）常规品质指标范围（粗蛋白、灰分、水分、粗纤维、粗脂肪），以及不同生长阶段的鱼和虾所需饲料的颗粒大小、化学成分及限值。

**表 3.1.8　泰国饲料产业法律法规与标准体系**

| 类别 | 内容 |
|---|---|
| 法律法规 | 《动物饲料质量控制法案》 |
| | 《特殊管制动物饲料进口销售管理条例》 |
| | 《动物和动物产品源性动物饲料进口管理条例》 |
| | 《禁止进口有禽流感风险的动物饲料管理条例》 |
| | 《良好动物饲养规程法典》 |
| | 《饲料品质控制法》 |
| | 《动物屠宰控制法》 |
| | 《肉品加工和市场控制法》 |
| 标准体系 | 《饲料和饲料成分标准》 |
| | 《饲料中有毒有害物质限量标准》 |
| | 《饲料添加剂国家标准》 |
| | 《特殊管制动物饲料成分目录》 |
| | 《饲料质量控制实验室部门的分析方法》 |

## 六、越南饲料法律法规与标准体系

越南从 2009 年开始陆续颁布了系列法律法规对饲料产业进行管理，主要包括 28/2012/TT-BKHCN《质量检验备案》、G/SPS/N/VNM/85 号通报（越南农业与农村发展部畜牧生产局发布的法规草案）、国家技术法规（2009 年 10 月）、05/2021/TT-BNNPTNT（越南农业与农村发展部发布 2021 年第 5 号通知）和 39/2017/ND-CP 法规等。其中，28/2012/TT-BKHCN《质量检验备案》明确规定用于生产水产饲料、动物饲料等的原料，需符合越南政府的法律规定且达到该法规规定的技术规范方能在市场上流通。G/SPS/N/VNM/85 号通报（2016 年 12 月）发布有关动物饲料、畜牧业补充饲料和饲料添加剂中霉菌毒素、重金属和微生物的限量要求国家技术法规草案，对畜牧业补充饲料和饲料添加剂中霉菌毒素（黄曲霉毒素 B1）、重金属（砷、镉、铅、汞、氟）和微生物（大肠杆菌和沙门氏菌）的限量标准作了相关规定。05/2021/TT-BNNPTNT 修订了国家饲料技术规范中关于动物饲料和水产饲料的各安全指标的最大限值。

越南饲料产业相关的系列法律法规均对饲料质量安全的相关标准进行了规定。28/2012/TT-BKHCN《质量检验备案》明确规定了水产饲料和动物饲料原料的技术规范；G/SPS/N/VNM/85 号通报分别规定了畜牧业补充饲料和饲料添加剂中霉菌毒素、重金属和微生物的限量标准；05/2021/TT-BNNPTNT 规定了动物饲料和水产饲料的各项安全指标的标准范围；G/SPS/N/VNM/15 号通报提出了动物饲料安全使用卫生条件标准和动物饲料磨房食品安全条件标准。该标准以保证食品和饲料安全为目标，从设施（地点、厂房设计、工厂结构、设备、场院及内部路径，以及储存、供电、水、通风、垃圾处理系统）、生产（饲料材料、生产工艺、产品、品质管理）、工人、卫生（个人卫生、工厂及清洁卫生设施计划）等方面进行规范要求。

**表 3.1.9　越南饲料产业法律法规与标准体系**

| 类别 | 内容 |
|---|---|
| 法律法规 | 28/2012/TT-BKHCN《质量检验备案》 |
| | G/SPS/N/VNM/85 号通报（越南农业与农村发展部畜牧生产局发布的法规草案） |
| | 国家技术法规（2009 年 10 月） |
| | 05/2021/TT-BNNPTNT（越南农业和农村发展部发布 2021 年第 5 号通知） |
| | 39/2017/ND-CP 法规 |
| 标准体系 | 水产饲料、动物饲料原料技术规范 |
| | 饲料和饲料添加剂中霉菌毒素、重金属、微生物限量标准 |
| | 动物饲料和水产饲料各项安全指标的标准范围 |
| | 动物饲料安全使用卫生条件标准 |
| | 动物饲料磨房食品安全条件标准 |

# 第二章　澜湄国家饲料产业发展概述

澜湄国家农业种植业、畜牧业和渔业的发展为饲料产业的发展提供了重要支撑。2020 年，澜湄国家饲料产量约为 29645 万吨，占全球饲料总量近 1/4，其中中国饲料产量遥遥领先，年产量约 25276 万吨，占澜湄国家饲料产量总和的 85.3%。饲料结构方面也主要以猪饲料和肉禽饲料为主。在所有澜湄国家中，中国和泰国饲料生产技术工艺、饲料质量安全管理较为完善。

## 第一节　饲料产量与产品结构

饲料从产品类别上可分为配合饲料、浓缩饲料和添加剂预混合饲料等。其中，配合饲料指根据动物的生长阶段、生理要求、生产用途的营养需要，以饲料营养价值评定的实验和研究为基础，按科学配方把不同来源的饲料，依一定比例均匀混合，并按规定的工艺流程生产以满足各种实际需求的饲料。浓缩饲料又称为蛋白质补充饲料，是由蛋白质饲料、矿物质饲料及添加剂预混料配制而成的配合饲料半成品，一般在使用时再掺入一定比例的能量饲料（玉米、高粱、大麦等）就可成为满足动物营养需要的全价饲料。添加剂预混合饲料指由两种（类）或者两种（类）以上营养性饲料添加剂为主，与载体或者稀释剂按照一定比例配制的饲料，包括复合预混合饲料、微量元素预混合饲料和维生素预混合饲料。另外，饲料产品还可以根据所饲喂动物的种类分为猪饲料、蛋禽饲料、肉禽饲料、水产饲料、反刍动物（牛、羊）饲料和宠物饲料等。

据各国官方统计，2020 年澜湄国家的饲料产量总和约为 29645 万吨，占全球饲料总产量的 24.96%。据统计，中国饲料产业经过近三十年的快速发展，已处于较高的发展阶段，年产量较高，约为25276万吨。泰国和越南饲料年产量较高，分别为2133万吨和1731万吨；缅甸饲料年产量约为326万吨；柬埔寨和老挝饲料年产量稍低，分别为151万吨和28万吨（如图3.2.1）。

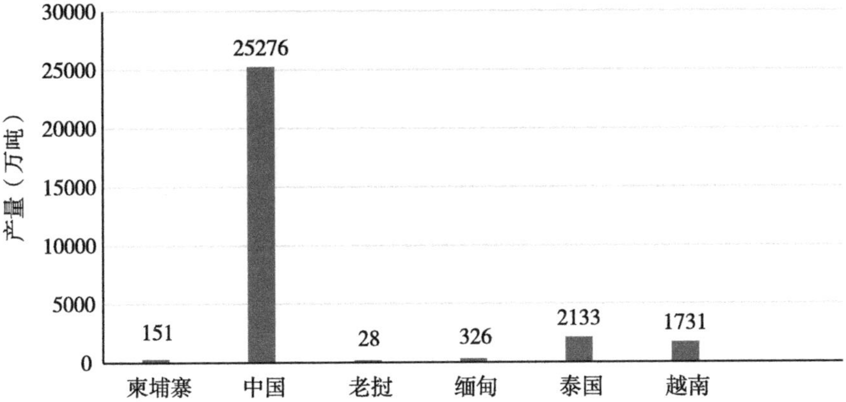


**图3.2.1　2020年澜湄国家饲料产量**

数据来源：中国农业农村部畜牧业司，泰国农业与合作社部，越南农业与农村发展部，缅甸农业畜牧与灌溉部，老挝农林部，柬埔寨农林渔业部

## 一、柬埔寨饲料产量与产品结构

2020年柬埔寨工业饲料总产量为151万吨，主要生产饲料产品包括猪饲料、蛋禽饲料、肉禽饲料和水产饲料。柬埔寨的猪饲料产量占比高，为56.29%，说明猪饲料的产业覆盖率最高；其次为蛋禽饲料和肉禽饲料，产量占比分别为21.85%和14.57%，水产饲料产量占比6.82%（如图3.2.2）。与2019年相比，柬埔寨猪饲料产量增加了1500吨，同比增加21.43%，其余饲料产品产量波动幅度较小。

## 二、中国饲料产量与产品结构

根据农业农村部畜牧业司（全国饲料工作办公室）历年发布的《饲料工

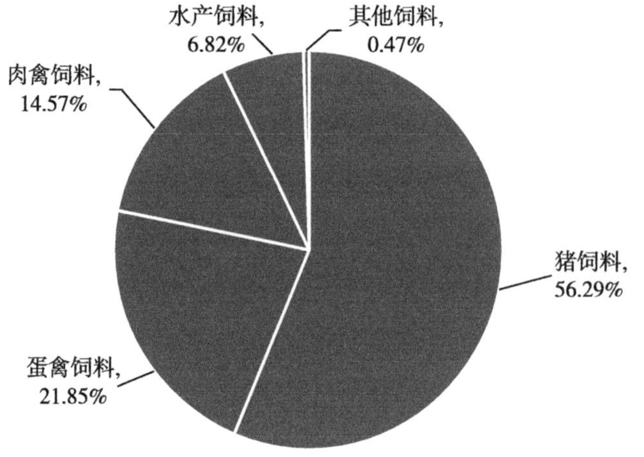


**图 3.2.2　2020 年柬埔寨不同种类饲料产品产量占比**

数据来源：柬埔寨农林渔业部

业年鉴》《全国饲料工业统计资料》，1990—2020 年，中国工业饲料产量从 3194 万吨快速增长至 25276 万吨，年平均增长率约为 23.05%（如图 3.2.3）。

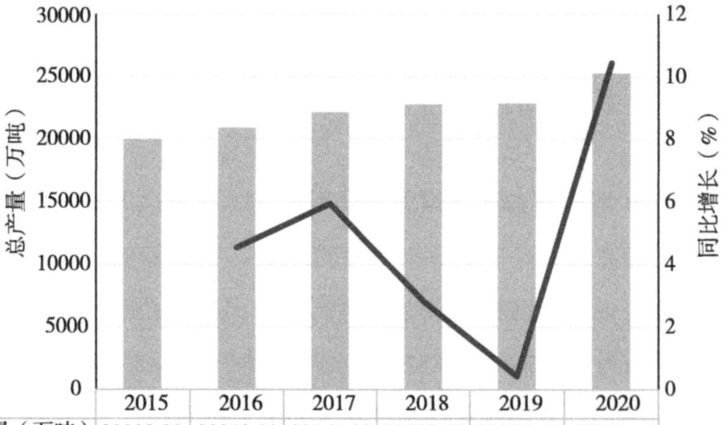


| | 2015 | 2016 | 2017 | 2018 | 2019 | 2020 |
|---|---|---|---|---|---|---|
| 饲料总产量（万吨） | 20009.20 | 20918.00 | 22161.20 | 22788.00 | 22885.40 | 25276.10 |
| 同比增长（%） | — | 4.54 | 5.94 | 2.83 | 0.43 | 10.45 |

**图 3.2.3　2015—2020 年中国工业饲料总产量**

数据来源：中国农业农村部畜牧业司

从产品类别分析饲料产品结构，目前，中国主要生产饲料产品为配合饲料、浓缩料和添加剂预混合饲料，其中配合饲料产量最高为 23071 万吨，占总产量的 91.28%；其次为浓缩饲料 1515 万吨和添加剂预混合饲料 595 万吨（见表 3.2.1）。

**表 3.2.1　2020 年中国不同类别饲料生产情况**

| 产品类别 | 年产量（万吨） | 百分比（%） |
|---|---|---|
| 配合饲料 | 23071 | 91.28 |
| 浓缩饲料 | 1515 | 5.99 |
| 添加剂预混合饲料 | 595 | 2.35 |
| 其他饲料 | 96 | 0.38 |

数据来源：中国农业农村部畜牧业司

从所饲喂动物的种类分析饲料产品结构，中国主要生产的饲料产品包括肉禽饲料、猪饲料、蛋禽饲料、水产饲料和反刍动物饲料。其中肉禽饲料产量最高，占 2020 年饲料总产量的 36.30%；其次为猪饲料，占 2020 年饲料总产量的 35.30%。这主要受肉类消费习惯影响，鸡肉和猪肉消费在中国肉类消费中占据绝对主导地位。另外，蛋禽饲料、水产饲料和反刍动物饲料分别占比 13.26%、8.40% 和 5.22%（如图 3.2.4）。近年来产品产量增长较大的是反刍动物饲料和猪饲料，2020 年中国反刍动物饲料产量为 1319 万吨，较 2019 年度产量增长约 18.94%，创历史新高；同年猪饲料产量为 8923 万吨，较 2019 年度产量增长约 16.44%。

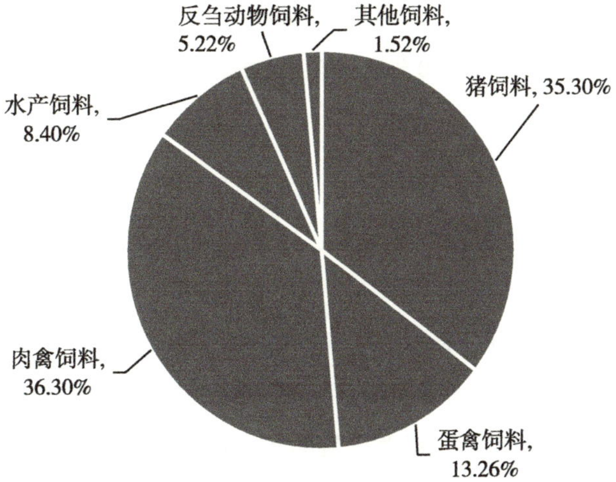


**图 3.2.4　2020 年中国不同种类饲料产品产量占比**

数据来源：中国农业农村部畜牧业司

## 三、老挝饲料产量与产品结构

2020年老挝工业饲料总产量为28万吨，主要生产饲料产品包括猪饲料、肉禽饲料和水产饲料。老挝的饲料产品结构中，猪饲料占比较高，达66.67%，说明猪饲料的产业覆盖率最高。另外，肉禽饲料产量约占老挝饲料总产量的22.91%，水产饲料产量占比4.43%。目前，老挝的反刍动物养殖（肉牛、奶牛、水牛等）大多以散养为主，集约化规模养殖较少，因此反刍动物饲料产量较低（如图3.2.5）。另外，老挝饲料产业目前不生产蛋禽饲料和宠物饲料。

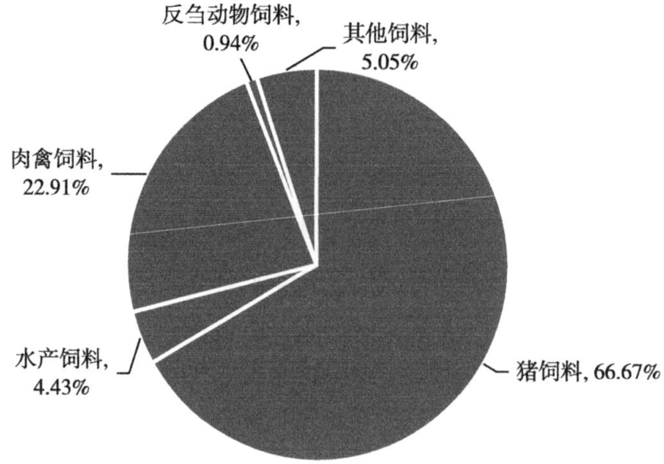


**图 3.2.5　2020 年老挝不同种类饲料产品产量占比**

数据来源：老挝农林部

## 四、缅甸饲料产量与产品结构

2020年缅甸工业饲料总产量为326万吨，主要生产饲料产品包括肉禽饲料、蛋禽饲料、猪饲料和水产饲料。其中肉禽饲料和蛋禽饲料产量相同，占比均为30.67%；猪饲料占饲料总产量的24.54%，水产饲料占比12.27%（如图3.2.6）。据统计，2019—2020年，越南猪饲料产量变化不大，维持在80万吨左右；家禽（包括肉禽和蛋禽）饲料产量总体上呈下降趋势，从245万吨降至 200 万吨；降低了 18.37%；水产饲料产量从 37 万吨增至 40 万吨。

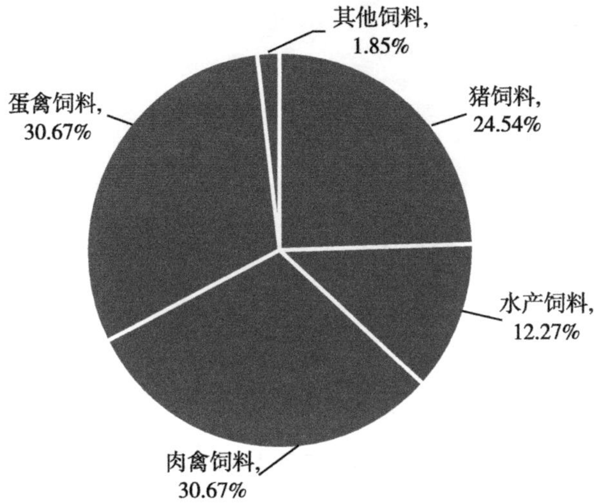


**图 3.2.6　2020 年缅甸不同种类饲料产品产量占比**

数据来源：缅甸农业畜牧与灌溉部

## 五、泰国饲料产量与产品结构

据统计，泰国 2020 年饲料产品总量为 2133 万吨，较 2019 年度饲料产量增幅为 5.59%。从产品类别上分析，泰国饲料产品主要包括配合饲料、浓缩饲料和添加剂预混合饲料。其中，产量较高的为配合饲料和浓缩饲料，产量分别为 1300 万吨和 1200 万吨，均占总产量的 40% 左右。添加剂预混料饲料约 488 万吨，占总产量的 16.33%（见表 3.2.2）。近年来，泰国高附加值的添加剂预混合饲料和浓缩饲料产品比例大幅度提高，饲料产品结构进一步优化。

**表 3.2.2　2020 年泰国不同类别饲料生产情况**

| 饲料种类 | 年产量（万吨） | 百分比（%） |
|---|---|---|
| 配合饲料 | 1300 | 43.51 |
| 浓缩饲料 | 1200 | 40.16 |
| 添加剂预混合饲料 | 488 | 16.33 |

数据来源：泰国农业与合作社部

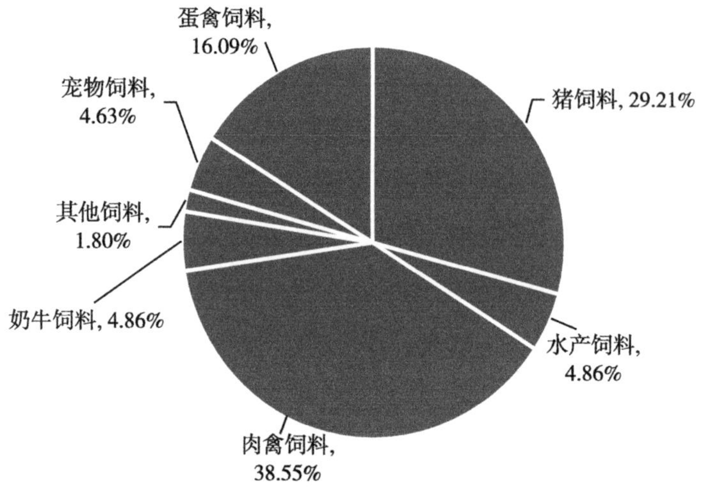


**图 3.2.7　2020 年泰国不同种类饲料产品产量占比**

数据来源：泰国农业与合作社部

从所饲喂动物的种类分析泰国饲料产品结构，泰国主要生产饲料产品包括肉禽饲料、猪饲料、蛋禽饲料、奶牛饲料、水产饲料和宠物饲料。其中，主要生产的两种动物饲料为肉禽饲料和猪饲料，分别占泰国饲料总产量的38.55%和29.21%。其次为蛋禽饲料，约占总产量的16.09%；奶牛饲料约占总产量的4.86%；水产饲料和宠物动物饲料产量相当，分别占总产量的4.86%和4.63%（如图3.2.7）。近年来，泰国宠物饲料生产势头良好，2020年泰国宠物饲料出口约99万吨，较2019年减少了4万吨。

## 六、越南饲料产量与产品结构

近年来，越南饲料产业发展较快，饲料工业总产值年均增长约15%。从产品类别上分析，越南主要生产猪饲料和水产饲料，其次为肉禽饲料和蛋禽饲料。2020年越南全国工业饲料总产量为1731万吨，不同种类饲料产品产量中占比最高的为猪饲料，占比37.78%。其次为水产饲料，占饲料总产量的24.69%。肉禽和蛋禽饲料产量相当，占比分别为11.24%和10.39%（如图3.2.8）。

据统计，2019—2020年，越南猪饲料产量呈下降趋势，从940万吨降至890万吨，降低幅度约为5.62%。家禽（肉禽和蛋禽）饲料和水产饲料产量则均呈上升趋势，其中家禽饲料产量从890万吨增至1070万吨，增长了20.22%，水产饲料产量从697万吨增至717万吨，增长了2.87%（如图3.2.9）。

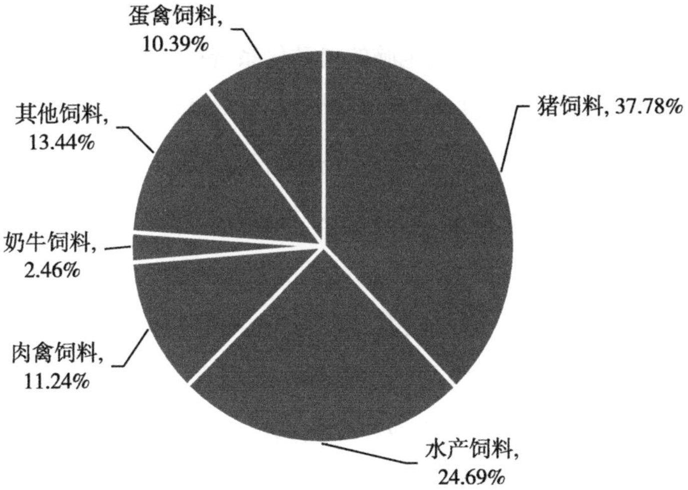


**图3.2.8　2020年越南不同种类饲料产品产量占比**

数据来源：越南农业与农村发展部

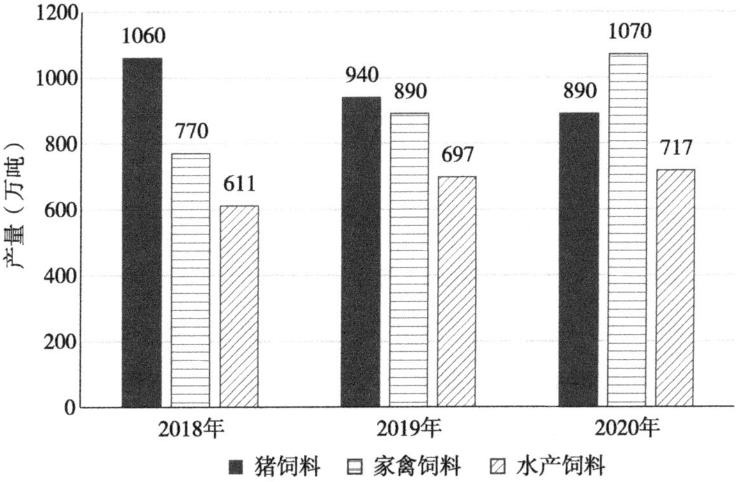


**图3.2.9　2018—2020年越南不同种类饲料产品产量**

数据来源：越南农业与农村发展部

## 第二节　饲料生产技术与主要工艺

饲料生产技术和加工工艺流程是决定饲料产品质量和生产效率的重要因素。综合分析澜湄国家的饲料生产技术，目前，中国和泰国本土饲料企业生产从原料选购、进厂抽检、原料混合干燥到成品包装、托盘运输、自动称重系统全程追踪，都由中央控制室电脑的自动化系统控制，人力成本极大降低，自动化、智能化程度较高；其他湄公河国家本土饲料生产以家庭作坊式居多。近年来，随着澜湄国家之间饲料产业的合作日益密切，一些大型饲料生产企业逐步开拓国外市场。这些大型饲料企业根据所在国畜禽养殖情况和饲料消费需求，在其他澜湄国家纷纷投资建设了不同种类的饲料生产分公司。比如中国的新希望集团在柬埔寨、老挝、缅甸和越南等国家均建立了不同种类饲料的生产分公司，泰国正大集团的分公司在柬埔寨、老挝、缅甸和越南的布点也逐年增多。这些大型饲料企业在建立饲料生产分公司的同时，也引入和推广了先进的饲料生产技术与工艺。

目前，澜湄国家大型成套饲料生产线在专业化、自动化程度和节能水平等方面不断提高。在专业化程度方面，专门加工幼畜禽饲料、种畜禽饲料、水产饲料和宠物饲料等的专业生产线逐步增多；在自动化程度方面，在小料称重、配料、投料环节等人力投入较多、容易出错的工序全部实现自动计量配料，精准度提高，人工工序不断缩减，而且原料粉碎、原料混合等工序参数控制已实现自动化。

按照澜湄国家目前主要生产的饲料产品类别，现有的饲料生产技术工艺主要包括配合饲料、浓缩饲料和添加剂预混合饲料生产技术工艺。

配合饲料生产的重点是以动物不同生长阶段、生理要求、生产用途的营养需求为依据，按照科学配方将多种不同来源的饲料原料按照一定比例均匀混合，并按规定工艺流程进行生产。从原料接收到成品出厂的全部生产过程主要包含 9 个技术工段：初清、粉碎、计量配料、混合、制粒、冷却、破碎、筛分和打包工段（如图 3.2.10）。

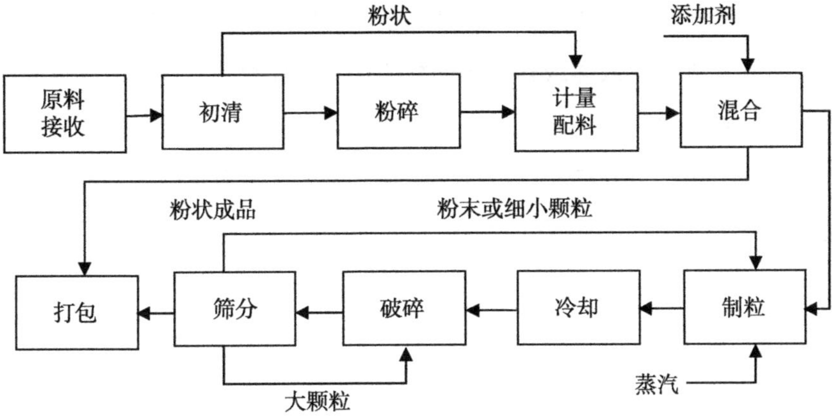


**图 3.2.10　配合饲料生产技术工艺流程**

浓缩饲料一般由蛋白质饲料（鱼粉、豆饼等）、矿物质饲料（骨粉、石粉等）及添加剂预混合饲料配制而成。浓缩饲料一般按照 20%—40% 的添加量，和玉米、大麦、高粱等能量饲料混合制备，成为高蛋白和营养成分全面的配合饲料。实际畜禽养殖过程中，也可根据饲喂动物所需的营养水平和蛋白质含量，将浓缩饲料和玉米粉、大麦粉、米糠等饲料原料均匀混合后直接饲喂畜禽，使用方便、节约成本。与配合饲料生产技术相比，浓缩饲料生产技术工艺步骤较为简单，主要包括初清、粉碎、计量配料、混合和称量打包工段（如图 3.2.11）。其中，浓缩饲料生产工艺的相应工段操作与前述配合饲料的基本相同。

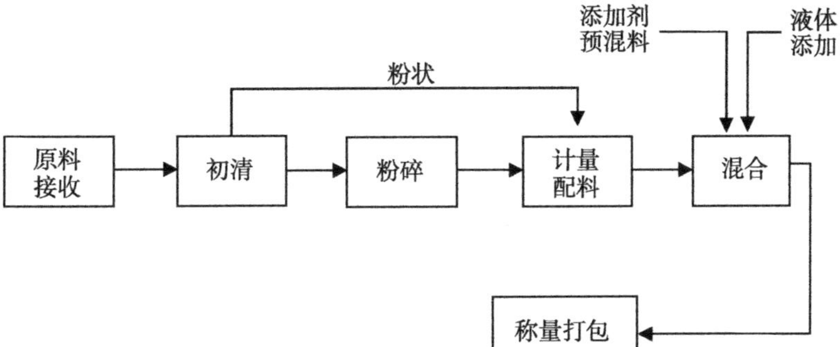


**图 3.2.11　浓缩饲料生产技术工艺流程**

添加剂预混合饲料生产技术工艺的核心步骤是根据营养需求，计算不同营养性饲料添加剂、载体或稀释剂的配比，并进行配制混合，最终形成成品添加到配合饲料中饲喂动物。该技术工艺具有配料准、混合匀、包装严、生产工艺简短、设备少而精和污染少等特点。添加剂预混合饲料生产技术工艺主要包括粉碎、配料、混合和包装等工段（如图 3.2.12）。

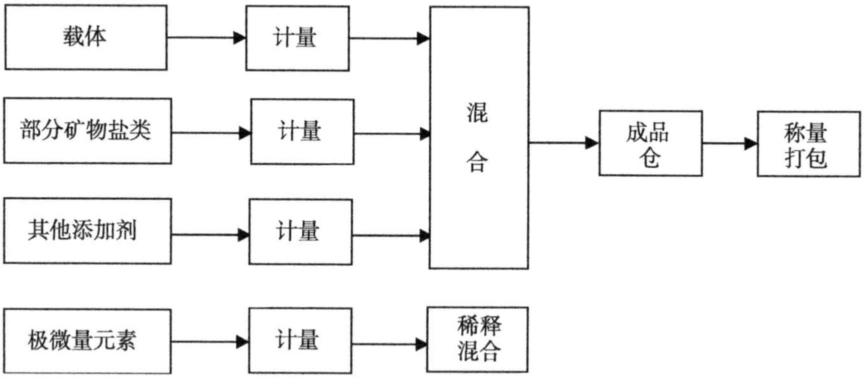


**图 3.2.12　添加剂预混合饲料生产技术工艺流程**

## 第三节　饲料质量安全管理与监测

饲料质量安全的管理与监测是保障动物产品质量安全的核心环节，主要包括饲料原料采购与管理、生产过程控制、产品质量控制、产品贮存与运输、产品投诉与召回等方面。目前，中国和泰国饲料质量安全管理较为完善，本节分析的饲料质量安全管理要点和监测工作流程等，可作为其他湄公河国家推进饲料产业发展的重要借鉴。

### 一、饲料质量安全管理要点

目前，饲料质量安全管理包括原料采购与管理、生产过程控制、产品质量控制、产品贮存与运输、产品投诉与召回以及卫生和记录管理等。其中饲料原料的质量控制、饲料生产过程以及饲料产品质量控制是核心环节。

饲料原料品质的优劣与稳定直接影响饲料产品的质量，因此加强饲料原料的质量控制是保证生产高质量饲料的重要环节。饲料原料质量控制主要包括原料常规检验和感官检验两个部分，常规检验的主要指标包括水分、粗蛋白、粗脂肪、粗纤维和粗灰分等。原料感官检验主要包括检验原料的色泽、气味、滋味和含水量等。在饲料生产过程控制中，整个生产工艺、生产设备使用是否合理是有效保障饲料安全生产的关键。因此，饲料生产过程控制主要包括生产工艺和生产过程的操作规范两方面内容。饲料产品的质量控制主要包括出厂检验、定期检验、检验能力验证、产品留样观察等方面。

饲料质量安全管理离不开分析技术。随着动物营养和饲料科学、分析检测技术研究的不断发展，对分析测试的项目和手段要求越来越严格。分析内容已经从过去简单的营养指标向营养指标、卫生指标、加工质量指标兼顾的方向发展。同时，分析手段也由过去定性和定量检验，逐步发展到现场快速定性、半定量的检验与实验室准确定性与确认相结合的阶段。其中，常用的检测方法包括饲料显微镜检测、点滴试验和快速试验以及化学分析等。近红外光谱分析技术是20世纪70年代兴起的有机物质快速分析技术，具有快速、无损、不消耗化学试剂等优点。20世纪90年代以来，随着光学、电子计算机科学的发展，加上硬件的改进和软件版本的更新，该技术的稳定性、实用性不断提高。在中国和泰国的大部分饲料厂均已经采用近红外光谱技术，对饲料质量安全进行检测和监测管理。

## 二、饲料质量安全监测状况分析

国家饲料行政主管部门制定每年的全国饲料统检或抽检计划，并由国家质量检测机构和省部级质检机构执行。在保证对饲料产品抽检次数和抽检频率的基础上，一般采取普查、抽查和跟踪监测等方式，加大对饲料生产、经营和使用违禁添加物的查处力度；采取统检、抽检和专项检查等方式，加强对饲料添加剂和动物源性饲料产品的安全检测，并将检测结果及时向社会公布。目前，澜湄国家饲料质量安全监测工作的主要依据，为第一章中所阐述的各国现有的饲料产业相关法律法规与饲料质量安全标准（或规范）。

为加强饲料质量安全监管，保障动物产品质量安全，中国农业农村部多年来持续开展饲料质量安全监督抽检工作，并不断改革监督抽检方式，遵循监督抽查“双随机”、全程痕迹化管理，充分发挥“互联网 + 饲料监管”工作方式的实时、高效、智能优势来开展工作。一般从被监督抽查企业库中随机选取 1000 多家饲料生产企业进行监督抽查，同时进行其中几百家企业《饲料质量安全管理规范》执行情况的现场检查。饲料产品监测指标包括饲料卫生、禁限用药物、牛羊源性成分和饲料质量等 4 个方面 32 项指标，产品检验检测工作由通过公开招标方式选择的承检机构完成，国家饲料质量监督检验中心和有关省级饲料质检机构对有问题的样品进行复核检验和仲裁检验。监督抽查的样品采集、派样检测、检测报告、复核检验和仲裁检验等全部工作流程均录入全国饲料质量安全监测信息系统，实现监督抽查工作全程可追溯（如图 3.2.13）。

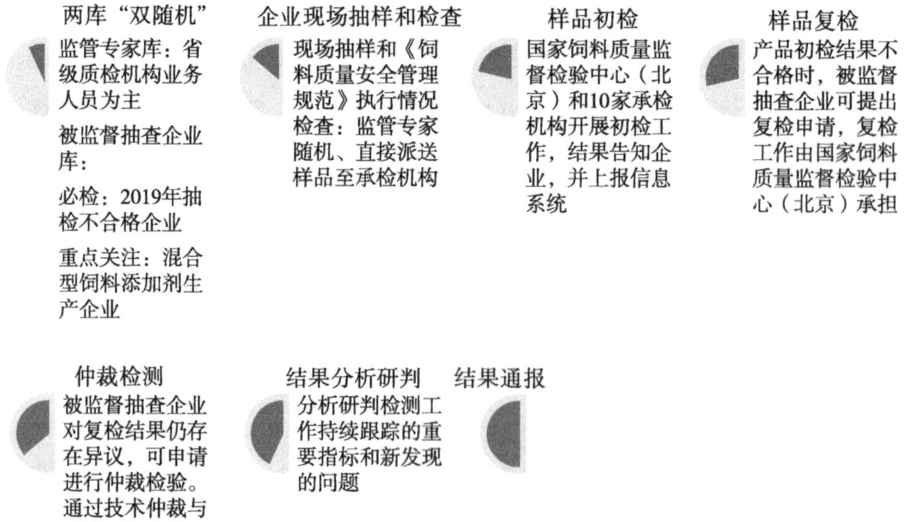


**图 3.2.13　中国饲料质量安全监测工作流程**

资料来源：中国农业农村部

近 10 年，中国饲料产品质量稳步提升，饲料产品抽检合格率均稳定在 90% 以上。2020 年，中国饲料产品抽检合格率达到 98.1%（如图 3.2.14）。根据中国饲料产品结构，2020 年中国监督抽查样品数量较多的是配合饲料，1016 批次，占比 43.25%；其次是饲料添加剂，共 455 批次，占比 19.37%；然后是浓缩饲料，312 批次，占比 13.28%（见表 3.2.3）。

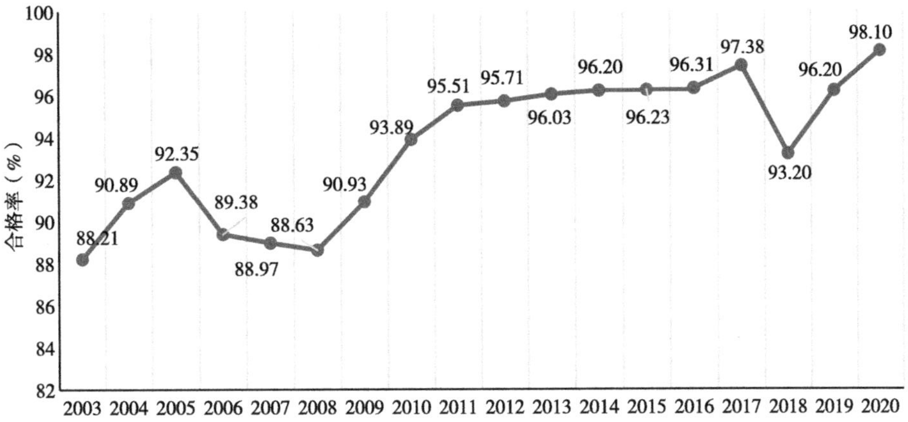


**图 3.2.14　2003—2020 年中国饲料产品抽检合格率**

数据来源：中国农业农村部

**表 3.2.3　2019—2020 年中国不同类型产品抽检数量**

| 年份 | 配合饲料 | 浓缩饲料 | 精料补充料 | 宠物饲料 | 饲料原料 | 预混合饲料 | 饲料添加剂 |
|---|---|---|---|---|---|---|---|
| 2019 | 1618 | 436 | 80 | 57 | 115 | 282 | 217 |
| 2020 | 1016 | 312 | 62 | 53 | 119 | 332 | 455 |

数据来源：中国农业农村部

泰国农业与合作社部直属的畜牧发展司负责饲料质量安全的监管工作，下属有 76 家检测机构负责对泰国境内的饲料和饲料添加剂产品进行检测检验。据 2020 年泰国饲料厂加工协会监督抽查结果，泰国配合饲料产品抽检合格率基本稳定在 90% 以上，添加剂预混合饲料产品合格率在 80% 以上。

# 第三章　澜湄国家饲料消费现状与发展需求

饲料产业是种植业和养殖业的中间纽带，一方面种植业为饲料产业提供饲料原料，另一方面饲料产业为养殖业提供物质保障。因此，饲料产品的消费需求量直接受到饲料原料、畜禽水产养殖量、畜禽产品和水产品消费量的影响。澜湄国家饲料原料生产主要以稻谷为主，大豆等蛋白饲料较为短缺，主要依赖进口。本章首先针对澜湄国家的饲料原料生产现状进行分析，然后分别重点阐述了畜禽养殖与水产养殖情况、饲料消费现状，并结合饲料原料生产和饲料消费情况进一步分析了其发展需求。

## 第一节　饲料原料生产现状

饲料原料是指在饲料加工中以一种动物、植物、微生物或者矿物质来源的用于生产配合饲料和浓缩饲料的单一饲料成分，主要包括饲用谷物、粮食加工副产品、油脂工业副产品、发酵工业副产品、动物性蛋白质饲料以及饲用油脂等。其中饲用谷物（又称饲料粮）是指为满足养殖动物营养需求，以原粮形式被直接制成饲料所消耗的粮食。近年来，随着经济社会发展和人民生活水平提高，人均口粮消费减少，肉蛋奶消费刚性增长，饲料粮需求明显增加。饲料产业对上游种植业的依存度较高，并且容易受到贸易摩擦等风险影响。饲用谷物供应已成为澜湄国家饲料行业发展的重点和关键问题之一。常见的饲用谷物主要包括玉米、稻谷、大麦、小麦、豆类与薯类等。

玉米在饲料原料中占据主要地位，目前全球生产的70%—75%的玉米主要用于饲料。玉米饲料原料具有可利用能值高、蛋白质含量低、亚油酸含量较高、维生素含量丰富和矿物质含量较低等特点。稻谷除了作为人类口粮以外，其副产物常被用作饲料，主要包括米糠、米糠粕和碎米。米糠是稻谷加工过程中的副产物，是糙米碾白过程中被碾下的皮层及米胚和碎米的混合物。米糠粕是米糠经浸出、脱脂处理后的产物，因其具有淀粉含量高（约 20%—30%）、灰分低、水分低、富含多种维生素以及矿物质等营养特点，成为一种高吸收率和高能量的耐储存饲料原料。碎米是稻谷在脱壳、碾米等机械加工过程中产生的破碎米粒。小麦饲料原料主要包括小麦、小麦加工副产品小麦麸和小麦次粉。小麦含有丰富的营养成分，粗蛋白含量范围为 8%—20%，远高于玉米。另外小麦中含有天然植酸酶，磷的消化率较高，用小麦代替玉米和高粱时可以降低豆粕和磷酸氢钙的使用量。因此，饲料中合理使用小麦替代玉米会带来更多的经济效益。豆类是兼能量饲料与蛋白质饲料为一体的饲料原料，主要为大豆和豆粕。用作饲料原料的薯类主要包括木薯和甘薯，均具有丰富的营养价值，目前主要应用于牛、羊、鸡等动物饲料中。

## 一、柬埔寨主要饲料原料生产现状

水稻、大豆、玉米、小麦和木薯等是柬埔寨常用的饲料原料，木薯淀粉渣和全脂米糠等副产品也有广泛应用。2020 年柬埔寨的木薯和稻谷产量较高，分别为 766.35 万吨和 1096 万吨。木薯是柬埔寨季节性地产饲料原料，切片晒干后用于畜禽饲料和水产饲料生产，在配方饲料中使用占比约 15%。木薯淀粉渣是木薯提取淀粉后烘干或晒干的产物，在柬埔寨广泛用于猪饲料、禽饲料、牛饲料和水产饲料中。柬埔寨全境均种植水稻，主要饲料原料为碎米和米糠。其中全脂米糠质量好价格便宜，饲用量也较大，肉鸭和蛋鸭饲料中可占 30%—40%，猪饲料中占比约 15%—25%，肉牛饲料中可占 20%—25%，水产饲料中占比约 10%—20%。2020 年柬埔寨玉米产量为 95 万吨，40% 左右被用作饲料生产。柬埔寨的大豆产量较少，仅为 18 万吨，蛋白饲料原料存在短缺问题。

据统计，近年来柬埔寨饲料需求持续上升，2019 年饲料总需求约为 75 万吨，2020 年饲料需求约为 85 万吨。饲料需求也因此带动主要饲料原料的产量上升。2016—2020 年，柬埔寨的主要饲料原料的产量均呈明显上升趋势，其中玉米产量涨幅最高，达 43.29%；由于玉米和木薯在饲料能量配方中可以相互替代，木薯增长幅度约为 2.18%；稻谷产量从 995.2 万吨增加至 1096 万吨，增长幅度为 10.13%（见表 3.3.1）。

**表 3.3.1　2016—2020 年柬埔寨主要饲料原料产量**

单位：万吨

| 类别 | 2016 年 | 2017 年 | 2018 年 | 2019 年 | 2020 年 |
|---|---|---|---|---|---|
| 玉米 | 66.30 | 75.00 | 123.20 | 89.50 | 95.00 |
| 大豆 | 16.20 | 16.80 | 17.00 | 16.80 | 18.00 |
| 稻谷 | 995.20 | 1051.80 | 1089.20 | 1088.60 | 1096.00 |
| 木薯 | 750.00 | 750.00 | 750.00 | 750.00 | 766.35 |

数据来源：联合国粮农组织

## 二、中国主要饲料原料生产现状

1995—2010 年，中国人均肉类和奶制品的消费分别增长了 2.3% 和 24.2%，动物性蛋白产品的需求上升引发了对饲料的极大需求。中国饲料产量在 2010 年首次超过美国，成为全球第一饲料大国，同时“料少厂多”也成为中国饲料产业发展面临的最大问题。中国饲料粮占粮食总产量的比重较低，为 30%左右，蛋白饲料和能量饲料原料均存在短缺现象。

中国的饲料原料主要包括玉米、大豆、大麦、小麦、稻谷和木薯等。2020 年，玉米产量最高为 26067.00 万吨，大约 70% 用于饲料消费。其次为稻谷 21185.96 万吨和小麦 13425.38 万吨，分别约 9.6% 和 15% 用于饲料消费。大豆产量为 1960.18 万吨，约 90% 用于饲料消费，豆类饲料原料缺口极大，长期依赖进口。木薯产量较低，为 488.46 万吨，约 30% 用于饲料消费。

2016—2020 年，中国玉米产量整体呈下降趋势，从 26361.31 万吨降至

26067 万吨；稻谷和小麦产量整体呈稳定态势，年产量分别稳定在 21000 万吨左右和 13000 万吨左右；而大豆产量一直保持增长趋势，由 1359.55 万吨增加至 1960.18 万吨，增幅为 44.18%。除此之外，其他饲料原料如大麦和木薯的产量相对较少，并且近五年大麦产量持续降低，近三年大麦产量低于 100 万吨；而木薯产量一直维持在 488 万吨左右，说明市场消费需求相对稳定（见表 3.3.2）。

**表 3.3.2　2016—2020 年中国主要饲料原料产量**

单位：万吨

| 类别 | 2016 年 | 2017 年 | 2018 年 | 2019 年 | 2020 年 |
| --- | --- | --- | --- | --- | --- |
| 玉米 | 26361.31 | 25907.07 | 25717.39 | 26078.00 | 26067.00 |
| 大豆 | 1359.55 | 1528.25 | 1596.71 | 1809.18 | 1960.18 |
| 大麦 | 119.24 | 108.52 | 95.65 | 90.80 | 90.00 |
| 小麦 | 13318.83 | 13424.13 | 13144.05 | 13359.63 | 13425.38 |
| 稻谷 | 21109.42 | 21267.59 | 21212.90 | 20961.40 | 21185.96 |
| 木薯 | 488.81 | 487.84 | 489.80 | 488.67 | 488.46 |

数据来源：中国国家统计局

## 三、老挝主要饲料原料生产现状

老挝饲料原料主要包括水稻、玉米、木薯和大豆等。目前，老挝玉米产量可以满足能量饲料的生产需求，基本不从国外进口。2020 年，稻谷产量最高，为 368.73 万吨，其中约 58 万吨被用于饲料生产。稻谷是老挝传统粮食作物，除满足国内需求外，并有盈余出口。2020 年稻谷收获面积为 78.38 万公顷，其中南部的沙湾拿吉省是老挝最大的稻米生产基地，稻谷产量占到全国产量的 25% 左右。其次为木薯产量 311.56 万吨，收获面积为 7.58 万公顷。玉米主要产于老挝北方省份，产量为 115 万吨，其中 77% 左右用于饲料生产。大豆产量较少，仅为 1.46 万吨，因此老挝蛋白饲料原料短缺，主要依靠进口。

从近年来饲料原料产量变化趋势分析，2016—2020 年，老挝稻谷和玉米产量均呈明显下降趋势；玉米产量从155.24万吨降至115.00万吨，2019年降至79.36万吨；稻谷产量由414.88万吨降至368.73万吨。据老挝农林部种植业司分析，主要原因是玉米和稻谷产量由雨季和旱季产量组成，近年来受市场影响，部分雨季玉米和旱季稻谷种植转向收益更好的经济作物。同时2020年木薯产量激增，从之前一直较稳定的230万吨左右增长至311.56万吨。大豆产量总体上较低，近五年产量范围为0.80万—1.91万吨（见表3.3.3）。

**表3.3.3　2016—2020年老挝主要饲料原料产量**

单位：万吨

| 类别 | 2016年 | 2017年 | 2018年 | 2019年 | 2020年 |
|---|---|---|---|---|---|
| 玉米 | 155.24 | 119.25 | 98.17 | 79.36 | 115.00 |
| 大豆 | 1.91 | 0.80 | 0.84 | 1.19 | 1.46 |
| 稻谷 | 414.88 | 403.98 | 358.47 | 353.45 | 368.73 |
| 木薯 | 241.00 | 227.71 | 227.90 | 231.38 | 311.56 |

数据来源：联合国粮农组织

## 四、缅甸主要饲料原料生产现状

缅甸饲料生产所用的主要原料为水稻副产品（米糠、碎米）、小麦及麦麸、玉米、大豆及豆粕和木薯等。其中玉米饲料用量约为4000吨/月，南北方均有使用；碎米饲料用量为1500吨/月，主要集中在南方，应用于禽类和猪饲料。根据缅甸2020年主要饲料原料产量分析，稻谷产量最高为2510万吨，其次为玉米和木薯，分别为204.10万吨和38.69万吨；小麦和大豆原料相对较少，分别为11.12万吨和14.50万吨。

据统计，2016—2020年，缅甸主要饲料原料除木薯产量缓慢下降外，其他原料产量均呈现少量波动或缓慢上升趋势。稻谷产量由2016年的2567.28万吨增加至2018年的2757.36万吨，随后在2020年又下降至2510万吨。小麦产量由2016年的10.26万吨增加至2017年的12.33万吨，之后又由于适合小麦种植的面积有限、气候变化、缺乏优质种子等原因，产量递减至 11 万吨左右。玉米产量整体呈平稳上升趋势，2020 年产量较 2016 年上涨 11.49%，由于玉米饲料原料需求持续增加，预计玉米产量还将持续上升，其中 30% 以上用于饲料生产。大豆产量年际间略有波动，近五年来稳定在 14 万吨左右（见表 3.3.4）。

**表 3.3.4　2016—2020 年缅甸主要饲料原料产量**

单位：万吨

| 类别 | 2016 年 | 2017 年 | 2018 年 | 2019 年 | 2020 年 |
|---|---|---|---|---|---|
| 玉米 | 183.06 | 190.93 | 198.41 | 198.58 | 204.10 |
| 大豆 | 14.92 | 14.55 | 14.37 | 14.19 | 14.50 |
| 小麦 | 10.26 | 12.33 | 11.60 | 11.07 | 11.12 |
| 稻谷 | 2567.28 | 2654.64 | 2757.36 | 2626.98 | 2510.00 |
| 木薯 | 42.63 | 39.88 | 39.46 | 39.24 | 38.69 |

数据来源：联合国粮农组织

## 五、泰国主要饲料原料生产现状

根据泰国农业与合作社部统计，2020 年，泰国玉米、水稻副产品、木薯和小麦约占饲料原料的 60%，大豆和豆粕占 24%。同中国一样，泰国也是饲料原料短缺的国家，每年约 60% 的饲料原料依靠进口。近年来泰国政府鼓励使用木薯、甘薯等块茎研发新的饲料配方，以带动种植、畜禽养殖和加工等相关产业发展。泰国是全球第三大木薯生产国，2020 年木薯产量为 2899.91 万吨，约 75%—80% 以木薯片和木薯颗粒形式作为动物饲料出口。2020 年稻谷产量为 3023.10 万吨，用于饲料的碎米约占泰国大米总消费量的 15%。相对于木薯和水稻，大豆和小麦产量较少，2020 年分别为 2.92 万吨和 0.14 万吨。

进一步分析主要饲料原料产量趋势，2016—2020 年，木薯产量波动较为明显，由 2016 年的 3116.10 万吨降至 2018 年的 2936.82 万吨，随后在 2019

年又增加至3108.00万吨，2020年降至2899.91万吨。2016—2018年稻谷产量均维持在3200万吨左右，受干旱影响，2019年明显下降，2020恢复至3023.10万吨。小麦产量较少，一直保持在0.14万吨左右；大豆产量在2016—2018年保持在4万吨左右，而后两年时间内，产量不足3万吨（见表3.3.5）。

**表3.3.5　2016—2020年泰国主要饲料原料产量**

单位：万吨

| 类别 | 2016年 | 2017年 | 2018年 | 2019年 | 2020年 |
| --- | --- | --- | --- | --- | --- |
| 玉米 | 439.02 | 482.10 | 506.91 | 453.51 | 480.58 |
| 大豆 | 3.78 | 4.28 | 4.12 | 2.63 | 2.92 |
| 大麦 | 12.00 | 14.00 | 13.00 | 13.86 | 15.82 |
| 小麦 | 0.13 | 0.13 | 0.13 | 0.14 | 0.14 |
| 稻谷 | 3185.70 | 3289.89 | 3234.81 | 2861.79 | 3023.10 |
| 木薯 | 3116.10 | 3049.52 | 2936.82 | 3108.00 | 2899.91 |

数据来源：联合国粮农组织

## 六、越南主要饲料原料生产现状

越南饲料原料主要包括水稻、木薯、玉米和大豆等。根据越南2020年主要饲料原料产量分析，稻谷产量最高为4275.89万吨，越南本土种植水稻部分会以碎米和米糠形式作为饲料用于饲喂动物，在动物配方中使用量高达30%，主要使用范围在越南中部以南。木薯产量为1048.78万吨，其中10%—20%用于饲料消费。玉米产量排名第三，为455.96万吨，2020年约有250万吨用于饲料。相对于水稻、木薯和玉米，大豆产量较少，2020年仅为6.54万吨。

分析近五年越南主要饲料原料产量趋势可知，水稻和木薯产量相对比较稳定，水稻产量一直保持在4300万吨左右，木薯产量一直保持在1000万吨左右，而玉米和大豆产量处于持续下降趋势（见表3.3.6）。

**表 3.3.6　2016—2020 年越南主要饲料原料产量**

单位：万吨

| 类别 | 2016 年 | 2017 年 | 2018 年 | 2019 年 | 2020 年 |
|---|---|---|---|---|---|
| 玉米 | 524.41 | 510.98 | 487.41 | 473.21 | 455.96 |
| 大豆 | 16.07 | 10.19 | 8.13 | 7.72 | 6.54 |
| 稻谷 | 4311.20 | 4276.37 | 4404.63 | 4349.55 | 4275.89 |
| 木薯 | 1090.98 | 1026.76 | 984.71 | 1017.49 | 1048.78 |

数据来源：联合国粮农组织

## 第二节　畜禽养殖与水产养殖现状

### 一、畜禽养殖现状

饲料产业的快速发展主要取决于畜牧业生产规模的扩大、养殖方式的转变及饲料企业竞争力的提升。近二十年来，随着经济持续快速增长，人们的饮食结构发生改变，拉动畜禽产品需求规模扩大。城市化进程加快、国家相关政策扶持、畜牧业规模化养殖比例提高，这些因素都推动了饲料产业迅速增长。

#### （一）柬埔寨畜禽养殖现状

目前，柬埔寨生猪养殖模式主要为正大集团所发展的一体化养殖模式，包括饲料生产供应、生猪养殖、屠宰和肉制品加工等。其他规模稍大的养殖场也基本是饲料养殖一体化模式，还有少部分为饲料公司 + 农户养殖模式，散养户较少。柬埔寨肉鸡饲养以饲料企业放养模式为主，即饲料企业或经销商为养殖户提供种苗、饲料、技术，然后统一回收出栏肉鸡。

根据联合国粮农组织统计，2020 年柬埔寨猪、牛和家禽饲养量分别为 190.20 万头、344.41 万头和 2135.00 万只，均较 2016 年小幅下降。其中生猪饲养量由 217.13 万头下降至 190.20 万头，降幅 12.40%；牛饲养量由 356.20 万头递减至 344.41 万头，降幅 3.30%；家禽饲养量由 2016 年的 2148.00 万只持续递增至 2019 年的 2189.60 万只，2020 年饲养量又下降为 2135.00 万只。2016—2017 年，柬埔寨羊饲养数量呈现增长趋势，2017 年饲养量约为 85.70 万头，相比于 2016 年的饲养量提升了 13.78%（见表 3.3.7）。

**表 3.3.7　2016—2020 年柬埔寨畜禽养殖情况**

单位：万头 / 万只

| 类别 | 2016 年 | 2017 年 | 2018 年 | 2019 年 | 2020 年 |
|---|---|---|---|---|---|
| 猪 | 217.13 | 213.13 | 206.04 | 198.16 | 190.20 |
| 牛 | 356.20 | 350.25 | 346.17 | 341.55 | 344.41 |
| 羊 | 80.24 | 85.70 | — | — | — |
| 家禽 | 2148.00 | 2156.90 | 2174.20 | 2189.60 | 2135.00 |

数据来源：联合国粮农组织

2016—2020 年，柬埔寨牛肉产量与牛饲养量变化趋势基本一致，呈现小幅下降趋势，由 6.40 万吨下降至 6.12 万吨，年均降幅约 1%。禽肉产量在 2016 至 2019 年持续增加，由 2.67 万吨增加至 2.79 万吨，2020 年随着家禽饲养量下降而下降至 2.72 万吨。猪肉产量呈现先下降而后趋于稳定的趋势，由 2016 年的 11.14 万吨下降到 2018 年的 9.3 万吨，随后基本稳定在 9.3 万吨。牛奶产量呈现小幅波动趋势，但总体产量稳定在 2.4 万吨左右。鸡蛋产量相对比较稳定，一直维持在 1.9 万吨左右（见表 3.3.8）。

**表 3.3.8　2016—2020 年柬埔寨畜禽产品产量**

单位：万吨

| 类别 | 2016 年 | 2017 年 | 2018 年 | 2019 年 | 2020 年 |
|---|---|---|---|---|---|
| 牛肉 | 6.40 | 6.33 | 6.23 | 6.18 | 6.12 |
| 猪肉 | 11.14 | 10.19 | 9.30 | 9.30 | 9.32 |
| 禽肉 | 2.67 | 2.73 | 2.76 | 2.79 | 2.72 |
| 牛奶 | 2.41 | 2.44 | 2.41 | 2.39 | 2.41 |
| 鸡蛋 | 1.87 | 1.95 | 1.87 | 1.87 | 1.90 |

数据来源：联合国粮农组织

### （二）中国畜禽养殖现状

中国是传统农业大国，耕地面积广，占世界耕地面积的 7%，其农业总产值约占 GDP 的 10%，其中畜牧业总产值占比约 5%。中国主要畜禽养殖种类包括生猪、牛、羊和家禽，2020年生猪、牛、羊和家禽的饲养量分别为4.07亿头、0.96亿头、3.07亿头和155.00亿只。据统计，2016—2020年，受非洲猪瘟影响，中国生猪饲养量呈现出先减后增的变化趋势，2020年饲养量有所回升，较2019年上升了35.22%。牛饲养量一直处于稳步上升趋势，由2016年的0.88亿头持续增长至2020年的0.96亿头，与2019年饲养量相比，2020年上升了4.40%。羊饲养量一直稳定在3亿只左右。2016—2020年，中国家禽产品价格持续上涨，家禽养殖效益向好，家禽饲养规模持续扩大，家禽出栏量稳步增长。2020年，全国家禽出栏量155亿只，同比增长5.87%（见表3.3.9）。从养殖需求来看，随着畜禽出栏量的增加，中国肉禽饲料需求预计增加。从饲料原料来看，由于原料价格（玉米和豆粕）持续上涨，工业饲料产品价格将保持高位运行。而且为降低成本，散养户多使用配合饲料，工业饲料消费量增加。

**表3.3.9　2016—2020年中国畜禽养殖情况**

单位：亿头/亿只

| 类别 | 2016年 | 2017年 | 2018年 | 2019年 | 2020年 |
|---|---|---|---|---|---|
| 猪 | 4.42 | 4.42 | 4.28 | 3.10 | 4.07 |
| 牛 | 0.88 | 0.90 | 0.89 | 0.91 | 0.96 |
| 羊 | 2.99 | 3.02 | 2.97 | 3.01 | 3.07 |
| 家禽 | 131.95 | 130.22 | 130.89 | 146.41 | 155.00 |

数据来源：中国国家统计局

同样受非洲猪瘟影响，2016—2020年，中国猪肉产量呈现先增后减趋势，猪肉产量由2016年的5425.49万吨增加至2017年的5451.80万吨，之后一直减少至2020年的4113.33万吨。禽肉和鸡蛋产量呈现先减后增趋势，禽肉产量由2016年的1888.00万吨减少至2017年的1597.00万吨，之后一直增加至2020年的2361.00万吨。鸡蛋产量由2016年的3160.54万吨减少至2017年的3096.29万吨，之后一直增加至2020年的3467.76万吨。牛肉和羊肉产量呈现出持续增加趋势，牛肉由616.91万吨增加至672.45万吨，涨幅9%，羊肉由460.25万吨增加至492.31万吨，涨幅6.97%。同时中国牛奶产量呈现波动中持续上升趋势，2016年产量为3064.03万吨，2020年增长为3440.14万吨（见表3.3.10）。

**表3.3.10　2016—2020年中国畜禽产品产量**

单位：万吨

| 类别 | 2016年 | 2017年 | 2018年 | 2019年 | 2020年 |
|---|---|---|---|---|---|
| 牛肉 | 616.91 | 634.62 | 644.06 | 667.28 | 672.45 |
| 猪肉 | 5425.49 | 5451.80 | 5403.74 | 4255.31 | 4113.33 |
| 羊肉 | 460.25 | 471.07 | 475.07 | 487.52 | 492.31 |
| 禽肉 | 1888.00 | 1597.00 | 1994.00 | 2239.00 | 2361.00 |
| 牛奶 | 3064.03 | 3038.62 | 3074.56 | 3201.24 | 3440.14 |
| 鸡蛋 | 3160.54 | 3096.29 | 3128.28 | 3308.98 | 3467.76 |

数据来源：中国国家统计局

（三）老挝畜禽养殖现状

老挝畜牧草场资源丰富，全国草山面积达15000平方公里，因此具有较大的畜禽养殖潜力。近年来，老挝畜牧业发展迅速，但与其他澜湄国家相比，老挝畜禽养殖技术相对落后，畜牧业养殖集约化程度较低，基本以家庭式自给自足的散养方式为主(95%以上畜禽)。因为缺乏大规模屠宰和肉类加工厂，老挝畜牧产品生产能力有限，经常面临畜禽肉制品供不应求的情况。老挝水牛主要用于耕田，黄牛主要用于肉类加工，其他养殖畜禽供食用和上市交易。老挝境内各地区养殖业发展不均衡，老挝中部养殖数量远高于南部和北部地区。总体上来讲老挝养殖区域分散，基础设施缺乏，个别地区产业化形式的小型禽类养殖如肉猪和蛋鸡养殖刚刚起步，饲养技术水平与管理水平均较低。为提高牲畜产量，满足老挝国内外市场需求，老挝农林部制定了畜牧业七大重点发展方向，包括配种、喂养、疫苗供应和防疫、牲畜管理、屠宰、肉类加工、草场建设等。为鼓励农户从事畜禽养殖，减免养殖税；支持有关单位、企业和公司建立和发展养殖场；积极吸引外资，鼓励外商与老挝有关单位或私人合作建立和发展畜禽养殖、加工和营销一体的企业。在上述相关政策措施支持下，老挝畜禽养殖量增长明显，畜禽养殖也正在由传统养殖向现代养殖转型。

目前，老挝主要畜禽养殖种类同样包括猪、牛、羊和家禽。据联合国粮农组织统计，2020年，老挝猪、牛、羊和家禽饲养量分别为429.80万头、342.20万头、68.24万头和5038.20万只，其中家禽养殖量占老挝畜禽养殖总量的86.18%。2016—2020年，老挝猪、牛、羊和家禽饲养量均呈现增长趋势，说明老挝畜禽养殖业一直在持续向好发展。具体到畜禽种类饲养量的变化，老挝家禽饲养增长趋势最明显，年平均增长率为6.76%，2020年较2016年提高30%。其次为羊饲养量，年平均增长率约为5.05%，2020年较2016年提高21.86%。猪和牛饲养量年平均增长率分别为3.86%和2.50%，猪饲养量在2020年达到最大值（429.80万头）；牛饲养量由310万头增加至342.20万头，增长幅度为10.39%（见表3.3.11）。

**表3.3.11 2016—2020年老挝畜禽养殖情况**

单位：万头/万只

| 类别 | 2016年 | 2017年 | 2018年 | 2019年 | 2020年 |
|---|---|---|---|---|---|
| 猪 | 370.00 | 386.90 | 382.47 | 411.50 | 429.80 |
| 牛 | 310.00 | 317.30 | 324.09 | 333.20 | 342.20 |
| 羊 | 56.00 | 58.80 | 61.63 | 64.70 | 68.24 |
| 家禽 | 3881.70 | 4069.50 | 4297.90 | 4732.10 | 5038.20 |

数据来源：联合国粮农组织

2016—2020年，老挝牛肉、山羊肉和禽肉等畜禽产品产量均呈现持续增加趋势。牛肉产量由5.26万吨增加至5.90万吨，涨幅14.07%。山羊肉产量由0.22万吨增加至0.25万吨，年均增加100吨左右。禽肉产量由3.16万吨增加至4.05万吨，提高了28.16%。老挝猪肉产量受非洲猪瘟影响较小，尽管有小幅波动，但整体上呈现增长趋势，由8.36万吨持续增加至9.76万吨，涨幅16.75%。牛奶产量比较稳定，近五年产量基本维持在0.73万吨左右。鸡蛋产量也呈现小幅度波动上涨趋势，2020年较2016年提高了约6%（见表3.3.12）。

**表 3.3.12 2016—2020 年老挝畜禽产品产量**

单位：万吨

| 类别 | 2016 年 | 2017 年 | 2018 年 | 2019 年 | 2020 年 |
|---|---|---|---|---|---|
| 牛肉 | 5.26 | 5.41 | 5.54 | 5.72 | 5.90 |
| 猪肉 | 8.36 | 8.77 | 8.62 | 9.31 | 9.76 |
| 山羊肉 | 0.22 | 0.23 | 0.24 | 0.26 | 0.27 |
| 禽肉 | 3.16 | 3.30 | 3.48 | 3.82 | 4.05 |
| 牛奶 | 0.73 | 0.73 | 0.73 | 0.73 | 0.73 |
| 鸡蛋 | 1.63 | 1.50 | 1.58 | 1.67 | 1.73 |

数据来源：联合国粮农组织

（四）缅甸畜禽养殖现状

近年来，随着缅甸经济的快速发展，为不断提高人民生活水平，畜牧业受到缅甸政府的高度重视并得以迅速发展。目前，缅甸肉鸡一条龙产业、水产养殖业、肉猪集约化养殖已具规模，牛羊肉资源丰富。2020 年缅甸最新畜禽养殖数据分析表明，生猪、牛和羊的饲养量分别为 1919.26 万头、2301.09 万头和 1193.51 万头，家禽饲养量为 38553.70 万只。2016—2020 年，缅甸生猪、牛和羊饲养量均呈明显增长趋势。其中猪饲养量由 1652.43 万头增加至 1919.26 万头，提高 16.15%。羊饲养量由 878.56 万头增加至 1193.51 万头，提高 35.85%。牛饲养量由 2021.20 万头增加至 2301.09 万头，提高 13.85%。缅甸家禽饲养量虽有小幅度波动但亦呈现稳步增加趋势，年平均增长幅度为 4.8%（见表 3.3.13）。

**表 3.3.13 2016—2020 年缅甸畜禽养殖情况**

单位：万头 / 万只

| 类别 | 2016 年 | 2017 年 | 2018 年 | 2019 年 | 2020 年 |
|---|---|---|---|---|---|
| 猪 | 1652.43 | 1927.34 | 1977.90 | 2083.54 | 1919.26 |
| 牛 | 2021.20 | 2151.36 | 2178.60 | 2233.35 | 2301.09 |
| 羊 | 878.56 | 976.20 | 1105.10 | 1233.15 | 1193.51 |
| 家禽 | 32335.80 | 38082.70 | 39414.80 | 37033.80 | 38553.70 |

数据来源：联合国粮农组织

2016—2018 年，缅甸牛肉产量比较稳定，2019—2020 年呈现明显增长趋势，2020 年与 2016 年相比增长了约 14%。2016—2017 年，羊肉产量比较稳定，2018—2020年呈现小幅增长趋势。尽管受非洲猪瘟影响，2019年猪肉产量略有下降但下降幅度不大；与2016年相比，2020年猪肉产量增长了约28.96%。缅甸禽肉产量相对稳定，近年来一直在164万—174万吨波动，2017年达到最高水平，为173.30万吨，2019年为最低值164.40万吨。缅甸牛奶产量在2019年达到了最大值230.00万吨，其余年份基本保持在220万吨以上的生产水平。2016—2019年，缅甸鸡蛋产量总体上保持稳定增长趋势，2020年与2016年相比，增长了约5.20%（见表3.3.14）。

**表3.3.14　2016—2020年缅甸畜禽产品产量**

单位：万吨

| 类别 | 2016年 | 2017年 | 2018年 | 2019年 | 2020年 |
|---|---|---|---|---|---|
| 牛肉 | 44.82 | 44.60 | 45.10 | 48.32 | 51.17 |
| 猪肉 | 87.40 | 90.70 | 118.38 | 109.27 | 112.71 |
| 羊肉 | 9.17 | 9.33 | 10.78 | 13.53 | 12.67 |
| 禽肉 | 166.26 | 173.30 | 172.20 | 164.40 | 169.97 |
| 牛奶 | 220.29 | 220.00 | 220.00 | 230.00 | 223.33 |
| 鸡蛋 | 54.22 | 55.54 | 57.60 | 58.00 | 57.04 |

数据来源：联合国粮农组织

### （五）泰国畜禽养殖现状

泰国可耕地面积约占国土面积的41%，农业作为传统经济产业尽管在国民经济和就业中所占比重不断下降，但是在全国经济和社会结构中仍然具有重要地位。2019年泰国农业产值约450亿美元，占GDP的8%，全年农产品出口约363.2亿美元，占出口总额的10.08%。泰国农业收入的60%来自农作物，多年来大米、对虾、水果等农产品闻名国际市场，其余来自水产养殖业、畜牧业、农产品粗加工和农业服务。目前泰国共有大约940万农业就业人口，占全国就业人口的14.03%，其中一半以上从事养殖业。因此，养殖业对泰国经济起着举足轻重的作用。

泰国主要畜禽养殖种类有猪、黄牛、水牛、羊。据统计，2016—2020年，猪的饲养量由768.01万头增长至1222.83万头，增加了59.22%。牛（包括黄牛和水牛）的饲养量由586.01万头增加至819.35万头，提高39.82%。羊的饲养量由 49.22 万头增加至 104.61 万头，增加 112.54%。家禽的饲养量由 29192.8 万只增加至 48355.5 万只，提高 65.64%，尤其是肉鸡养殖发展迅速。总体来看，五年间畜禽饲养量均大幅增长（见表 3.3.15）。

**表 3.3.15　2016—2020 年泰国畜禽养殖情况**

单位：万头 / 万只

| 类别 | 2016 年 | 2017 年 | 2018 年 | 2019 年 | 2020 年 |
| --- | --- | --- | --- | --- | --- |
| 猪 | 768.01 | 765.31 | 757.44 | 755.52 | 1222.83 |
| 牛 | 586.01 | 572.30 | 561.41 | 554.62 | 819.35 |
| 羊 | 49.22 | 48.90 | 49.75 | 50.12 | 104.61 |
| 家禽 | 29192.8 | 28612.9 | 29162.4 | 29589.5 | 48355.5 |

数据来源：联合国粮农组织

据统计，2016—2020 年，泰国牛肉产量处于持续降低趋势，由 17.39 万吨降至 13.20 万吨，降幅超过 24%。猪肉产量相对比较稳定，近五年产量一直在 90 万吨左右小幅度波动。羊肉产量稳定在 0.2 万吨左右；牛奶产量稳定在 120 万吨。禽肉和鸡蛋产量呈现持续增长趋势，禽肉产量由 169.96 万吨增加到 184.38 万吨，增加了 8.48%；鸡蛋产量由 69.00 万吨增加至 71.32 万吨，增加了 3.36%（见表 3.3.16）。2019 年，泰国出口约 40% 的鸡肉产品，位列世界第八大鸡肉生产国，超过欧盟成为全球第三大鸡肉出口国。泰国肉鸡加工出口商协会表示，新冠疫情导致泰国 2020 年加工、冷藏和冷冻鸡肉出口量下降至 94.50 万吨，价值 28.67 亿美元。

**表 3.3.16　2016—2020 年泰国畜禽产品产量**

单位：万吨

| 类别 | 2016 年 | 2017 年 | 2018 年 | 2019 年 | 2020 年 |
| --- | --- | --- | --- | --- | --- |
| 牛肉 | 17.39 | 16.77 | 16.10 | 16.29 | 13.20 |
| 猪肉 | 91.27 | 91.01 | 89.79 | 89.54 | 89.35 |
| 羊肉 | 0.19 | 0.20 | 0.20 | 0.20 | 0.20 |
| 禽肉 | 169.96 | 173.05 | 176.64 | 180.44 | 184.38 |
| 牛奶 | 120.00 | 120.00 | 120.00 | 120.00 | 120.00 |
| 鸡蛋 | 69.00 | 69.50 | 71.00 | 70.34 | 71.32 |

数据来源：联合国粮农组织

### （六）越南畜禽养殖现状

越南养殖业按照地理位置划分为北部和南部，北部主要是畜牧家禽养殖，南部以水产养殖为主。越南畜禽养殖动物种类主要包括生猪、牛、山羊和家禽。越南生猪养殖相对比较粗放，散养户比较多。据统计，2016—2020 年，越南生猪饲养量呈现持续下降趋势，由 2907.53 万头下降至 2202.79 万头，降幅达 24.24%。山羊饲养量持续增长，由 202.10 万头增加至 265.46 万头，增幅为 33.35%。越南牛养殖主要为肉用黄牛，其饲养量同样呈现持续增长趋势，2016 年牛饲养量为 801.60 万头，2020 年增长至 856.32 万头。越南家禽养殖业增长明显，年平均增长幅度超过 9%，2020 年越南家禽饲养量为 49606.30 万只，家禽养殖产值达 4.98 亿美元（见表 3.3.17）。

**表 3.3.17　2016—2020 年越南畜禽养殖情况**

单位：万头 / 万只

| 类别 | 2016 年 | 2017 年 | 2018 年 | 2019 年 | 2020 年 |
|---|---|---|---|---|---|
| 猪 | 2907.53 | 2740.67 | 2815.19 | 1961.55 | 2202.79 |
| 牛 | 801.60 | 814.66 | 822.80 | 844.79 | 856.32 |
| 山羊 | 202.10 | 255.63 | 268.39 | 260.92 | 265.46 |
| 家禽 | 34847.50 | 37015.80 | 39382.70 | 46513.30 | 49606.30 |

数据来源：联合国粮农组织

2016—2020 年，越南牛肉、山羊肉、禽肉和牛奶产量均呈持续增加趋势。其中牛肉产量由 39.52 万吨增加到 47.03 万吨，山羊肉产量由 1.32 万吨增加到 2.13 万吨，禽肉产量由 85.19 万吨增加到 131.92 万吨，牛奶产量由 79.51 万吨增加到 104.93 万吨。越南猪肉产量也受到非洲猪瘟影响，近五年产量波动较大，尤其是和 2018 年产量（381.64 万吨）相比，2019 年猪肉产量明显下降（332.88 万吨），2020 年猪肉产量有所回升。近年来，越南鸡蛋产量呈现先减后增趋势，2016 年产量较高为 47.23 万吨，2017 年产量下降明显，之后有所增长回升，2020 年产量为 47.37 万吨，基本与 2016 年持平（见表 3.3.18）。

**表 3.3.18　2016—2020 年越南畜禽产品产量**

单位：万吨

| 类别 | 2016 年 | 2017 年 | 2018 年 | 2019 年 | 2020 年 |
| --- | --- | --- | --- | --- | --- |
| 牛肉 | 39.52 | 40.96 | 42.66 | 44.98 | 47.03 |
| 猪肉 | 366.46 | 373.33 | 381.64 | 332.88 | 355.01 |
| 山羊肉 | 1.32 | 1.64 | 1.89 | 2.10 | 2.13 |
| 禽肉 | 85.19 | 90.95 | 97.42 | 114.46 | 131.92 |
| 牛奶 | 79.51 | 88.13 | 93.60 | 98.61 | 104.93 |
| 鸡蛋 | 47.23 | 31.05 | 34.94 | 41.00 | 47.37 |

数据来源：联合国粮农组织

## 二、水产养殖现状

### （一）中国水产养殖现状

水产品是海洋和淡水渔业生产的水产动植物产品及其加工产品的总称。中国水产品主要来源包括淡水养殖、淡水捕捞、海水养殖、海洋捕捞等。2020 年，水产品总产量 6549.02 万吨，淡水水产品产量 3234.64 万吨（包括淡水养殖产品 3088.89 万吨和淡水捕捞产品 145.75 万吨），海水水产品产量 3314.38 万吨（包括海水养殖产品 2135.31 万吨和海洋捕捞产品 1179.07 万吨）。中国淡水养殖和淡水捕捞水产品产量占据了水产品总量的 47.17% 和 2.22%，海水养殖和海洋捕捞产品产量分别占总产量的 32.61% 和 18.00%。

据中国国家统计局数据，2016—2020 年，中国水产品总产量持续增长，2016 年产量为 6379.48 万吨，2020 年持续增长为 6549.02 万吨，增长率约 2.7%。总体上分析，近五年，中国淡水水产品产量的增长率高于海水水产品产量。其中淡水水产品产量由 2016 年的 3078.22 万吨增加到 2020 年的 3234.64 万吨，增长率超过 5%；而海水水产品产量增长率较低，仅从 3301.26 万吨增加到 3314.38 万吨，增长率不足 1%。

### （二）湄公河五国水产养殖现状

据联合国粮农组织数据统计，2019 年，湄公河五国中越南水产品产量最

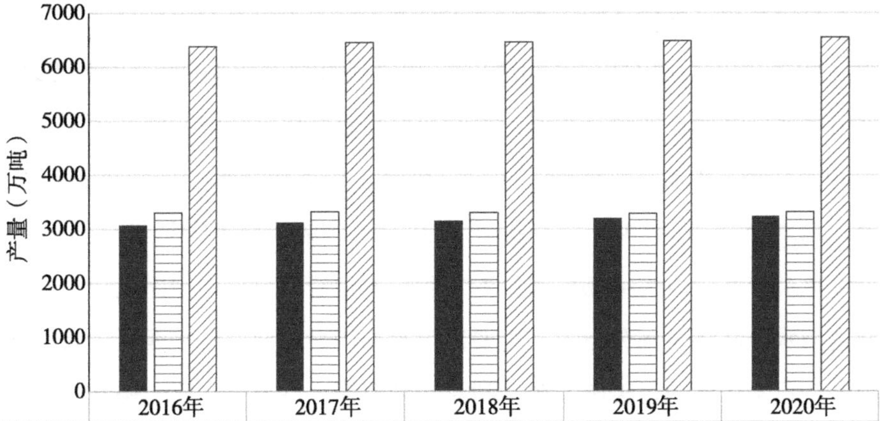


| | 2016年 | 2017年 | 2018年 | 2019年 | 2020年 |
|---|---|---|---|---|---|
| ■淡水水产 | 3078.22 | 3123.59 | 3156.23 | 3197.87 | 3234.64 |
| ▤海水水产 | 3301.26 | 3321.74 | 3301.43 | 3282.5 | 3314.38 |
| ▨总产量 | 6379.48 | 6445.33 | 6457.66 | 6480.36 | 6549.02 |

**图 3.3.1　2016—2020 年中国水产品产量**

数据来源：中国国家统计局

高，为 788.46 万吨；其次为缅甸和泰国，产量分别为 303.33 万吨和 251.20 万吨；柬埔寨和老挝水产品产量相对较少，分别为 96.91 万吨和 18.39 万吨。2015—2019 年，柬埔寨、老挝、缅甸、泰国和越南水产品产量均呈现持续增长趋势（见表 3.3.19）。其中越南年平均增长率最高为 10.48%，其次为柬埔寨，年平均增长率为 6.54%；老挝水产养殖也呈现较好的发展势头，水产品产量年平均增长率约 3.79%；泰国和缅甸的水产品产量年平均增长率均约为 1%。

**表 3.3.19　2015—2019 年湄公河五国水产品产量**

单位：万吨

| 类别 | 2015 年 | 2016 年 | 2017 年 | 2018 年 | 2019 年 |
|---|---|---|---|---|---|
| 柬埔寨 | 75.32 | 80.25 | 85.70 | 94.32 | 96.91 |
| 老挝 | 15.86 | 17.09 | 17.49 | 17.91 | 18.39 |
| 缅甸 | 293.63 | 297.52 | 308.86 | 316.86 | 303.33 |
| 泰国 | 242.16 | 241.71 | 236.93 | 245.49 | 251.20 |
| 越南 | 535.99 | 670.87 | 710.88 | 776.85 | 788.46 |

数据来源：联合国粮农组织

柬埔寨水产养殖现状：柬埔寨水资源丰富，不仅有东南亚最大的淡水湖洞里萨湖，还有长达460公里的海岸线。渔业是柬埔寨重要的经济增长点之一。据柬埔寨农林渔业部统计数据，渔业在柬埔寨整体农业中的比重达25%，占GDP的10%—12%。据统计，2015—2019年，柬埔寨水产品总产量由75.32万吨增加至96.91万吨，大幅提升了28.66%。柬埔寨每人每年平均消费52千克鱼类产品，成为继挪威和日本之后鱼肉消费量最多的国家之一。同时柬埔寨的水产品还可部分出口，主要出口至泰国、越南、马来西亚、新加坡、中国、日本、韩国、美国、澳大利亚和俄罗斯。近五年，柬埔寨水产养殖业增长明显，呈现良好的发展势头，发展空间较大。同时柬埔寨水产养殖也面临许多挑战，例如高质量的鱼苗和水产养殖新技术缺乏、卫生和检疫标准有待完善等。

老挝水产养殖现状：老挝是内陆国家，没有海洋水产养殖，但内陆水域面积达60万公顷，拥有丰富的淡水渔业资源。老挝渔业资源主要分布在湄公河及其14条支流，这些河流及水库的水产品捕获量占全国渔业总产量的60%以上。据统计，2010—2019年，老挝渔业水产品产量由11.5万吨增加至18.39万吨，提高近60%，其中人工饲养水产品产量占总产量的60%以上。总体上分析，老挝渔业资源丰富，渔业生产及消费量也在逐年增加，但缺乏优质鱼苗和先进养殖技术，苗种与饲料大多需从泰国等国进口，且产量与其他澜湄国家相比偏低。目前，老挝政府一方面积极改善现有渔业养殖设施，另一方面也在借助国际社会力量发展本国渔业生产，如在日本国际协力机构支持下大力建设和发展渔业生产体系、渔业病害研究室和南爽河渔业发展中心等。老挝还注重加强与中国的渔业养殖合作，2017年中国南宁向老挝出口了约120万尾罗非鱼苗，中国广西壮族自治区还对老挝渔业养殖进行技术扶持，向老挝转移和推广先进水产养殖技术，重点开拓中国广西罗非鱼在老挝的生产与销售市场。另外，近年来老挝政府还积极促进政府和私人鱼苗生产，鼓励并建立了一批水产养殖基地、水产养殖站，计划每年培育250万至500万尾鱼苗发放各地池塘进行养殖。据统计，老挝全国已建有保护性池塘700

多个、水产养殖基地近 200 个，水产养殖规模和水平均不断提升。

缅甸水产养殖现状：缅甸拥有 2800 多公里的海岸线，同时还拥有沼泽面积 50 万公顷，渔业资源产能巨大。缅甸水域清洁，未受污染，具备水产养殖业发展优势。近年来，受益于国内需求增加和水产品贸易增长潜力，缅甸水产养殖业获得较多投资，养殖水域面积和水产品总产量呈现持续增长。缅甸水产品生产来源主要为海洋渔业和淡水渔业，其中海洋渔业水产品产量占总产量的 75% 左右，淡水渔业产量约占 25%。2017 年，缅甸人均鱼类和海鲜产品供应为 47.3 千克。缅甸海域资源量达 154 万吨，其中，以鲐鱼、沙丁鱼为代表的中上层鱼类资源量为 97.5 万吨左右。带鱼、海鳗等底层鱼类潜在的年资源量在 50 万吨左右，虾类和鲨鱼等深海鱼类年资源量约 6700 吨。据统计，2015—2019 年，缅甸水产品总量由 293.63 万吨增加至 303.33 万吨。缅甸虽然是澜湄国家渔业资源较丰富的国家之一，但总体上养殖技术、饲料生产技术、病害管理及养殖管理等方面仍有待提升。

泰国水产养殖现状：泰国海域辽阔，泰国湾和安达曼海是得天独厚的天然海洋渔场，渔场面积达 34.28 万平方公里；同时泰国共有湖泊面积 3000 多平方公里，湄南河等四大江河在此入海。上述海洋渔场和湖泊富含有机物质，饵料生物丰富，劳动力低廉，基本设施完善，为泰国水产养殖业的发展提供了极有利的条件，是仅次于日本和中国的亚洲第三大海洋渔业国。泰国是世界市场主要鱼类产品供应国之一，同时也是世界上最大的虾产品出口国。2019 年泰国虾产量为 29 万吨，出口量为 16 万吨。为了维持水产养殖业的持续发展，泰国非常重视鱼虾人工选育、繁殖和育苗技术的开发和应用，鱼虾疾病的疫苗开发与防治以及育苗池、孵化池等先进设备的引进。2015—2019 年，泰国水产品总产量由 242.16 万吨增加至 251.20 万吨。

越南水产养殖现状：越南水产养殖相对比较简单，主要水产养殖产品包括三类：一是虾，二是巴沙鱼，三是罗非、草鱼、鲤鱼和攀鲈鱼等。巴沙鱼饲料基本以当地企业经营为主，该产业链条基本封闭，外资饲料企业很难进入。虾料则 90% 由外资饲料企业供应。其中，外资水产饲料供应企业排名靠前的主要有中国台湾地区的统一企业集团、中国成都的通威集团有限公司、泰国正大集团等。据统计，2015—2019年，越南水产品总产量由535.99万吨增加至788.46万吨，大幅提升47.1%。

## 第三节　饲料消费现状与发展需求

### 一、畜禽养殖饲料消费现状

饲料粮是指为满足动物养殖需要，以原粮形式被直接制成饲料所消耗的粮食，一般作为分析饲料消费情况的重要指标。根据国际上通用的饲料转化率标准，动物产品产量与所消耗的饲料粮存在如下比例关系：猪肉为1∶4，牛羊肉为1∶2，禽肉为1∶2，禽蛋为1∶2.5，牛奶为1∶0.5。依据上一节澜湄国家主要畜禽产品总产量与此标准转化率，计算可得澜湄各国畜禽养殖所消耗的饲料粮。

图3.3.2为计算得到的2016—2020年中国畜禽养殖饲料粮总消费量，包括猪肉、牛羊肉、禽肉、鸡蛋和牛奶生产的饲料粮消耗。近五年中国饲料粮消费量均超过3亿吨。2018年中国饲料粮消费量最高约为3.72亿吨，之后明显降低，2019年和2020年饲料粮消费量分别降低为3.37和3.39亿吨。对照2016—2020年中国畜禽产品产量可知，2019年至2020年饲料粮消费量下降的原因，主要是源于非洲猪瘟导致猪肉产量明显下降，再加上猪肉产量在中国畜禽产品产量中所占比例较高、猪肉的饲料转化率系数较低所致。

图3.3.3为计算得到的2016—2020年湄公河五国的畜禽养殖饲料粮总消费量。从饲料粮消费总量上分析，近五年，柬埔寨、老挝、缅甸、泰国和越南饲料粮年均消费量分别约为63万吨、59万吨、1122万吨、982万吨和1892万吨。柬埔寨畜禽养殖饲料粮消费量则呈现缓慢下降趋势，由2016年的68.58万吨持续降至2020年的60.92万吨，主要是由于近五年柬埔寨的牛

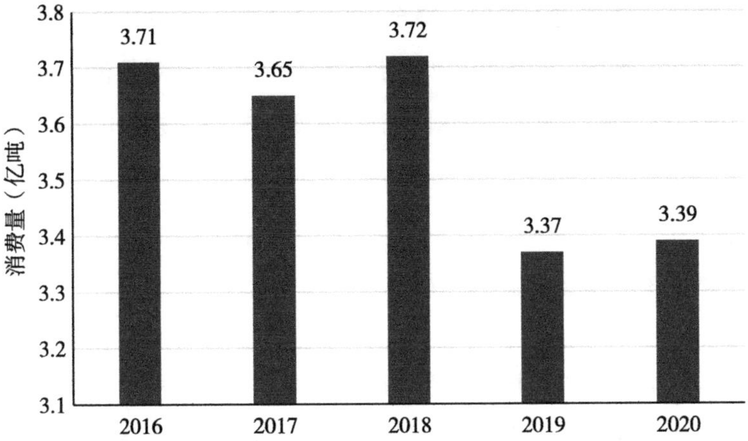


**图 3.3.2　2016—2020 年中国畜禽养殖饲料粮消费量**

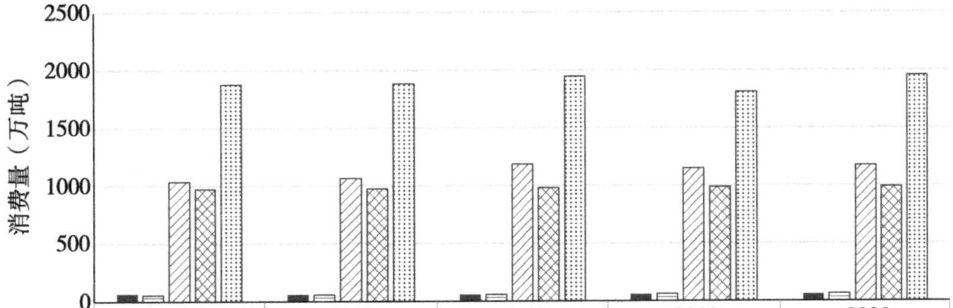


| | 2016 | 2017 | 2018 | 2019 | 2020 |
|---|---|---|---|---|---|
| ■柬埔寨 | 68.58 | 64.98 | 61.06 | 61.01 | 60.92 |
| ▤老挝 | 55.16 | 57.08 | 57.32 | 61.38 | 64.17 |
| ▨缅甸 | 1035.80 | 1066.11 | 1183.68 | 1149.58 | 1172.73 |
| ▩泰国 | 972.66 | 977.83 | 982.54 | 987.87 | 991.26 |
| ▦越南 | 1875.73 | 1882.11 | 1944.65 | 1806.41 | 1953.09 |

**图 3.3.3　2016—2020 年湄公河五国畜禽养殖饲料粮消费量**

肉、猪肉和禽肉产量均处于缓慢下降趋势。近五年来老挝饲料粮消费量呈持续增高趋势，由 2016 年的 55.16 万吨持续增加至 2020 年的 64.17 万吨。2016—2019 年，泰国饲料粮消费量一直比较平稳，2020 年饲料粮消费量最高，主要是由于 2020 年泰国禽肉和鸡蛋产量有小幅度提升致使饲料粮消费量增长。由于猪肉、禽肉、鸡蛋和牛奶等产量明显增长，越南饲料粮消费量在 2018 年达到最高为 1944.65 万吨，之后由于非洲猪瘟导致猪肉产量大幅度降低，饲料粮消费也大幅度下降至 1806.41 万吨。2020 年随着猪肉产量的回升以及牛肉、禽肉、鸡蛋和牛奶产量的持续增长，饲料粮消费量又大幅度升高至 1953.09 万吨。缅甸的饲料粮消费量变化趋势与越南的变化趋势基本一致。

## 二、水产养殖饲料消费现状

根据国际上通用的饲料转化率标准，水产品产量与所消耗的饲料粮的比例关系基本为 1∶1，因此依据上一节澜湄国家的主要水产品总产量与此标准转化率，计算可得澜湄各国水产养殖所消耗的饲料粮。

据估算，2016—2020 年，中国水产养殖因水产品产量持续增长，其饲料粮消费量呈持续增加趋势，由 6379.48 万吨增长至 6549.02 万吨，增幅为 2.66%（如图 3.3.4）。

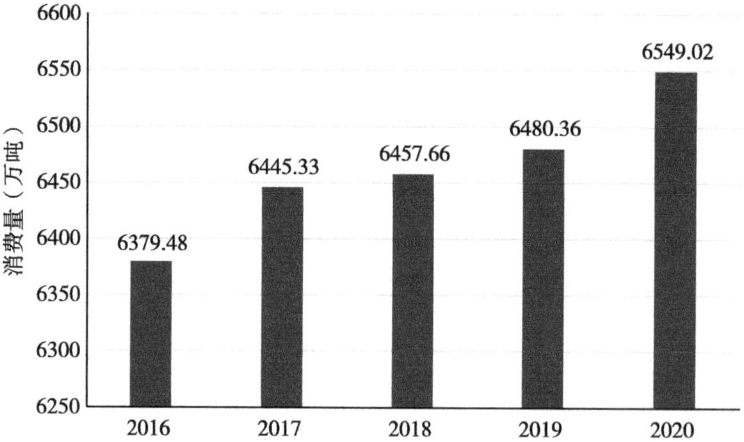


**图 3.3.4　2016—2020 年中国水产养殖饲料粮消费量**

由于水产品产量与所消耗的饲料粮的比例关系基本为 1∶1，因此水产养殖饲料粮的消费量变化趋势与水产品产量变化趋势基本一致。根据 2019 年的饲料粮消费量对比分析，湄公河五国中越南水产养殖饲料粮消费量最高，为

788.46 万吨；其次为缅甸和泰国，水产养殖饲料粮消费量分别为 303.33 万吨和 251.20 万吨；比较而言，柬埔寨和老挝的水产养殖饲料粮消费量相对较少，分别为 96.91 万吨和 18.39 万吨。2015—2019 年，柬埔寨、老挝、缅甸、泰国和越南的水产养殖饲料粮消费量均呈现持续增长趋势。

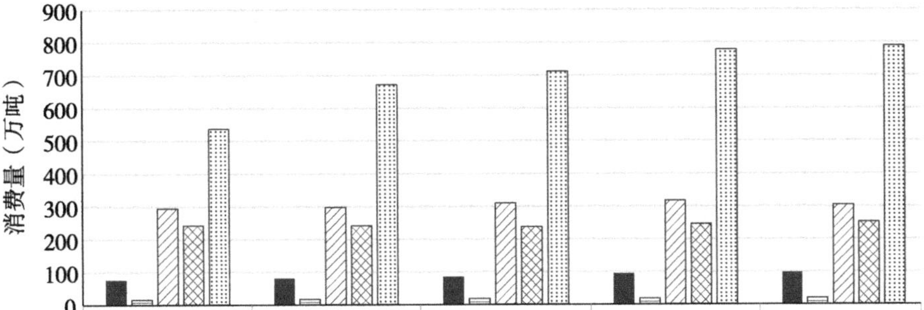


| | 2015 | 2016 | 2017 | 2018 | 2019 |
|---|---|---|---|---|---|
| ■柬埔寨 | 75.32 | 80.25 | 85.70 | 94.32 | 96.91 |
| ⊟老挝 | 15.86 | 17.09 | 17.49 | 17.91 | 18.39 |
| ▨缅甸 | 293.63 | 297.52 | 308.86 | 316.86 | 303.33 |
| ⊠泰国 | 242.16 | 241.71 | 236.93 | 245.49 | 251.20 |
| ⊡越南 | 535.99 | 670.87 | 710.88 | 776.85 | 788.46 |

**图 3.3.5　2015—2019 年湄公河五国水产养殖饲料粮消费量**

## 三、澜湄国家饲料发展需求

进一步结合澜湄国家畜禽与水产养殖情况、饲料粮总体消费量以及主要饲料原料总产量，综合分析澜湄国家饲料发展潜力与需求。首先由前述的畜禽水产养殖情况与近五年发展趋势分析可知，畜禽养殖受非洲猪瘟影响较大的国家为中国和越南，两国 2019 年猪饲养量与猪肉产量均明显下降，目前处于逐步回升状态。而中国和越南其他畜禽养殖种类如牛、羊、家禽以及水产养殖均呈现良好增长的发展态势，因此对畜禽和水产饲料的需求将持续增长。老挝畜禽养殖和水产养殖均有大幅度提升，缅甸和泰国仅有畜禽养殖业呈现大幅度增长。因此，老挝将对畜禽养殖饲料和水产饲料提出更大的发展需求，缅甸和泰国将对畜禽养殖饲料提出更大的发展需求。从畜禽动物饲养量和畜禽产品产量来看，柬埔寨近五年的畜禽养殖发展平缓，但水产养殖发展较好，水产品产量增长率超过 6%，预计将会继续保持大幅增长的趋势，也将对柬埔寨水产饲料的生产产生更高的需求。

系统对比分析澜湄国家饲料粮总体消费量与主要饲料原料总产量，如图 3.3.6—3.3.11 所示。

**图 3.3.6　2016—2019 年柬埔寨饲料粮消费总量与主要饲料原料总产量**

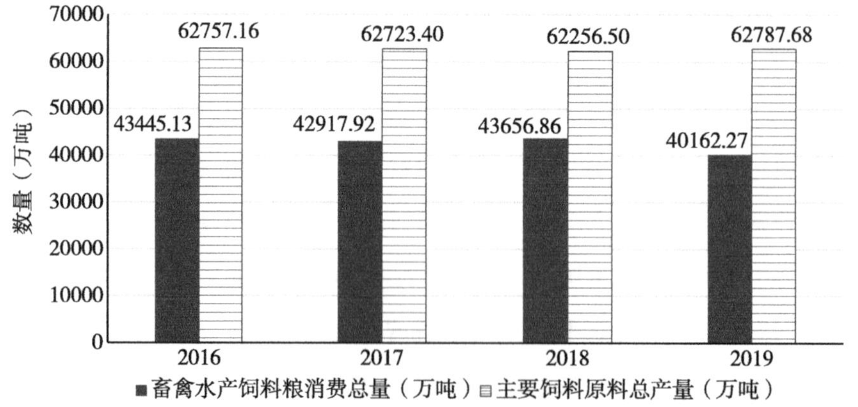


**图 3.3.7　2016—2019 年中国饲料粮消费总量与主要饲料原料总产量**

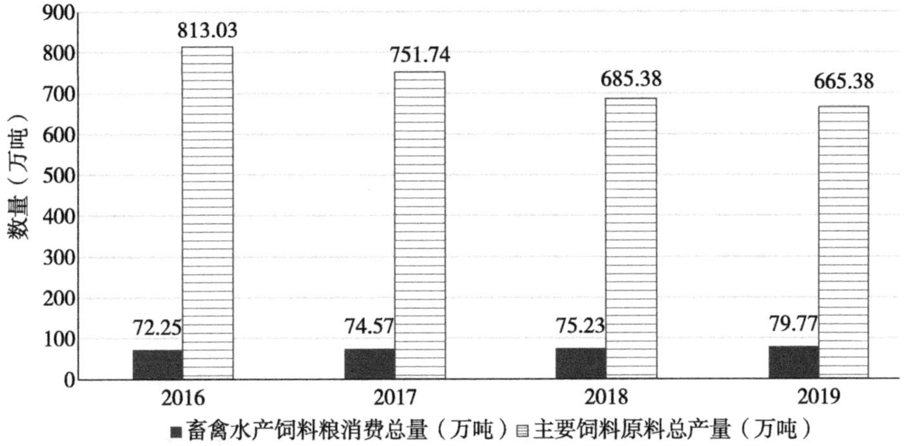


**图 3.3.8　2016—2019 年老挝饲料粮消费总量与主要饲料原料总产量**

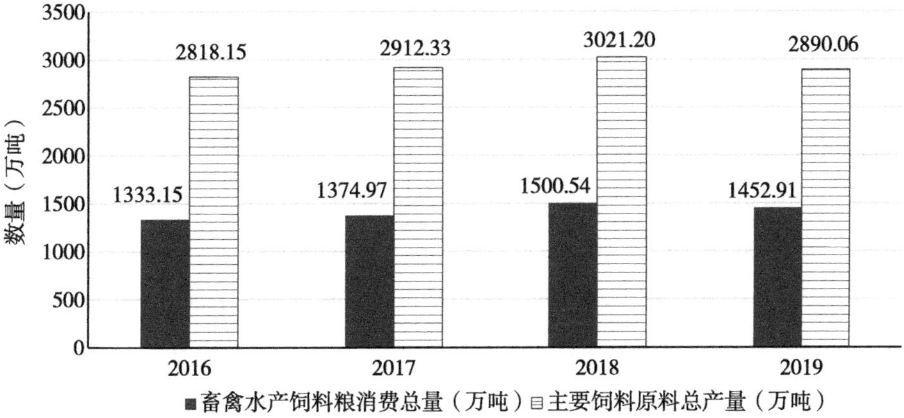


**图 3.3.9　2016—2019 年缅甸饲料粮消费总量与主要饲料原料总产量**

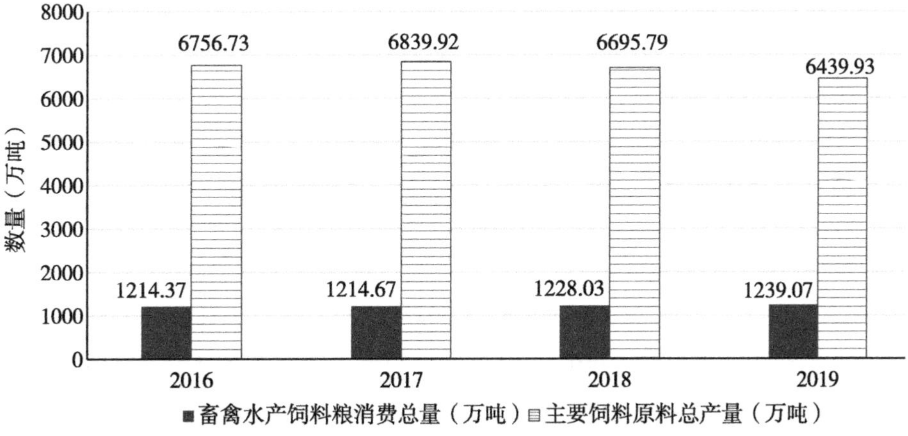


**图 3.3.10　2016—2019 年泰国饲料粮消费总量与主要饲料原料总产量**

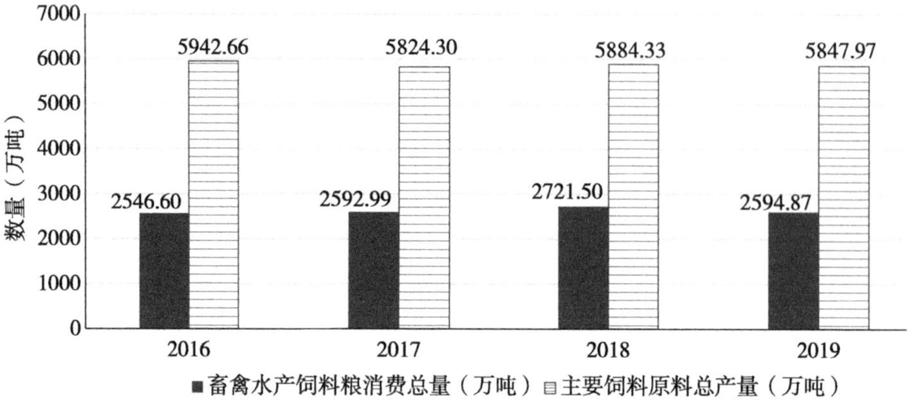


**图 3.3.11　2016—2019 年越南饲料粮消费总量与主要饲料原料总产量**

据估算，2016—2019 年，柬埔寨主要饲料原料总产量一直小幅提升，饲料粮消费总量也在小幅提升，因此饲料粮消费总量在主要饲料原料总产量中的占比一直维持在 8% 左右。鉴于近五年柬埔寨畜禽养殖发展平缓，尽管水产养殖大幅提升，饲料需求也随之增加，但总体饲料粮消费量在主要饲料原料总产量中的占比相对较低，因此，预期柬埔寨饲料原料的供应将相对充足。

近年来，中国主要饲料原料总产量稳定，一直维持在 6.20 亿—6.30 亿吨，而中国畜禽养殖和水产养殖饲料粮消费总量在 4.00 亿—4.40 亿吨。目前，中国的饲料粮消费总量在主要饲料原料总产量中的占比在 60%—70%。结合畜禽养殖和水产养殖发展趋势可知，中国对畜禽和水产饲料的需求将会持续增长，因此势必提高对饲料原料的供应。预期中国将在现有稳定的饲料原料生产的基础上，加大饲料原料的贸易需求。

2016—2019 年，老挝和泰国饲料发展态势相似。首先老挝和泰国主要饲料原料总产量均呈减少趋势，而饲料粮消费总量则逐年稳步增长。比如老挝 2019 年主要饲料原料总产量相对于 2016 年降幅达 18.16%，而饲料粮消费总量则增加 10.41%。因此，老挝和泰国饲料粮消费总量在主要饲料原料总产量中的占比呈现增长趋势，其中 2019 年老挝和泰国饲料粮消费总量与主要饲料原料总产量的占比分别为 11.99% 和 19.24%。同时，老挝和泰国无论是畜禽养殖还是水产养殖均发展迅速，预期将会产生更大的养殖饲料需求，因此也将进一步促使老挝和泰国饲料原料生产或贸易需求上升。

据统计，近年来越南主要饲料原料总产量呈稳定态势，一直维持在5800万吨左右，而饲料粮消费总量增长趋势明显。相对于2016年，越南2018年饲料粮消费总量增幅最大为6.87%。因此越南饲料粮消费总量在主要饲料原料总产量中的占比呈现增长趋势，2019年占比约为44.37%。2016—2019年，缅甸主要饲料原料总产量和饲料粮消费量均呈先增长后略微下降的趋势。但与越南相似，缅甸饲料粮消费总量在主要饲料原料总产量中的占比呈增长趋势，2019年占比为50.27%。同样结合畜禽水产养殖情况，为满足越南和缅甸饲料粮消费总量持续增长的需求，也将对其饲料原料生产或贸易提出更高的发展要求。

# 第四章　澜湄国家饲料产业市场与发展前景

在经济全球化背景下，饲料产业发展逐步与国际接轨。饲料原料、饲料添加剂、制成饲料等产品的进出口贸易越来越频繁，已逐渐成为各国经济发展中不可或缺的一部分。本章节主要从市场供给与进出口贸易情况、饲料企业产能与区域分布、饲料产业发展趋势与市场前景三个方面，系统分析澜湄国家饲料产业市场和发展前景。

## 第一节　市场供给与进出口贸易

### 一、澜湄国家饲料产业市场供给

#### （一）柬埔寨饲料产业市场供给

根据柬埔寨农林渔业部统计，由于当地饲料厂生产效率较低，饲料生产成本高，柬埔寨近 50% 的饲料和饲料原料依赖进口。据联合国粮农组织统计，2016—2019 年，柬埔寨豆粕、小麦和麸皮等饲料原料供给均存在进口需求。其中，豆粕进口规模最大，2017 年进口量达到 11.98 万吨，2019 年进口量为 6.45 万吨，进口额约为 2554.4 万美元。其他饲料原料如小麦和麸皮每年进口量均在万吨以上，麸皮在 2018 年进口量达到 5.06 万吨（见表 3.4.1）。

综合比较柬埔寨饲料与主要饲料原料进出口量，发现近年来玉米、碎米和高粱市场供给充足，均为净出口饲料原料。2018 年，玉米净出口产量为 6.96 万吨，碎米净出口额创纪录，达 1002 万美元。2017—2018 年，玉米麸质饲料

**表 3.4.1 2016—2019 年柬埔寨饲料与主要饲料原料进口量与进口额**

单位：万吨、万美元

| 类别 | | 2016 年 | 2017 年 | 2018 年 | 2019 年 |
|---|---|---|---|---|---|
| 豆粕 | 进口量 | 4.92 | 11.98 | 9.44 | 6.45 |
| | 进口额 | 2071.0 | 5467.9 | 4737.9 | 2554.4 |
| 小麦 | 进口量 | 2.77 | 2.27 | 2.52 | 2.07 |
| | 进口额 | 727.0 | 566.1 | 704.5 | 492.5 |
| 麸皮 | 进口量 | 3.67 | 2.03 | 5.06 | 1.88 |
| | 进口额 | 783.7 | 443.1 | 1103.5 | 409.2 |

数据来源：联合国粮农组织

和宠物饲料均为净出口饲料产品，玉米麸质饲料净出口量在 1 万—2 万吨，宠物饲料净出口额始终在 1000 万美元以上。

（二）中国饲料产业市场供给

2010 年以来，中国饲料产业的市场供给缺口主要在饲料原料方面，大米、玉米、小麦、碎米、大豆以及麸皮等饲料原料一直存在进口需求。据联合国粮农组织统计，自 2017 年以来，中国大豆进口量一直保持在 9000 万吨以上，2019 年大豆进口量为 9129 万吨，是其他主要饲用谷物进口量总和（2089 万吨）的 4 倍左右。玉米、大麦和小麦进口量紧随其后，分别为 962 万吨、596 万吨、456 万吨。玉米曾是中国具有出口优势的农产品，随着近些年中国饲料产业的快速发展，使得玉米饲料的供给无法满足日益增长的需求，中国已由玉米出口大国转变为净进口国。2016—2019 年，玉米进口量上涨了 29.82%。其次为菜粕、高粱和碎米，2019 年进口量分别为 159 万吨、89 万吨和 51 万吨。中国还存在一定的粗饲料短缺，四年来进口量维持在 190 万吨左右（见表 3.4.2）。

据统计，2016—2019 年，由于中国大豆市场需求较大，大豆进口额一直高于 350 亿美元。玉米进口额仅次于大豆，排名第二，2019 年为 20.46 亿美元。受玉米饲料需求强劲影响，四年来玉米饲料进口额呈明显上升趋势，增幅达 43.28%。2019 年，小麦进口额达 12.70 亿美元；饲草进口额为 6.29 亿美元，其他饲料和饲料原料的进口额相对较少，不到 5 亿美元（见表 3.4.3）。

**表 3.4.2　2016—2019 年中国饲料与主要饲料原料进口量**

单位：万吨

| 类别 | 2016 年 | 2017 年 | 2018 年 | 2019 年 |
| --- | --- | --- | --- | --- |
| 大麦 | 506 | 892 | 685 | 596 |
| 玉米 | 741 | 729 | 772 | 962 |
| 大豆 | 8639 | 9810 | 9069 | 9129 |
| 小麦 | 472 | 572 | 412 | 456 |
| 碎米 | 61 | 89 | 66 | 51 |
| 高粱 | 672 | 511 | 372 | 89 |
| 菜粕 | 51 | 97 | 131 | 159 |
| 饲草 | 191 | 206 | 193 | 187 |

数据来源：联合国粮农组织

**表 3.4.3　2016—2019 年中国饲料与主要饲料原料进口额**

单位：亿美元

| 类别 | 2016 年 | 2017 年 | 2018 年 | 2019 年 |
| --- | --- | --- | --- | --- |
| 大麦 | 0.15 | 0.17 | 0.15 | 0.16 |
| 玉米 | 14.28 | 14.57 | 16.47 | 20.46 |
| 大豆 | 350.24 | 407.31 | 391.64 | 364.62 |
| 小麦 | 11.37 | 14.26 | 11.43 | 12.70 |
| 碎米 | 2.20 | 3.29 | 2.62 | 1.99 |
| 麸皮 | 0.20 | 0.26 | 0.50 | 0.43 |
| 高粱 | 14.50 | 10.48 | 8.84 | 2.14 |
| 菜粕 | 1.53 | 3.00 | 4.22 | 4.89 |
| 饲草 | 5.82 | 5.79 | 5.98 | 6.29 |

数据来源：联合国粮农组织

### （三）老挝饲料产业市场供给

近年来，老挝饲料原料市场供应一直处于短缺状态，尤其是蛋白饲料原料。据联合国粮农组织统计，2016—2019 年，老挝豆粕进口量呈明显增长趋势，由 0.69 万吨增长至 4.02 万吨，增长幅度达 482.61%。2019 年碎米进口量排名第二，为 2.17 万吨。老挝畜禽养殖业快速发展，饲料产业碎米饲料原料需求巨大，2019 年碎米进口量相对于 2018 年显著增长，老挝碎米产品由净出口转变为净进口。饲料产品方面，老挝进口量较大的为玉米麸质饲料和宠物饲料，

2019 年进口量分别为 5.8 万吨和 2.9 万吨，均在前几年基础上有明显的增长（见表 3.4.4）。

**表 3.4.4　2016—2019 年老挝饲料与主要饲料原料进口量**

单位：吨

| 类别 | 2016 年 | 2017 年 | 2018 年 | 2019 年 |
|---|---|---|---|---|
| 碎米 | 2329 | 3637 | 4436 | 21676 |
| 豆粕 | 6942 | 13369 | 28619 | 40179 |
| 玉米麸质饲料 | 286 | 15 | 316 | 5841 |
| 宠物饲料 | 372 | 577 | 381 | 2893 |

数据来源：联合国粮农组织

从贸易进口额方面分析，2019 年老挝豆粕进口额最高，为 1546.8 万美元，其次为碎米，进口额为 312.4 万美元。2016—2019 年，老挝玉米一直处于净出口状态，净出口量保持在 17 万吨左右，2019 年净出口额为 2879.6 万美元。玉米麸质饲料和宠物饲料进口额较大，玉米麸质饲料进口额由 2016 年的 21.9 万美元显著增长至 2019 年的 143.5 万美元。2019 年，宠物饲料进口额约 100 万美元（见表 3.4.5）。

**表 3.4.5　2016—2019 年老挝饲料与主要饲料原料进口额**

单位：万美元

| 类别 | 2016 年 | 2017 年 | 2018 年 | 2019 年 |
|---|---|---|---|---|
| 碎米 | 99.3 | 159.1 | 196.9 | 312.4 |
| 豆粕 | 329.6 | 661.5 | 1543.6 | 1546.8 |
| 玉米麸质饲料 | 21.9 | 1.2 | 29.4 | 143.5 |
| 宠物饲料 | 66.6 | 109.1 | 79.3 | 99.6 |

数据来源：联合国粮农组织

（四）缅甸饲料产业市场供给

据缅甸渔业联合总会统计，由于高价值加工链不足，缅甸饲料产业所需豆类蛋白饲料原料供应紧张，每年需进口 80 多万吨黄豆油渣和 16 万吨左右的豆粕。谷物饲料原料方面，2016—2019 年缅甸进口量最多的为小麦，大致稳定在 43 万吨左右，进口额一直高于 1000 万美元（见表 3.4.6、表 3.4.7）。

近五年，缅甸出口量较多的有碎米、玉米和大豆，均呈现逐年上升趋势，涨幅分别为453.14%、227.70%和68.24%。其中，玉米和碎米均为净出口产品，玉米净出口额保持在2000万美元左右。

**表3.4.6 2016—2019年缅甸饲料与主要饲料原料进口量**

单位：万吨

| 类别 | 2016年 | 2017年 | 2018年 | 2019年 |
|---|---|---|---|---|
| 大豆 | 0.04 | 1.44 | 1.01 | 1.55 |
| 小麦 | 43.91 | 49.57 | 35.58 | 43.67 |
| 菜粕 | 0.73 | 0.20 | 0.48 | 1.71 |
| 豆粕 | 17.31 | 12.53 | 9.36 | 16.38 |

数据来源：联合国粮农组织

**表3.4.7 2016—2019年缅甸饲料与主要饲料原料进口额**

单位：万美元

| 类别 | 2016年 | 2017年 | 2018年 | 2019年 |
|---|---|---|---|---|
| 大豆 | 18.8 | 576.9 | 474.8 | 653.4 |
| 小麦 | 11546.1 | 11799.8 | 10455.2 | 13041.3 |
| 菜粕 | 311.7 | 50.9 | 132.2 | 462.1 |
| 豆粕 | 7691.2 | 4665.4 | 3889.7 | 6463.6 |

数据来源：联合国粮农组织

（五）泰国饲料产业市场供给

同中国一样，泰国也是饲料原料短缺国家，每年饲料原料供给的60%依赖进口。2016—2019年，泰国饲料原料进口量超过百万吨的主要有小麦、大豆和豆粕，小麦和大豆的进口量在2016年达到峰值，分别为457.65万吨和295.77万吨，随后均有不同程度的下降，呈现出进口需求减少的趋势。豆粕、菜粕和玉米需求量则呈现出逐年上升趋势。另外一些小宗饲料原料，例如大麦进口量呈现爆发式增长，涨幅超过2.4倍，说明饲料产业市场对此类饲料原料需求明显增大（见表3.4.8）。

**表 3.4.8　2016—2019 年泰国饲料与主要饲料原料进口量**

单位：万吨

| 类别 | 2016 年 | 2017 年 | 2018 年 | 2019 年 |
|---|---|---|---|---|
| 大麦 | 1.88 | 2.23 | 14.84 | 36.07 |
| 玉米 | 13.18 | 10.39 | 16.14 | 40.07 |
| 大豆 | 295.77 | 274.50 | 272.30 | 239.76 |
| 小麦 | 457.65 | 273.22 | 284.71 | 269.81 |
| 菜粕 | 23.64 | 25.69 | 31.38 | 36.37 |
| 豆粕 | 257.92 | 295.87 | 295.53 | 312.30 |

数据来源：联合国粮农组织

从进口额分析，泰国饲料原料主要包括大豆、小麦和豆粕。2016—2019 年，大豆和豆粕进口额始终保持在 1 亿美元以上，小麦进口额保持在 6000 万美元以上。由于对玉米的需求量增加，相较于 2016 年的 24783 万美元，2019 年增长到 157465 万美元，涨幅非常明显（见表 3.4.9）。

**表 3.4.9　2016—2019 年泰国饲料与主要饲料原料进口额**

单位：万美元

| 类别 | 2016 年 | 2017 年 | 2018 年 | 2019 年 |
|---|---|---|---|---|
| 大麦 | 5495 | 5146 | 41715 | 92023 |
| 玉米 | 24783 | 22632 | 33157 | 157465 |
| 大豆 | 1221598 | 1165739 | 1150288 | 1151960 |
| 小麦 | 971578 | 600904 | 709300 | 681112 |
| 菜粕 | 71300 | 71345 | 91664 | 101699 |
| 豆粕 | 1041630 | 1157046 | 1251661 | 1179242 |

数据来源：联合国粮农组织

据联合国粮农组织统计，2016—2019 年，泰国饲料产业出口主要为碎米、玉米麸质饲料和宠物饲料。其中碎米在 2017 年出口量达到峰值，为 153.94 万吨，2019 年降低到 71.74 万吨。玉米麸质饲料出口量处于下降趋势，2019 年出口量为 25.97 万吨。宠物饲料则处于持续增长态势，2019 年出口量为 59.62 万吨（见表 3.4.10）。分析发现，泰国饲料市场出口额最大的为宠物饲料产品。

**表 3.4.10　2016—2019 年泰国饲料与主要饲料原料出口量与出口额**

单位：万吨、万美元

| 类别 | | 2016 年 | 2017 年 | 2018 年 | 2019 年 |
|---|---|---|---|---|---|
| 碎米 | 出口量 | 132.10 | 153.94 | 117.55 | 71.74 |
| | 出口额 | 50914.8 | 58884.3 | 49174.0 | 36487.7 |
| 玉米麸质饲料 | 出口量 | 59.85 | 52.18 | 28.81 | 25.97 |
| | 出口额 | 5188.1 | 5372.9 | 3893.4 | 3668.1 |
| 宠物饲料 | 出口量 | 45.59 | 48.16 | 53.34 | 59.62 |
| | 出口额 | 101426.2 | 112837.8 | 132829.1 | 138836.7 |

数据来源：联合国粮农组织

（六）越南饲料产业市场供给

据最新统计，越南 2020 年共进口饲料原料 1960 万吨，进口额 57 亿美元，饲料原料市场供给比较紧张，饲料原料进口率高达 60% 以上。其中能量饲料如玉米进口 1140 万吨，蛋白饲料原料（大豆、菜粕和豆粕等）合计进口 750 万吨。2016—2019 年，玉米进口量由 844.48 万吨增长到 1144.77 万吨，增幅达 35.56%。其次是豆粕、小麦和大豆，2019 年进口量分别为 375.74 万吨、276.01 万吨和 171.85 万吨（见表 3.4.11）。碎米和宠物饲料为净出口，均呈增长趋势。碎米由 2016 年的 29 万吨增长到 2019 年的 56 万吨，宠物饲料增幅达 190.09%。

**表 3.4.11　2016—2019 年越南饲料与主要饲料原料进口量**

单位：万吨

| 类别 | 2016 年 | 2017 年 | 2018 年 | 2019 年 |
|---|---|---|---|---|
| 玉米 | 844.48 | 772.55 | 970.16 | 1144.77 |
| 大豆 | 154.62 | 164.60 | 152.91 | 171.85 |
| 小麦 | 474.38 | 466.38 | 375.41 | 276.01 |
| 麸皮 | 60.70 | 33.97 | 30.05 | 49.41 |
| 菜粕 | 34.31 | 32.71 | 40.87 | 29.04 |
| 豆粕 | 390.61 | 354.19 | 393.79 | 375.74 |

数据来源：联合国粮农组织

进一步分析越南的饲料原料进口额，玉米进口额最高，2019 年为 23.13 亿美元。其次为豆粕，进口额为 18.45 亿美元，2016—2019 年一直维持在 18

亿美元左右（见表 3.4.12）。从发展趋势上看，越南饲料行业具有较大发展潜力，预测越南动物饲料市场将以每年 5.06% 的速度增长，到 2025 年市场规模将达到 122.7 亿美元。

**表 3.4.12　2016—2019 年越南饲料与主要饲料原料进口额**

单位：亿美元

| 类别 | 2016 年 | 2017 年 | 2018 年 | 2019 年 |
|---|---|---|---|---|
| 玉米 | 16.72 | 15.04 | 21.08 | 23.13 |
| 大豆 | 6.61 | 7.08 | 7.71 | 6.86 |
| 小麦 | 10.05 | 9.94 | 11.78 | 7.20 |
| 麸皮 | 1.84 | 1.22 | 1.39 | 1.26 |
| 菜粕 | 1.03 | 1.03 | 1.11 | 0.84 |
| 豆粕 | 18.55 | 17.28 | 20.54 | 18.45 |

数据来源：联合国粮农组织

## 二、澜湄国家之间饲料产业进出口贸易

### （一）中国和柬埔寨进出口贸易

根据中国和柬埔寨饲料产业的进出口贸易数据分析，两个国家之间的饲料相关进出口贸易主要集中于玉米、碎米、玉米麸质饲料和宠物饲料。其中，玉米、碎米和玉米麸质饲料为中国从柬埔寨的进口产品，宠物饲料为中国向柬埔寨的出口产品。

据联合国粮农组织统计，近年来玉米和碎米进口量总体变化不大，玉米进口量由 2016 年的 0.14 万吨增长为 2019 年的 0.17 万吨，碎米则是由 0.07 万吨减少为 0.06 万吨。与上述两种饲料原料相比，玉米麸质饲料进口量较大，2018 年和 2019 年连续两年进口量分别为 1.63 万吨和 1.84 万吨。进一步分析两个国家饲料产业中饲料相关产品的贸易进口额，2019 年玉米麸质饲料进口额最高，为 323.1 万美元，玉米和碎米进口额为 60.4 万美元和 29 万美元。近年来，柬埔寨主要从中国进口宠物饲料，进口量在 0.03 万—0.07 万吨，进口额范围大约为 130 万—350 万美元（见表 3.4.13）。

**表 3.4.13　2016—2019 年中国和柬埔寨饲料与主要饲料原料的进出口贸易数据**

单位：万吨、万美元

| 类别 | | 2016 年 | 2017 年 | 2018 年 | 2019 年 |
|---|---|---|---|---|---|
| 玉米 | 进口量 | 0.14 | 0.15 | 0.15 | 0.17 |
| | 进口额 | 46.6 | 44.5 | 44.1 | 60.4 |
| 碎米 | 进口量 | 0.07 | 0.16 | 0.28 | 0.06 |
| | 进口额 | 24.0 | 58.8 | 147.3 | 29.0 |
| 玉米麸质饲料 | 进口量 | 2.43 | 1.45 | 1.63 | 1.84 |
| | 进口额 | 333.8 | 207.6 | 250.5 | 323.1 |
| 宠物饲料 | 出口量 | 0.03 | 0.03 | 0.07 | 0.03 |
| | 出口额 | 157.1 | 161.3 | 350.9 | 132.3 |

数据来源：联合国粮农组织

### （二）中国和老挝进出口贸易

中国和老挝饲料产业之间的进出口贸易，主要是中国从老挝进口玉米、碎米和玉米麸质饲料。据联合国粮农组织统计，玉米是中国和老挝之间主要的贸易产品，2016—2019 年，进口量均超过 13 万吨，2019 年进口量为 14.17 万吨，进口额为 4041.2 万美元。碎米是中国和老挝之间贸易的另一种重要饲料原料，2019 年进口量约为 0.55 万吨，与 2018 年进口量相比有显著增长，进口额为 143.2 万美元。玉米麸质饲料进口量略有波动，波动范围在 0.10 万—0.30 万吨，进口额为 15 万—50 万美元（见表 3.4.14）。

**表 3.4.14　2016—2019 年中国和老挝饲料与主要饲料原料的进出口贸易数据**

单位：万吨、万美元

| 类别 | | 2016 年 | 2017 年 | 2018 年 | 2019 年 |
|---|---|---|---|---|---|
| 玉米 | 进口量 | 13.89 | 15.06 | 13.93 | 14.17 |
| | 进口额 | 4079.8 | 4513.5 | 4063.2 | 4041.2 |
| 碎米 | 进口量 | — | — | 0.08 | 0.55 |
| | 进口额 | — | — | 21.4 | 143.2 |
| 玉米麸质饲料 | 进口量 | 0.21 | 0.31 | 0.11 | — |
| | 进口额 | 30.0 | 48.6 | 17.4 | — |

数据来源：联合国粮农组织

### （三）中国和缅甸进出口贸易

中国和缅甸饲料产业之间进出口贸易往来主要涉及饲料原料进口贸易，

包括玉米、碎米、大豆和高粱。2016—2019年的进口量和进口额数据分析表明，中国从缅甸进口的饲料原料玉米、碎米、大豆和高粱的贸易量总体上均呈持续增长趋势。其中，玉米进口量最高，其次为高粱、碎米和大豆饲料。玉米进口量呈现持续增长趋势，由2016年的7.81万吨增长为2019年的11.99万吨。高粱进口量自2017年以来呈现持续增长趋势，2019年进口量约为1.01万吨。碎米进口量有所波动，但2018年以来处于增长态势，2018年和2019年进口量分别为0.27万吨和0.40万吨。大豆进口量2019年为0.02万吨。2019年中国自缅甸分别进口玉米、高粱、碎米和大豆32736千美元、1546千美元、1002千美元和123千美元（见表3.4.15）。

**表3.4.15　2016—2019年中国和缅甸饲料与主要饲料原料的进出口贸易数据**

单位：万吨、万美元

| 类别 | | 2016年 | 2017年 | 2018年 | 2019年 |
|---|---|---|---|---|---|
| 玉米 | 进口量 | 7.81 | 9.88 | 10.05 | 11.99 |
| | 进口额 | 1799.0 | 2570.3 | 2658.3 | 3273.6 |
| 碎米 | 进口量 | 0.13 | 0.03 | 0.27 | 0.40 |
| | 进口额 | 39.2 | 13.3 | 81.4 | 100.2 |
| 大豆 | 进口量 | 0.01 | 0.02 | 0.01 | 0.02 |
| | 进口额 | 8.1 | 11.6 | 7.4 | 12.3 |
| 高粱 | 进口量 | — | 0.26 | 0.55 | 1.01 |
| | 进口额 | — | 40.4 | 86.5 | 154.6 |

数据来源：联合国粮农组织

（四）中国和泰国进出口贸易

中国和泰国饲料产业之间进出口贸易主要集中于玉米、碎米、麸皮和玉米麸质饲料等，均为中国从泰国市场进口。据联合国粮农组织统计，中国自泰国玉米进口量波动较大，2017年进口量最高为2.58万吨，2019年进口量降至0.03万吨。碎米进口量呈现先增加后降低的趋势，由2016年的30.24万吨增加至2018年的42.54万吨，2019年进口量减半降至20.83万吨。麸皮和玉米麸质饲料进口量呈现逐年下降趋势，2019年麸皮进口量为0.24万吨，玉米麸质饲料进口量为5.50万吨（见表3.4.16）。

**表 3.4.16　2016—2019 年中国和泰国饲料与主要饲料原料的进出口贸易数据**

单位：万吨、万美元

| 类别 | | 2016 年 | 2017 年 | 2018 年 | 2019 年 |
|---|---|---|---|---|---|
| 玉米 | 进口量 | 0.09 | 2.58 | 0.03 | 0.03 |
| | 进口额 | 128.9 | 701.7 | 131.4 | 156.1 |
| 碎米 | 进口量 | 30.24 | 41.32 | 42.54 | 20.83 |
| | 进口额 | 11442.4 | 16358.9 | 17128.1 | 8831.5 |
| 麸皮 | 进口量 | 0.44 | 0.37 | 0.28 | 0.24 |
| | 进口额 | 65.6 | 76.9 | 64.5 | 56.4 |
| 玉米麸质饲料 | 进口量 | 24.41 | 11.87 | 7.52 | 5.50 |
| | 进口额 | 2333.9 | 1319.9 | 1094.2 | 820.8 |

数据来源：联合国粮农组织

上述四种贸易产品中，碎米进口额最高，2018 年达到峰值，为 17128.1 万美元，2019 年降至 8831.5 万美元；玉米进口额为 156.1 万美元。麸皮进口额与玉米麸质饲料进口额变化趋势相同，麸皮进口额由 2016 年的 65.6 万美元降至 2019 年的 56.4 万美元，玉米麸质饲料则由 2333.9 万美元降至 820.8 万美元。

（五）中国和越南进出口贸易

中国和越南饲料产业进出口贸易主要包括饲料原料碎米和麸皮，玉米麸质饲料、宠物饲料和配合饲料等。据联合国粮农组织统计，中国主要从越南进口碎米，2019 年进口量为 12.60 万吨，进口额 5782.3 万美元。除此之外，还进口少量配合饲料，2019 年进口量为 1.62 万吨。

越南从中国主要进口麸皮、玉米麸质饲料和宠物饲料。麸皮进口量呈现先增加后下降趋势，由 2016 年的 5.88 万吨增加至 2018 年的 6.63 万吨，2019 年降至 5.89 万吨。近五年，玉米麸质饲料进口量持续增长，由 2016 年的 3.14 万吨持续增加至 2019 年的 24.76 万吨。近年来，越南从中国进口的宠物饲料贸易量有所波动，其中 2017 年最高为 0.63 万吨，2019 年为 0.18 万吨。2016—2019 年，越南自中国进口麸皮进口额大致维持在 1000 万美元左右；玉米麸质饲料进口额持续增长，由 540.9 万美元增加至 4162.9 万美元；宠物饲料进口额 2017 年增至最高为 1297.2 万美元，之后呈下降趋势，2019 年降至 412.1 万美元（见表 3.4.17）。

**表 3.4.17 2016—2019 年中国和越南饲料与主要饲料原料的进出口贸易数据**

单位：万吨、万美元

| 类别 | | 2016 年 | 2017 年 | 2018 年 | 2019 年 |
|---|---|---|---|---|---|
| 碎米 | 进口量 | 20.83 | 34.83 | 11.86 | 12.60 |
| | 进口额 | 7511.8 | 12610.8 | 4943.4 | 5782.3 |
| 配合饲料 | 进口量 | 1.02 | 1.06 | 1.38 | 1.62 |
| | 进口额 | 1195.6 | 1241.6 | 1657.1 | 1857.6 |
| 麸皮 | 出口量 | 5.88 | 6.55 | 6.63 | 5.89 |
| | 出口额 | 988.9 | 1104.6 | 1158.1 | 1054.0 |
| 玉米麸质饲料 | 出口量 | 3.14 | 16.12 | 21.69 | 24.76 |
| | 出口额 | 540.9 | 2321.4 | 3618.9 | 4162.9 |
| 宠物饲料 | 出口量 | 0.37 | 0.63 | 0.50 | 0.18 |
| | 出口额 | 874.9 | 1297.2 | 1127.9 | 412.1 |

数据来源：联合国粮农组织

（六）泰国和柬埔寨进出口贸易

泰国和柬埔寨饲料进出口贸易主要涉及玉米、大豆、碎米、豆粕以及宠物饲料等产品。泰国主要从柬埔寨进口玉米、大豆和宠物饲料。据联合国粮农组织统计，玉米进口量和进口额在 2016 年到 2018 年呈增长趋势，2019 年进口量和进口额下降，分别为 2.77 万吨和 924.7 万美元，相当于 2017 年进口数据的一半左右。泰国从柬埔寨进口大豆数量，自 2016 年 0.30 万吨快速增长至 2017 年的 1.48 万吨，随后 2018 年有所回落，基本趋于 1 万吨左右。2016—2018 年，宠物饲料进口量一直稳定在 0.12 万吨左右，2019 年进口需求降低为 0.06 万吨，相应的进口额也基本减半。

柬埔寨则主要从泰国进口碎米和豆粕。据联合国粮农组织统计，2016—2019 年，柬埔寨从泰国进口的碎米数量呈现先增长后下降趋势，在 2019 年进口量和进口额分别为 0.15 万吨和 64.9 万美元。豆粕进口量和进口额呈显著增长趋势，进口量自 2017 年的 0.46 万吨快速增长至 2018 年的 1.59 万吨，又快速增长至 2019 年的 2.21 万吨（见表 3.4.18）。这说明柬埔寨饲料产业的本地碎米供给有所增长，而随着饲料产业的快速发展，蛋白饲料的缺口日益加大。

**表 3.4.18　2016—2019 年泰国和柬埔寨饲料与主要饲料原料的进出口贸易数据**

单位：万吨、万美元

| 类别 | | 2016 年 | 2017 年 | 2018 年 | 2019 年 |
|---|---|---|---|---|---|
| 玉米 | 进口量 | 1.80 | 5.93 | 9.58 | 2.77 |
| | 进口额 | 357.5 | 1198.7 | 1975.2 | 924.7 |
| 大豆 | 进口量 | 0.30 | 1.48 | 0.89 | 1.09 |
| | 进口额 | 211.8 | 670.0 | 410.0 | 536.9 |
| 宠物饲料 | 进口量 | 0.13 | 0.13 | 0.12 | 0.06 |
| | 进口额 | 1785.0 | 2012.1 | 1965.9 | 1030.2 |
| 碎米 | 出口量 | 0.25 | 0.33 | 0.39 | 0.15 |
| | 出口额 | 68.7 | 92.7 | 124.1 | 64.9 |
| 豆粕 | 出口量 | — | 0.46 | 1.59 | 2.21 |
| | 出口额 | — | 213.2 | 758.7 | 1084.6 |

数据来源：联合国粮农组织

（七）泰国和老挝进出口贸易

泰国和老挝之间的饲料进出口贸易主要集中于玉米、碎米、高粱、豆粕以及宠物饲料等。据联合国粮农组织统计，泰国主要从老挝进口玉米，但进口量和进口额在 2016—2019 年逐渐下降，降幅分别达 62.85% 和 48.87%。老挝主要从泰国进口碎米、高粱和豆粕以及宠物饲料产品。其中进口量较大的为碎米和豆粕，2019 年老挝碎米和豆粕进口量分别为 1.09 万吨和 2.34 万吨，相应的进口额分别为 409.8 万美元和 1139.5 万美元。高粱进口量近年来持续增长，2018 年进口量为 0.35 万吨。由于老挝当地不生产宠物饲料，因此老挝从泰国进口的宠物饲料在 2016 年到 2019 期间呈持续增长趋势，进口量由 0.02 万吨增加至 0.04 万吨，进口额由 116 万美元增加至 65.4 万美元（见表 3.4.19）。

**表 3.4.19　2016—2019 年泰国和老挝饲料与主要饲料原料的进出口贸易数据**

单位：万吨、万美元

| 类别 | | 2016 年 | 2017 年 | 2018 年 | 2019 年 |
|---|---|---|---|---|---|
| 碎米 | 出口量 | 1.14 | 0.33 | 1.66 | 1.09 |
| | 出口额 | 203.9 | 50.2 | 263.0 | 409.8 |
| 宠物饲料 | 出口量 | 0.02 | 0.04 | 0.04 | 0.04 |
| | 出口额 | 16.0 | 35.0 | 41.1 | 65.4 |
| 高粱 | 出口量 | 0.14 | 0.18 | 0.35 | — |
| | 出口额 | 23.2 | 32.4 | 89.2 | — |
| 豆粕 | 出口量 | — | 1.09 | 2.62 | 2.34 |
| | 出口额 | — | 481.6 | 1267.1 | 1139.5 |
| 玉米 | 进口量 | 10.12 | 3.71 | 5.79 | 3.76 |
| | 进口额 | 1414.0 | 495.5 | 800.6 | 723.0 |

数据来源：联合国粮农组织

（八）越南和泰国进出口贸易

饲料产业进出口贸易数据分析表明，泰国和越南之间的饲料贸易主要集中于玉米、碎米、宠物饲料和麸皮等。越南主要从泰国进口玉米、碎米和宠物饲料等。数据统计表明，2018 年以前，越南从泰国进口的饲料相关产品中，进口量由高到低依次为玉米、碎米和宠物饲料。2018 年以来，宠物饲料进口量大幅上升，超过玉米和碎米成为第一大进口饲料。2019 年，宠物饲料、玉米和碎米进口量依次为 0.61 万吨、0.50 万吨和 0.25 万吨。从进口额来看，玉米进口额在 2017 年达到峰值，2018 年下降为 1355.8 万美元，之后没有大的波动；碎米进口额一直保持在 200 万美元—300 万美元；宠物饲料进口额不断增加，由 2016 年的 557 万美元增加至 2019 年的 1004.2 万美元。

另一方面，泰国则主要从越南进口麸皮。近年来泰国从越南进口麸皮数量逐年下降，2016 年进口量为 1.21 万吨，2019 年减少为 0.05 万吨，降幅达 95.87%。相应的麸皮进口额由 14.3 万美元降至 5 万美元，说明对于越南的饲料产业，麸皮饲料比较紧缺的市场供给日益缓解（见表 3.4.20）。

**表 3.4.20　2016—2019 年越南和泰国饲料与主要饲料原料的进出口贸易数据**

单位：万吨、万美元

| 类别 | | 2016 年 | 2017 年 | 2018 年 | 2019 年 |
|---|---|---|---|---|---|
| 玉米 | 进口量 | 1.27 | 15.42 | 0.53 | 0.50 |
| | 进口额 | 1685.6 | 4782.1 | 1355.8 | 1524.7 |
| 碎米 | 进口量 | 0.60 | 0.63 | 0.48 | 0.25 |
| | 进口额 | 268.8 | 262.3 | 239.4 | 205.0 |
| 宠物饲料 | 进口量 | 0.49 | 0.50 | 0.69 | 0.61 |
| | 进口额 | 557.0 | 583.4 | 885.3 | 1004.2 |
| 麸皮 | 出口量 | 1.21 | 0.76 | 0.87 | 0.05 |
| | 出口额 | 14.3 | 8.7 | 10.7 | 5.0 |

数据来源：联合国粮农组织

综合澜湄国家饲料产业市场供给情况分析，随着相互之间贸易合作的深入、多区域自由贸易区的形成，以及自由贸易协定的签署，澜湄国家在农产品多个税目上均实现零关税贸易。澜湄国家不断制定策略以深化与沿线国家和地区的饲料产品贸易关系，开通“绿色通道”，优化提高饲料产品贸易的效率，使得饲料相关产品进出口贸易更科学合理。此外，由于澜湄国家地理环境以及文化政治的差异，不同类别的饲料产品竞争优势各不相同。因此，澜湄国家可实现饲料原料及相关饲料产品进出口贸易的优势互补，通过不断优化澜湄各国饲料产品国际贸易的结构，提升自身饲料产品贸易的竞争力，从而进一步带动澜湄国家饲料产业的可持续发展。

## 第二节　饲料企业产能与区域分布

### 一、柬埔寨饲料企业产能与区域分布

目前，柬埔寨较大的三家饲料企业分别为正大饲料公司、AgriMaster 饲料公司和 Betagro Group 饲料公司。缅甸正大饲料公司的主要经营范围覆盖柬埔寨的实居、干拉和马德旺地区，饲料生产种类包括猪饲料、禽饲料和牛饲料。

缅甸正大饲料公司年产能为38.4万吨，其中大部分（33.6万吨）用作正大集团投资产业链内部饲料消费。AgriMaster饲料公司的业务范围涉及柬埔寨的实居和干拉地区，主要生产猪饲料、禽饲料、牛饲料和普通水产饲料，饲料年产能14.4万吨。Betagro Group饲料公司经营范围包括柬埔寨的实居、干拉和暹粒地区，饲料生产种类主要有猪饲料、禽饲料和牛饲料，饲料年产能为15万吨左右。另外，柬埔寨还有一些本土饲料生产企业，如MaserFeed公司每月饲料产量约4000吨，BVB公司月产能为3000吨，M'sPig公司月产能约900吨。

1. 正大饲料公司　　2. AgriMaster饲料公司　　3. Betagro Group饲料公司

**图3.4.1　柬埔寨代表性饲料企业**

## 二、中国饲料企业产能与区域分布

从饲料企业规模来看，据中国饲料工业协会统计，2020年全国10万吨以上规模饲料生产企业749家，比2019年度增加128家，这些规模饲料生产企业饲料产量为13352万吨，占全国饲料总产量的52.8%。目前，中国有9家饲料生产企业年产量超过50万吨，比2019年增加2家，单个企业最大饲料产量122.6万吨。年产百万吨以上规模的饲料企业33家，占全国饲料总产量的54.6%，其中有3家饲料企业集团年产量超过1000万吨，包括新希望集团、温氏集团和海大集团。2020年中国饲料上市企业市值排名前10位的分别为海大集团、新希望集团、正邦科技、大北农集团、天邦股份、天康生物、中宠股份、禾丰牧业、京基智农和傲农生物。根据2019年饲料产量，中国饲料产量排名前10的企业如表3.4.21所示，其中新希望集团饲料产量突破2000万吨，排在首位。

**表 3.4.21　2019 年中国饲料产量排名前 10 的企业**

| 排名 | 产量（万吨） | 企业名称 |
|---|---|---|
| 1 | 2000 | 新希望集团 |
| 2 | 1277 | 温氏集团 |
| 3 | 1229 | 海大集团 |
| 4 | 740 | 双胞胎集团 |
| 5 | 581 | 桂林力源集团 |
| 6 | 528 | 万洲集团 |
| 7 | 490 | 通威集团 |
| 8 | 450 | 东方希望集团 |
| 9 | 400 | 唐人神集团 |
| 10 | 385 | 正邦科技 |

从地区发展分布分析，2020 年中国饲料产量超千万吨的省（自治区）为 10 个，在 2019 年度基础上增加了 1 个，分别为山东、广东、辽宁、广西、江苏、河北、河南、四川、湖北、湖南。其中，山东省饲料总产量达 4336 万吨，同比增长 14.7%；广东省饲料总产量 3010 万吨，同比增长 3.0%；山东和广东的饲料产品总产值继续保持在千亿以上，分别为 1369 亿元和 1106 亿元。与 2019 年度饲料产量相比，2020 年中国有 26 个省（自治区）和新疆兵团的饲料产量均同比增长，其中山西、内蒙古、辽宁、吉林、黑龙江、河南、云南、陕西、甘肃、青海、宁夏、新疆 12 个省（自治区）和新疆兵团的饲料产量增幅超过 20%。

1. 新希望集团　　2. 温氏集团　　3. 海大集团

**图 3.4.2　中国代表性饲料企业**

## 三、老挝饲料企业产能与区域分布

目前，老挝饲料产业体系内代表性的三家饲料企业，包括正大饲料公司、五星 Greenfeed 饲料公司和云南丰厚饲料公司，饲料产品经营范围各不相同。老挝正大饲料公司的经营范围为老挝中部市场区域（万象省、万象市和博利坎赛省），饲料生产种类包括猪饲料、禽饲料、普通水产饲料和特种水产饲料，饲料年产能约 12 万吨。五星 Greenfeed 饲料公司的经营范围集中在老挝中部和南部区域，饲料生产种类主要包括猪饲料和禽饲料，饲料年产能约 8 万吨。云南丰厚饲料公司的经营范围为老挝北部地区和中部地区，同样主要生产猪饲料和禽饲料，饲料年产能约 6 万吨。

1. 正大饲料公司　　2. 五星 Greenfeed 饲料公司　　3. 云南丰厚饲料公司

**图 3.4.3　老挝代表性饲料企业**

## 四、缅甸饲料企业产能与区域分布

2019 年缅甸饲料企业产能情况分析表明，缅甸 23 家主要饲料企业年产量约为 219 万吨，占缅甸年度饲料总产量的 60% 以上，主要生产家禽饲料和水产饲料。23 家饲料企业的外方投资主体包括泰国、印尼、荷兰、中国、韩国和越南，其中缅甸本地投资的饲料企业有 8 家，饲料年产量约 76 万吨，占比 30% 左右。目前，缅甸 3 家代表性饲料企业为正大饲料公司、Deheus 饲料公司和 Sunjin 饲料公司。3 家饲料企业的经营均覆盖缅甸全境，其中，正大饲料公司的饲料生产种类有猪饲料、禽饲料和普通水产饲料，饲料年产能约 60

万吨。Deheus 饲料公司的饲料生产种类有猪饲料、禽饲料、普通水产饲料和特种水产饲料，饲料年产能约 40 万吨。Sunjin 饲料公司的饲料生产种类有猪饲料、禽饲料和普通水产饲料，饲料年产能约 30 万吨。

1. 正大饲料公司　　2. Deheus 饲料公司　　3. Sunjin 饲料公司

**图 3.4.4　缅甸代表性饲料企业**

## 五、泰国饲料企业产能与区域分布

泰国是亚洲饲料工业发展较快、发展水平较高的国家之一。近年来，随着畜禽养殖和水产养殖的发展，对饲料的需求量也日益增长，促进了泰国饲料工业的迅速发展。在 1985 年之前，泰国仅有 5 家水产饲料企业，每年饲料生产量不到 5 万吨。1992 年则迅速增长到 20 家饲料企业，包括正大集团和英国水星公司，总产量约 41 万吨，其中 78% 为水产饲料。截至 2008 年，泰国饲料工业发展突飞猛进，当年虾饲料产量 84 万吨、鱼饲料产量 64 万吨，居东南亚国家水产饲料产量之首。2016—2020 年，泰国饲料行业企业数量由 485 家增长到 810 家，2020 年比 2019 年末净增 97 家，从业人员达到 9 万余人（见表 3.4.22）。

与此同时，泰国饲料生产企业集团化、规模化进程加快，正大集团、Charoen Pokphand Food Public、Betagro Group、Lee Pattana Feed Mill 以及 Bangkok Produce Merchandising Public 等排名前 20 名的饲料加工企业的饲料产品产量占泰国全国饲料生产总量的 30% 以上。其中，正大集团、Betagro Group 和 Thai Foods Group 多年来饲料年产量均跻身世界 100 强之列。泰国正大集团饲料产

表 3.4.22 2016—2020 年泰国饲料企业情况

| | 企业数量（个） | 从业人员（人） | 资产总计（亿元） | 增长率（%） | 增长率（%） |
|---|---|---|---|---|---|
| 2016 年 | 485 | 60277 | 254.42 | 15.80 | 11.24 |
| 2017 年 | 539 | 63331 | 300.77 | 15.73 | 16.44 |
| 2018 年 | 611 | 67104 | 323.16 | 13.33 | 13.74 |
| 2019 年 | 713 | 74825 | 382.45 | 18.21 | 9.71 |
| 2020 年 | 810 | 90245 | 480.51 | 24.63 | 24.17 |

数据来源：泰国农业与合作社部

量世界排名第一，饲料业务范围遍及泰国和其他 10 个国家，生产饲料种类包括猪饲料、禽饲料、水产饲料和反刍动物饲料等，全球主要子公司年产能 2000 万吨以上。Betagro Group 的饲料业务范围覆盖泰国本土、柬埔寨和缅甸，生产饲料种类有猪饲料、禽饲料、水产饲料和反刍动物饲料，总销量大约 300 万吨。Thai Foods Group 主要在泰国的素攀武里和巴真武里生产猪饲料和禽饲料，年产能达到 436 万吨，主要面向的市场是泰国和越南。

1. 正大饲料公司　　2. Betagro Group 饲料分公司　　3. Thai Foods Group 饲料公司

图 3.4.5 泰国代表性饲料企业

## 六、越南饲料企业产能与区域分布

据越南农业与农村发展部统计，2011 年越南全国共有饲料生产企业 233 家，总设计产能 1610 万吨；到 2019 年全国有 264 家，总设计产能 4050 万吨。2011—2019 年，新建饲料生产企业数量仅增长 13.1%（相当于 1.48%/ 年），而设计产能却增长了151.6%（相当于16.8%/年），其中属于外企的饲料企业约占32%。目前，越南饲料产量总体上超过畜禽养殖和水产养殖的饲料需求。因此，越南饲料市场竞争比较激烈，与中国类似，饲料行业整体处于饱和状态。同时，越南饲料细分市场正在向外资企业倾斜，2019年越南只有85家外资企业，却占据65%的市场份额。据预测，潜力巨大的越南饲料产业将继续吸引外资企业。

目前，越南3家具有代表性的大型饲料企业，分别是泰国正大集团、中国新希望集团和新加坡的Japfa集团。企业经营范围覆盖整个越南中部以及北方各省，饲料生产种类均为猪饲料、禽饲料和水产饲料（包括普通水产饲料和特种水产饲料），产能分别为150万吨、80万吨和80万吨。其中，Japfa集团自1996年在越南投资后，已陆续建立6家配备先进生产线和现代技术的高科技动物饲料工厂，现已成为越南领先的饲料和畜禽生产商之一。泰国正大集团进入越南市场之前只聚焦饲料领域，现在已成为3F模式的先驱，业务范围覆盖饲料、农场和食品等多个领域。此外，Hoa Phat Group、Hung Vuong和Vingroup等一批越南国内大型企业近期纷纷向饲料板块注入资金，希望获得饲料市场份额。例如，Hoa Phat Group运营两家年总产能为60万吨的饲料厂，和发集团在隆庆工业园建设并投产了一座年产能为20万吨的饲料加工厂。

1. 正大饲料公司　　2. 新希望饲料公司　　3. Japfa 饲料公司

**图 3.4.6　越南代表性饲料企业**

## 第三节　饲料产业发展趋势与市场前景

作为连接种植业与养殖业的重要行业，饲料产业的发展对于促进粮食高效转化增值、农产品精深加工和畜牧水产养殖起到良好的基础支撑和保障作用。饲料行业发展水平高低已成为衡量现代农牧业发展程度的重要标志。随着澜湄国家现代农牧业的不断发展，饲料行业市场容量巨大，具有良好的发展趋势和广阔的市场前景。

## 一、饲料产业总体呈持续发展趋势

### （一）饲料产量持续增长

随着国民经济快速发展和生活水平不断提升，澜湄国家居民食品消费水平和消费结构有了较大变化，对于农牧业奶类、肉类和鱼类产品的需求量日益增长。因此，稳步增长的畜禽产品和水产品消费量将极大地促进畜牧业发展，同时带动饲料产量持续增长。

### （二）饲料质量持续提升

动物营养科学和饲料加工技术的进步，以及饲料质量安全检测技术的完善，促使饲料产业产品结构不断调整、饲料质量持续提升。根据动物营养学标准，针对不同类型养殖动物、不同畜禽品种和不同饲喂阶段，可通过控制饲料原料营养成分（原料营养成分与产地、季节、水分含量等密切相关）、饲料原料价格、养殖模式和养殖环境等因素，采用精准化配方，提高饲料转化率，从而提高饲料质量。同时，从经济角度考虑，由于玉米、豆粕、鱼粉等饲料原料供给不足及价格波动，在满足动物营养需求的基础上，可以在配方中对同类型营养作用饲料原料进行替代以降低饲料成本。比如木薯、高粱、大麦、小麦、稻谷等能量饲料原料可以在一定程度上替代玉米，菜籽粕、棉籽粕等蛋白质饲料原料可以替代豆粕等。

### （三）饲喂方式机械化、智能化、精准化程度不断提高

传统人工饲喂方式问题不断凸显，已经不适合畜禽养殖集约化规模生产，机械化、智能化和精准化饲喂已成为现代畜禽养殖技术的发展趋势。现代饲喂技术可将饲料通过料管送入各舍料塔，然后由输送机将饲料输入畜禽舍，

再利用智能化控制系统定时定量精准给料，控制养殖动物的采食量，使畜禽养殖实现全程智能化和精准化。现代饲喂方式技术智能化程度高、噪音低、喂料均匀、使用寿命长、喂料速度快，与人工饲喂相比，具有提高饲料转化率、节约饲料、有效避免动物应激反应和减少疫病传播途径等优点。

## 二、饲料产业竞争加剧

随着国民经济快速增长，饲料产业管理体制、相关法律法规和政策等不断完善，澜湄国家饲料产业发展突飞猛进，市场化程度明显提高，竞争也日益激烈。近年来，澜湄国家大型饲料加工企业在采购成本控制、质量控制、品牌体系建设等方面优势更为明显。同时，它们利用“一带一路”沿线国家零关税贸易等政策红利以及行业机遇，通过兼并和新建饲料企业扩大产能，占据主要市场份额。而小型饲料加工企业分散式、区域化的经营模式受到较为严重的冲击，导致利润水平不断下降，部分企业被兼并重组或者退出市场。饲料产业竞争加剧导致行业集中度提升，促使澜湄国家饲料行业逐渐向规模化和集约化转变。

## 三、饲料产业资源整合速度加快

从行业发展趋势来看，饲料行业高利润、高增长时期已然结束，已经进入新的整合关键时期，整合提升和转型升级速度加快。

### （一）由单一饲料企业转变为以饲料为核心、上下游产业链延伸的纵向一体化农业企业

饲料产业是一个关联性、带动性较强的行业，上游连接着玉米、大豆和高粱等饲料原料的农作物种植业，自身包含饲料加工、疫苗和兽药等行业，下游连接着畜禽养殖业和农副产品加工产业。目前，澜湄国家大型饲料企业逐步在饲料原料、饲料加工、疫苗兽药、畜禽养殖、屠宰及食品加工领域等

产业链上下游各环节进行延伸，纵深发展打造全产业链农牧企业，以形成较强的竞争优势和抗风险能力。在产业链一体化发展趋势下，大型饲料企业细分行业属性逐步弱化，综合农牧业产品和服务提供能力增强，行业竞争与合作在产业链全方位展开。

（二）由追求规模转变为依靠质量、服务差异化发展

近年来，澜湄国家大型标准化规模畜禽养殖企业凭借在养殖设施、养殖技术、环境保护、资金实力等方面的优势，产能规模和市场份额逐步扩大。而一些养殖规模较小、技术水平较低、资金实力较弱的散养农户逐步退出养殖行业，饲料行业下游畜禽养殖行业集中度逐步提升，促使饲料行业渠道下沉、营销扁平化、服务专业化。“饲料企业 + 规模养殖场”模式将成为饲料养殖行业的重要模式之一。养殖户规模的扩大和数量减少，将促使饲料行业的营销方式发生重大变化。饲料企业对养殖技术、装备水平较高的优质养殖场的争夺日趋激烈，由此将对饲料企业提出新要求：一要转变经销方式，将部分原来由经销商代销的优质养殖场转为直销客户，着力推动营销渠道下沉、扁平化。二要在养殖技术、育种、防疫等全方位综合服务方面更加专业，响应更加及时，并逐步加大对优质养殖场的支持力度。三要不断推出差异化的饲料产品，满足不同阶段动物的营养需求，同时满足不同客户对产品的多样化需求。四要通过提供技术指导等增值服务，提升对养殖户和小规模养殖企业的产品吸引力。

## 四、饲料产业更加注重饲料安全问题

食品安全问题因关系到居民的切身利益而备受关注。饲料作为生产动物性食品的主要投入品和安全监管的源头，已成为动物性食品安全的前提和关键。饲料安全问题一方面对饲料企业生产和品质控制提出了较高要求，出现饲料安全问题的企业将受到更为严厉的惩罚，而重视饲料安全的饲料企业将获得更好的发展机会。另一方面也为大型企业通过整合上下游产业链，建立

完善的食品安全信息可溯源检测系统提出了新的课题，指明了发展方向。

## 五、饲料产业已进入资本时代

随着饲料行业成熟度提升，澜湄国家饲料产业将从劳动密集型向资本密集型过渡。由于土地、劳动力价格上涨、原料价格波动和环保要求提升，以及下游养殖场对综合服务的需求日益增长，未来投资建设饲料企业的成本和标准将越来越高。因此，将有更多饲料生产企业谋求上市或采取其他方式进行产业重组，大型企业集团通过资本、技术和品牌实施快速扩张战略，甚至开始加大海外市场的拓展，而中小型饲料企业的生存将更加艰难。

智能手机普及和互联网广泛应用给农业这一传统行业带来深刻影响。互联网与传统行业的融合，同样也在深刻地改变饲料行业的经营模式。例如结合互联网大数据技术，一些大型饲料企业开发出针对畜禽养殖场管理的应用软件，通过分布在各地区的业务人员对下游养殖场饲养情况进行个体数据录入监测、实时数据动态跟踪，从而可以及时提供科学养殖技术服务和饲料产品供应。

# 第五章　澜湄国家饲料产业合作与协同发展

饲料作为人类动物性食品生产原料，其质量安全被认为是食品安全的重要源头之一。近年来，国际范围内饲料质量安全引发的食品安全危机频繁发生，不仅直接造成巨大经济损失、危害人体健康，而且极大地影响了政府公信力和国际声誉。在经济全球化的今天，国际自由贸易进程不断加快，饲料质量安全问题的影响范围也不再局限于一国，已然成为国际社会关注的焦点和新视点。

从澜湄国家产业发展现状与趋势分析，饲料原料、畜禽产品与水产品等一直是澜湄国家重要的贸易产品。中国饲料工业经过30年的快速发展，已形成门类齐全的产业体系，同时饲料产业也逐步进入产能过剩阶段。湄公河国家中柬埔寨、老挝、缅甸和越南位处热带、亚热带地区，气候温和，淡、海水资源丰富，水产养殖与饲料市场潜力巨大。并且近年来养殖效率日益提升，专业化饲料消费稳定增长，其养殖业和饲料产业均具有良好的发展空间。因此，随着“一带一路”框架下农业领域澜湄合作的不断拓展与深入，通过澜湄国家在资源、产能、技术和人才等方面的优势互补进行饲料产业合作，实现饲料产业的协同发展，以同时促进上游种植业和下游养殖业的产业链发展势在必行，且意义重大。

## 第一节　饲料产业企业合作典型模式

目前，澜湄国家之间饲料产业的企业合作以资源互补、资本投资为主。澜湄国家一些大型饲料生产企业如中国新希望集团、中国通威集团、泰国正大集团、泰国 Betagro 公司和越南天石生物有限公司等均积极开拓国外饲料市场，针对所在国的畜禽养殖情况与饲料消费需求，在其他澜湄国家开展产业合作。

鉴于饲料产业在农业价值链中的特殊地位，上接种植业下接畜牧水产养殖业，因此饲料产业合作可以根据产业链的连接程度分为四类合作模式：（1）饲料产业单链投资合作；（2）饲料产业联合上游种植业的合作，即“种饲结合”模式；（3）饲料产业联合下游养殖业的合作，即“饲养结合”模式；（4）饲料产业同时联合上下游的全产业链合作，即“种饲养结合”模式。根据合作国家的不同资源优势，上述合作模式涵盖了三种互补性合作，即基于合作双方饲料产业相关的农业资源互补的合作、基于合作双方劳动力资源互补的合作和基于饲料企业生产技术互补的合作。

## 一、饲料产业单链投资合作

饲料产业单链投资合作指具备国际化能力的饲料企业直接在海外投资建立饲料加工厂，这种合作模式是目前澜湄国家饲料产业合作的主流形式。投资合作的目的一般为靠近饲料原料产地，或降低成本、开拓市场。中国新希望集团在湄公河国家建立的饲料分公司、泰国正大集团在中国建立的饲料分公司，大部分为此类合作模式。合作模式主要包括三种互补性合作，即上述基于合作双方饲料产业相关的农业资源互补的合作、基于合作双方劳动力资源互补的合作、基于合作双方饲料产业相关技术资源互补的合作。由此，可将一方相对先进的饲料配方技术、生产技术与另一方资源禀赋相结合，互为补充，互相提升。

中国新希望集团是一家以现代农牧与食品产业为主营业务的民营企业集团。1999 年新希望集团开始在越南建立饲料厂，2015 年与国际金融公司签署融资协议，致力于开拓东南亚饲料市场。目前在柬埔寨、老挝、缅甸和越南已建立 12 家分公司，累计饲料年产量约 290 万吨。其中在越南开设分公司最多，分别在河内、海防和胡志明3个直辖市以及本江、清化、同塔、平定和永隆省建立了8个饲料分公司，产品种类涵盖畜禽饲料、普通水产饲料和特种水产饲料。新希望集团在越南建立的最大的分公司位于海防，年产畜禽饲料、水产饲料和特种水产饲料约44万吨。同时，新希望集团还在老挝首都万象市和柬埔寨直辖市金边建立了2家畜禽饲料和水产饲料分公司，在缅甸勃固和曼德勒省建立了2家年产18万吨的畜禽饲料和水产饲料分公司。

**表 3.5.1　中国新希望集团在湄公河国家分公司情况**

| 国家 | 序号 | 公司名称 | 地理位置 | 产品种类 | 产量（万吨） |
|---|---|---|---|---|---|
| 越南 | 1 | 河内公司 | 河内市 | 畜禽饲料、水产饲料 | 27 |
| | 2 | 海防公司 | 海防市 | 畜禽饲料、水产饲料、特种水产饲料 | 44 |
| | 3 | 胡志明公司 | 胡志明市 | 畜禽饲料、水产饲料、特种水产饲料 | 30 |
| | 4 | 北江公司 | 北江省 | 畜禽饲料、水产饲料 | 27 |
| | 5 | 清化公司 | 清化省 | 畜禽饲料、水产饲料、特种水产饲料 | 18 |
| | 6 | 同塔公司 | 同塔省 | 畜禽饲料、水产饲料 | 40 |
| | 7 | 平定公司 | 平定省 | 畜禽饲料、水产饲料、特种水产饲料 | 12 |
| | 8 | 永隆公司 | 永隆省 | 畜禽饲料、水产饲料、特种水产饲料 | 17 |
| 老挝 | 9 | 老挝公司 | 万象市 | 畜禽饲料、水产饲料 | 15 |
| 柬埔寨 | 10 | 柬埔寨公司 | 金边市 | 畜禽饲料、水产饲料 | 22 |
| 缅甸 | 11 | 缅甸公司 | 勃固省 | 畜禽饲料、水产饲料 | 18 |
| | 12 | 曼德勒公司 | 曼德勒省 | 畜禽饲料 | 18 |

数据来源：新希望集团有限公司

正大集团是泰籍华人于1921年创立于泰国的知名跨国企业。早在1979年，正大集团即在中国深圳建成年产8万吨的现代化饲料生产企业——正大康地有限公司。目前，正大集团在中国的饲料生产以畜禽饲料和水产饲料为主，已投资建立了50多个饲料生产企业，累计年产能超过1000万吨。其中年产量超过40万吨的企业主要有北京正大饲料有限公司、连云港正大饲料有限公司、南通正大有限公司和内蒙古正大有限公司等。正大集团在缅甸的饲料年产能约60万吨，主要生产猪饲料、家禽饲料和水产饲料。在柬埔寨，正大集团主要经营范围在实居、干拉、马德旺，饲料生产种类包括猪饲料、家禽饲料和牛饲料，年产能38.4万吨。正大集团在老挝的市场合作经营范围主要为老挝中部市场区域（万象省、万象市和博利坎赛省），饲料生产种类包括猪饲料、家禽饲料、普通水产饲料和特种水产饲料，饲料年产能约 12 万吨。相对于其他湄公河国家，正大集团在越南的饲料产能相对较高，约 150 万吨，主要生产饲料种类包括猪饲料、家禽饲料、普通水产饲料和特种水产饲料。

**表 3.5.2 泰国正大集团在中国的主要饲料分公司情况**

| 省份 | 序号 | 公司名称 | 地理位置 | 产品种类 | 产量（万吨） |
|---|---|---|---|---|---|
| 天津市 | 1 | 正大预混料有限公司 | 天津市 | 畜禽饲料、水产饲料 | 16 |
| 北京市 | 2 | 北京正大饲料有限公司 | 北京市 | 畜禽饲料、水产饲料 | 42 |
| 重庆市 | 3 | 重庆双桥正大有限公司 | 重庆市 | 畜禽饲料、水产饲料 | 30 |
| | 4 | 重庆正大有限公司 | 重庆市 | 畜禽饲料、水产饲料 | 26 |
| 江苏省 | 5 | 徐州正大饲料有限公司 | 徐州市 | 畜禽饲料、水产饲料 | 18 |
| | 6 | 泰州正大饲料有限公司 | 泰州市 | 畜禽饲料、水产饲料 | 12 |
| | 7 | 连云港正大饲料有限公司 | 连云港市 | 畜禽饲料、水产饲料 | 40 |
| | 8 | 南通正大有限公司 | 南通市 | 畜禽饲料、水产饲料 | 54 |
| | 9 | 江苏淮阴正大有限公司 | 淮安市 | 畜禽饲料、水产饲料 | 24 |
| 广东省 | 10 | 正大康地有限公司 | 深圳市 | 畜禽饲料、水产饲料 | 8 |
| | 11 | 正大康地澄海有限公司 | 汕头市 | 畜禽饲料、水产饲料 | 20 |
| | 12 | 正大康地番禺有限公司 | 广州市 | 畜禽饲料、水产饲料 | 18 |
| | 13 | 正大康地珠海有限公司 | 珠海市 | 畜禽饲料、水产饲料 | 30 |
| 陕西省 | 14 | 陕西正大有限公司 | 西安市 | 畜禽饲料、水产饲料 | 18 |
| 湖北省 | 15 | 宜昌正大有限公司 | 宜昌市 | 畜禽饲料、水产饲料 | 18 |
| | 16 | 武汉正大有限公司 | 武汉市 | 畜禽饲料、水产饲料 | 24 |
| | 17 | 襄樊正大有限公司 | 襄阳市 | 畜禽饲料、水产饲料 | 18 |
| 吉林省 | 18 | 正大永吉实业有限公司 | 吉林市 | 畜禽饲料、水产饲料 | 12 |
| | 19 | 吉林正大有限公司 | 长春市 | 畜禽饲料、水产饲料 | 26 |
| 浙江省 | 20 | 宁波正大农业有限公司 | 宁波市 | 畜禽饲料、水产饲料 | 18 |
| 辽宁省 | 21 | 沈阳正大畜牧有限公司 | 沈阳市 | 畜禽饲料、水产饲料 | 18 |
| | 22 | 葫芦岛正大畜牧有限公司 | 葫芦岛市 | 畜禽饲料、水产饲料 | 12 |
| 河北省 | 23 | 石家庄正大有限公司 | 石家庄市 | 畜禽饲料 | 18 |
| | 24 | 邯郸正大饲料有限公司 | 邯郸市 | 畜禽饲料、水产饲料 | 12 |
| 安徽省 | 25 | 正大芜湖有限公司 | 芜湖市 | 畜禽饲料、水产饲料 | 18 |
| | 26 | 合肥正大有限公司 | 合肥市 | 畜禽饲料、水产饲料 | 18 |
| | 27 | 滁州正大有限公司 | 滁州市 | 畜禽饲料、水产饲料 | 18 |
| 四川省 | 28 | 绵阳正大有限公司 | 绵阳市 | 畜禽饲料、水产饲料 | 18 |
| | 29 | 广安正大有限公司 | 广安市 | 畜禽饲料 | 12 |
| | 30 | 内江正大有限公司 | 内江市 | 畜禽饲料、水产饲料 | 24 |
| | 31 | 双流正大有限公司 | 成都市 | 畜禽饲料、水产饲料 | 20 |

续表

| 省份 | 序号 | 公司名称 | 地理位置 | 产品种类 | 产量（万吨） |
|---|---|---|---|---|---|
| 福建省 | 32 | 永安正大有限公司 | 永安市 | 畜禽饲料、水产饲料 | 6 |
| | 33 | 福州大福有限公司 | 福州市 | 畜禽饲料、水产饲料 | 28 |
| | 34 | 厦门正大农牧有限公司 | 厦门市 | 畜禽饲料、水产饲料 | 24 |
| 山东省 | 35 | 青岛正大农业发展有限公司 | 青岛市 | 畜禽饲料、水产饲料 | 20 |
| | 36 | 济南正大有限公司 | 济南市 | 畜禽饲料、水产饲料 | 14 |
| 江西省 | 37 | 南昌正大禽畜有限公司 | 南昌市 | 畜禽饲料、水产饲料 | 36 |
| | 38 | 九江正大饲料有限公司 | 九江市 | 畜禽饲料、水产饲料 | 24 |
| | 39 | 赣州正大实业有限公司 | 赣州市 | 畜禽饲料、水产饲料 | 12 |
| 云南省 | 40 | 昆明正大有限公司 | 昆明市 | 畜禽饲料、水产饲料 | 24 |
| 河南省 | 41 | 平顶山正大有限公司 | 平顶山市 | 畜禽饲料、水产饲料 | 12 |
| | 42 | 开封正大有限公司 | 开封市 | 畜禽饲料、水产饲料 | 36 |
| | 43 | 东方正大有限公司 | 洛阳市 | 畜禽饲料、水产饲料 | 36 |
| | 44 | 南阳正大有限公司 | 南阳市 | 畜禽饲料、水产饲料 | 18 |
| 山西省 | 45 | 山西正大有限公司 | 晋中市 | 畜禽饲料 | 12 |
| 广西壮族自治区 | 46 | 南宁正大畜牧有限公司 | 南宁市 | 畜禽饲料、水产饲料 | 24 |
| 新疆维吾尔自治区 | 47 | 乌鲁木齐正大畜牧有限公司 | 乌鲁木齐市 | 畜禽饲料、水产饲料 | 30 |
| 湖南省 | 48 | 长沙正大有限公司 | 长沙市 | 畜禽饲料、水产饲料 | 24 |
| | 49 | 怀化正大有限公司 | 怀化市 | 畜禽饲料、水产饲料 | 18 |
| | 50 | 正大岳阳有限公司 | 岳阳市 | 畜禽饲料、水产饲料 | 21 |
| 甘肃省 | 51 | 兰州正大有限公司 | 兰州市 | 畜禽饲料、水产饲料 | 24 |
| 宁夏回族自治区 | 52 | 银川正大有限公司 | 银川市 | 畜禽饲料、水产饲料 | 12 |
| 黑龙江省 | 53 | 佳木斯正大有限公司 | 佳木斯市 | 畜禽饲料、水产饲料 | 12 |
| 内蒙古自治区 | 54 | 内蒙古正大有限公司 | 呼和浩特市 | 畜禽饲料、水产饲料 | 48 |

## 二、饲料产业联合上游种植业的合作

饲料产业链上游参与者包括种植农户与企业、粮食贸易中间商或平台等。通过饲料产业向上游种植业延伸合作，一方面可以使原料供应多元化，降低单一来源风险，另一方面可以提高饲料企业在产业链中的利益价值获取。较为常见的是海外农业开发，通过租赁海外土地或与当地集团企业合作，建立饲料原料粮的种植基地，在产地就近建设配套饲料生产加工企业，形成“种饲结合”发展模式。这种合作模式的典型案例以泰国正大集团在中国投资的合作模式为代表。2017 年 3 月，泰国正大集团与中国吉林棋盘生态农业集团合作共建百万吨饲料粮种植基地，主要作为正大集团吉林正榆公司的饲料专用玉米供应基地，同时该基地生产的玉米也纳入到正大集团整个饲料生产原料体系。

## 三、饲料产业联合下游养殖业的合作

饲料产业链下游包括畜禽和水产养殖业，以及终端流通、消费领域。饲料产业与养殖产业一体化合作经营是欧美国家饲料产业的主要形式，近年来也逐步在澜湄国家试行。因为随着各国食品消费水平以及本地生产技术水平不断提升，饲料产业单链投资建厂式的产能转移可能会逐渐消退，通过饲料产业向下游养殖延伸合作可为饲料企业带来更强的竞争力与盈利能力。一般在饲料生产加工企业附近配套建立畜禽或水产养殖场，以自产自销方式形成“种养结合”发展模式。这种合作模式的典型案例以新希望集团在越南投资模式为代表。基于新希望集团在越南建立的 8 个饲料企业基础，2019 年 4 月，新希望集团与越南清化省、平福省、平定省政府签署了总投资额为 11.47 亿元的生猪饲养项目。该项目主要采取政府引导，“公司 + 农户 / 农场主”的模式进行合作。越南政府为项目提供适宜的经营环境，如土地、金融服务等，新希望集团为越南养殖户提供苗种、饲料、兽药，并负责回收上市，在养殖全程给予专业指导。项目建成后，每年可为越南提供约 93 万头生猪，越南也成为新希望集团在海外开展生猪养殖业务的首个国家（如图 3.5.1）。

## 四、饲料产业同时联合上下游的全产业链合作

饲料产业同时联合上游种植业和下游养殖业的合作模式，集成了“种饲

**图 3.5.1　中国新希望集团在越南建设生猪养殖场**

结合”和“饲养结合”的优势，是种植—饲料—养殖直至食品全产业链的联合发展模式。通过构建种植—饲料—养殖—销售的全产业链的产业体系，建设现代农业产业园区，可推动传统农业向品牌化、设施化、规模化、专业化转变，这也将是澜湄国家饲料产业企业投资合作的未来方向。

## 第二节　饲料产业科技与人才合作典型模式

随着饲料产业不断实现从量的扩张到质的提高转变，从粗放经营到集约经营转变，从资源消耗型向资源节约型转变，从高排放型生产向环境友善型转变，饲料产业价值将逐步转向技术创新与专业服务。因此，科技和人才将成为饲料产业发展的重要依托力量，并且将在应对日益激烈的市场竞争中发挥着不可替代的重要作用。目前，除了上述饲料产业企业投资合作之外，澜湄国家之间还开展了基于饲料产业核心技术和人才资源互补的科技合作。

## 一、基于中国澜湄合作专项基金的科技合作

在中国澜湄合作专项基金中方项目“澜湄国家饲料质量安全快速检测技术平台建设与网络化联合应用（2020—2022年）”和澜湄合作专项基金海外项目“Research and construction of the technological system of animal feed industry（2019—2021年）”的资助下，中国农业大学积极发挥技术和人才资源优势，通过和老挝农林部国家动物饲料质检中心、缅甸教育部生物技术研究院和泰国朱拉隆功大学合作，协助湄公河国家建立饲料质量安全检测技术体系，合作起草饲料检测技术标准，开展相关的饲料质量安全法律法规、检测监管体系与技术培训等方式，大力提升湄公河国家当地饲料质检水平（如图3.5.2）。同时分别依托中国农业大学、老挝农林部国家动物饲料质检中心，缅甸教育部生物技术研究院和泰国朱拉隆功大学的专业实验室，建立了中—老—缅—泰饲料质量安全快速检测技术平台和网络化应用平台，不仅可以实现澜湄国家之间饲料产业技术文件共享、产业资讯信息交流和最新科研成果推介等，还可基于网络云平台进行饲料原料及产品品质远程检测应用。

**图3.5.2　中国农业大学与老挝、缅甸和泰国科技人员开展技术合作**

## 二、基于技术示范基地和联合研究中心的科技合作

中国云南省与老挝科技部生态与生物技术研究所围绕老挝家鸡养殖业，

联合开展了老挝地方良种家鸡资源发掘、保护与利用的相关科学研究。双方在老挝乌多姆塞省孟赛县建成“老挝家鸡资源发掘、保护与利用示范基地”，养殖规模7000多羽。依托该示范基地的良好硬件基础，中国和老挝的科技人员合作研发并制定了适合老挝家鸡养殖的规范饲养规程和专用饲料技术配方，开展了肉鸡养殖技术培训与示范，开创了中国和老挝基于畜禽养殖示范基地国际科技合作的先河。

中国和老挝的科技机构还联合建设了饲料产业相关的系列国际联合研究中心。2018年8月，老挝科学技术部与中国云南农业大学合作成立了“云南省鸡猪应用技术转化与示范国际联合研究中心”和“云南—老挝特色畜产品加工技术国际联合研究中心”。2021年4月，湖南炫烨生态农业发展有限公司的全资子公司——炫烨（老挝）有限公司与湖南农业大学就共建“中—老（东盟）畜牧联合研究中心”正式签署科技合作框架协议。2021年7月，中国农业大学与老挝农林部畜牧渔业司联合发起建设了“互联网+饲料检测技术与应用国际联合研究中心”。目前，已建设的国际联合研究中心为双方农业技术领域科技合作提供了重要的互动平台，重点着眼畜禽养殖技术、饲料加工、质量安全检测技术和畜产品加工等方面的产业可持续合作。

## 三、基于共建国际试验站的科技合作

2010年10月，第十三次中国与东盟领导人会议提出“与东盟各国共同建设农作物优良品种试验站20个”的倡议。2012年9月，中国和老挝两国签署《2012—2013年中国—老挝农业合作工作计划》，中国农业部与老挝农林部同意以广西农业职业技术学院与老挝占巴塞省农林厅在巴松市合作共建的“中—老合作农业试验基地”为基础，由广西农业职业技术学院和老挝国家农林研究院分别代表两国在老挝万象共建“中国—老挝合作农作物优良品种试验站”。该项目是中国和老挝联合建设的第一个农作物优良品种试验站，有力地促进了中国和老挝在饲料原料（玉米和水稻等）农作物良种繁育、种质资源保护、品种综合试验、新品种展示与人员培训方面的科技合作。

中国湖南炫烨生态农业发展有限公司是 2013 年 8 月根据湖南省政府推动湘企“走出去”战略而成立的一家民营企业，主营谷物及其他经济作物的种植、收购、加工、销售，以及农业项目投资、农业技术开发等。2021 年 4 月，湖南炫烨生态农业发展有限公司的全资子公司炫烨（老挝）有限公司与湖南农业大学也就共建 “中—老合作农作物优良品种试验站” 正式签署科技合作框架协议，将通过校企科技合作为两国之间的国际农业合作提供科研成果和科技人才支持。

## 四、基于饲料产业人才队伍建设的合作

随着澜湄国家饲料产业合作的不断拓展，大型饲料企业的跨国投资经营已成为常见的产业合作模式。如何切实掌握当地产业发展背景、真正扎根于本土文化和处理文化冲突等，是影响跨国企业管理效果和经营成败的重要因素。解决上述问题的有效方法为贯彻人才本土化战略，促进澜湄国家基于饲料产业技术人才队伍建设的合作。泰国正大集团、中国新希望集团等大型跨国饲料企业均基于企业发展需求，通过海外专场人才招聘、本土人员专业技术培训、与当地高校或科研机构联合开展校企育人项目等方式，积极在海外饲料产业领域建立和发展管理与专业技术人才队伍（如图 3.5.3）。

**图 3.5.3　中国新希望集团在缅甸的本土人才专场招聘会**

## 第三节　澜湄国家饲料产业协同发展建议

基于对澜湄国家饲料产业现有政策环境、饲料产业发展现状、饲料消费现状、饲料产业市场现状与发展需求的系统深入分析，提出如下促进澜湄国家饲料产业协同发展的建议。

### 一、增强战略互信，加大政府对饲料产业国际协作发展的支持力度

一方面，建议从政府层面进一步增强双方战略互信，通过修订和完善饲料产业法律法规、标准体系和行业产业发展规划等方式，切实发挥政府在产业发展方面的引领导向作用；通过不断完善饲料产业链区域投资贸易政策等，为双方饲料企业以及上下游产业企业开展国际投资合作创造良好的政策环境。另一方面，建议从产业组织层面进一步增进双方战略协作。澜湄各国在统筹建立本国政府饲料产业主管部门、饲料企业和行业协会等的紧密协作的基础上，可积极拓展各国饲料工业企业协会、社会团体或其他相关非营利性社会中介组织等紧密协作的机制。在有效保障各国国内市场及行业自身利益的同时，从政府机构、行业协会、企业联盟等不同层面以不同组织方式，协助跨国饲料企业尽快融入当地行业产业，并为其提供公平合理的发展与竞争环境。

### 二、搭建饲料全产业链信息与技术平台，加强产业信息互通共赢

建议搭建澜湄国家全产业链信息与技术平台，广泛连接各国内外饲料产业链包括饲料产业、上游种植业、下游畜禽养殖业相关的生产企业、行业产业协会以及科技人员。以此平台作为饲料产业全产业链信息与技术互通共赢的重要载体，通过各种渠道进行产业信息与技术的实时共享与及时准确传达，使澜湄各国饲料产业各市场主体可以随时把握产业政策环境、产业发展现状、饲料消费现状、饲料工业市场供给与进出口贸易情况、发展需求等。

同时还可以将此平台作为澜湄国家饲料产业“政（政府管理）产（生产企业）学（高校人才）研（科研机构）用（用户）”的重要互动平台，从而为推动产业链上下游协同、产销衔接，促进区域内产业资源共享、优势互补和配套协作等提供更多可能。

## 三、推进饲料产业链标准国际互信互认，促进饲料产业标准化生产

建议系统推进澜湄国家饲料全产业链内现有相关标准的国际互信互认，包括饲料原料、饲料添加剂、配合饲料、浓缩饲料和添加剂预混合饲料等生产技术、饲料加工设备、饲料产品质量安全以及围绕饲料产品的物流、营销和饲料贸易等。对于饲料产业核心的标准化技术及关键技术参数，还可联合协商制定国际通用标准，在满足各国饲料产业监管需求的前提下，促进各国饲料及其产业链上下游产业的标准化生产。

同时，建议通过定期国际比对验证等方式，检验澜湄国家对饲料产业核心标准的监管或检测执行的能力与水平，以此推进澜湄国家监管机构与检验检测机构的国际互信互认，实现澜湄国家之间饲料原料、饲料添加剂与饲料产品以及动物产品质量安全等的无国别差异化评价，以此促进相关产品的国际贸易。

## 四、创新饲料产业投资合作模式，加强优质模式的推广应用

随着饲料生产成本不断上升和国际贸易环境日益严峻，创新饲料行业的产业链一体化生产模式，加强优质模式的推广应用势在必行。一方面，建议澜湄国家全面考量和整合合作国家的产业资源优势，包括饲料产业相关的农业资源、劳动力资源、生产技术资源和人才资源等，不断依据优势资源的动态变化，创新合理可行的产业投资合作模式；探索建立饲料产业价值链协同发展模式时，建议强调供应链上各企业单元之间的协同合作，激发每一个企

业单元发挥各自的特长，实现资源整合后“1+1 ＞ 2”的优势，从而达到“双赢”。另一方面，建议澜湄国家饲料产业投资合作逐步从现行常见饲料产业单链投资合作向上游种植业和下游养殖业合作延伸，进一步加强饲料产业联合上游种植业的合作、饲料产业联合下游养殖业合作、饲料产业同时联合上下游全产业链合作等优质模式的推广和应用。

## 五、加强饲料产业科技合作与技术人才队伍建设

饲料产业已由劳动密集型产业转化为人才竞争的新型产业，饲料产业价值将逐步转向技术创新与专业服务，因此澜湄国家饲料产业科技合作与人才队伍建设十分必要。一是从政府层面，建议澜湄国家高度重视饲料产业发展中科技和人才的重要支撑作用，加大政府对澜湄合作饲料产业国际协作技术应用平台、技术示范基地、国际联合研究中心、国际试验站及其配套人才培育培训等的支持力度。二是从产业组织层面，切实结合本国国情统筹规划饲料产业人才结构（技术创新研发人员、专业技术人员、国际化经营管理人员等）。通过海外专场人才招聘、本土人员专业技术培训、校企联合培育、国际联合培育等多种方式，建立和发展饲料产业技术人才和国际化经营管理人才队伍。建议以“人才强、科技强、产业强”的发展理念，促进澜湄国家饲料产业协同发展的广度和深度。

**图书在版编目(CIP)数据**

澜沧江—湄公河农业合作发展报告. 2021/农业农村部对外经济合作中心编著. —北京:商务印书馆,2022
ISBN 978-7-100-21736-1

Ⅰ.①澜… Ⅱ.①农… Ⅲ.①澜沧江—流域—农业合作—国际合作—区域经济合作—研究报告—2021 ②湄公河—流域—农业合作—国际合作—区域经济合作—研究报告—2021 Ⅳ.①F32 ②F333

中国版本图书馆 CIP 数据核字(2022)第 174722 号



**澜沧江—湄公河农业合作发展报告 2021**
农业农村部对外经济合作中心 编著

商 务 印 书 馆 出 版
(北京王府井大街 36 号 邮政编码 100710)
商 务 印 书 馆 发 行
北京捷迅佳彩印刷有限公司印刷
ISBN 978-7-100-21736-1

2022 年 11 月第 1 版 开本 710×1000 1/16
2022 年 11 月北京第 1 次印刷 印张 17¾
定价:128.00 元